XXᵉ siècle Designmuseum DESIGN

À Elizabeth,
sa sœur Lucy et ses deux frères Tom et Matthew.

Réalisation et traduction pour l'édition française : Anthea
Adaptation : Isabelle Roche
Mise en page : Jill Bennet
Coordinateur images : Lorna Alnger
Production : Gary Lewis

© 1998, Carlton Books Limited, pour l'édition originale anglaise
© 1999, Éditions E/P/A-Hachette Livre, pour la présente édition
Textes © 1998 Catherine McDermott

Imprimé chez Oriental Press, Dubai. U.A.E.
Dépôt légal : 6098-septembre 1999
ISBN : 2.85.120.541.2
65/0801.4/01

Designmuseum

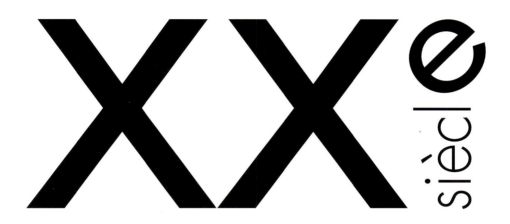

DESIGN

CATHERINE McDERMOTT

sommaire

6 — PRÉFACE

8 — MODE Chapitre 1

40 — ARCHITECTURE Chapitre 2

74 — INTÉRIEURS Chapitre 3

106 — MOBILIER Chapitre 4

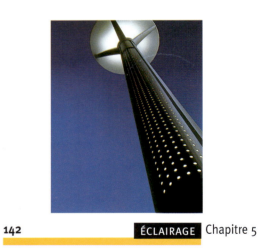

142 — ÉCLAIRAGE Chapitre 5

164 — OBJETS POUR LA MAISON Chapitre 5

196 ÉQUIPEMENTS Chapitre 7

226 TRANSPORT Chapitre 8

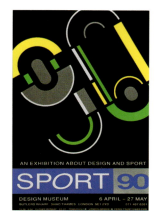

248 TYPOGRAPHIE Chapitre 9

280 PACKAGING Chapitre 10

312 PUBLICITÉ Chapitre 11

334 COMMUNICATION Chapitre 12

366 PERSPECTIVES Chapitre 13

398 INDEX

400 CRÉDITS PHOTOGRAPHIQUES

préface

LE DESIGN MUSEUM tente d'amener le grand public vers une nouvelle perception du design et de l'architecture. Son objectif est de montrer d'une manière attrayante et accessible combien le design influe sur le bien-être social, culturel et économique de notre société.

Différent des musées traditionnels d'arts décoratifs, le Design Museum est uniquement consacré aux XXe et XXIe siècles et ne présente que des technologies, des constructions et des produits issus de l'ère industrielle et postindustrielle.

Le Design du XXe siècle, permet de découvrir certains ouvrages, produits et œuvres graphiques célèbres, particulièrement représentatifs des changements sociaux et technologiques majeurs des cent dernières années. Il est constitué de treize chapitres où sont répartis trois cent soixante-deux exemples illustrant les designs qui ont contribué à modifier notre culture visuelle et à modeler notre environnement. Ce livre évoque les œuvres des plus grands architectes et designers tels que Marianne Brandt, Le Corbusier ou Raymond Loewy, et explique clairement pourquoi ces créateurs ont acquis une telle notoriété. Mais nous avons également tenu à présenter dans ces pages des travaux plus modestes, effectués par des designers moins connus. Ces produits, ces ouvrages – tel un squat d'Amsterdam ou un emballage jetable destiné à des céréales pour petit déjeuner – certes moins célèbres que certaines créations devenues de véritables symboles, témoignent tout autant des courants de pensée et des comportements propres au XXe siècle.

Tandis que ce siècle s'achève, cet ouvrage a pour but de faire connaître les tendances importantes du design au cours de cette époque qui, plus que toute autre, a rencontré bien des difficultés pour définir ses idéaux et se fixer des objectifs. Un siècle qui a connu de grandes explosions utopistes, et qui, néanmoins, s'est efforcé de lutter contre un profond malaise induit par l'expérience traumatisante de deux guerres mondiales, et par une destruction massive de l'environnement naturel. Malgré ces contradictions apparentes, une chose est certaine : le XXe siècle restera synonyme de communication de masse, de consommation de masse, de production de masse – et de design de masse.

Paul W Thompson.

LE DIRECTEUR DU DESIGN MUSEUM

CHAPITRE 1
mode

LA BELLE ÉPOQUE

JAEGER

LES BEATLES

AU DÉBUT DU XXe SIÈCLE, LA MODE obéissait encore à de vieux préceptes : la tendance était aux vêtements classiques, empesés pour les hommes, et aux silhouettes corsetées pour les femmes. Toutefois, quelques changements s'opéraient. Ainsi, les vêtements fantaisistes, comme ceux rendus populaires par le mouvement Arts and Crafts, suscitèrent un certain engouement. La Première Guerre mondiale eut un impact encore plus significatif : les femmes, contraintes par le devoir patriotique à effectuer des travaux masculins, devaient porter des vêtements plus fonctionnels. Cette expérience modifia à jamais les habitudes vestimentaires. Parallèlement, le courant moderniste provoqua une aspiration à la simplicité et aux idées rationnelles. En Russie, par exemple, l'avant-garde artistique créa des vêtements modernes, pratiques et fonctionnels qui reflétaient les objectifs de la révolution : design minimaliste et utilisation de tissus aux imprimés géométriques. Toutes ces tendances se retrouvent dans l'œuvre du grand couturier Coco Chanel.

S'inspirant des habits masculins anglais, elle les déclina en des vêtements faciles à porter, sportifs et décontractés. Ses modèles se détachaient radicalement de ceux réalisés jusque-là. Rompant avec les lignes de l'époque, elle créa la silhouette de la femme moderne, toujours d'actualité. Hollywood joua aussi un rôle important dans la généralisation de ces idées, sans pour autant éliminer les principes de l'élégance, ni le prestige de la haute couture. Après les restrictions de la Seconde Guerre mondiale, la réapparition de ce thème avait un parfum de revanche. Il se traduisait alors par le New Look de Christian Dior. Ses jupes bouffantes et ses corsages serrés furent une révélation. Cette mode fut adoptée non seulement par les femmes aisées, mais aussi par de nouveaux consommateurs : les adolescents. Pour la première fois, ils se créaient un style vestimentaire original, rompant avec la suprématie des stylistes qui jusque-là fixaient les règles. Cette révolution eut d'importantes répercussions dans les années 60, quand les jeunes se rebellèrent. À travers le monde, des mouvements libéraux réformateurs remettaient en question le statu quo sous toutes ses formes. Ils réclamaient un changement immédiat. Le mouvement pour les libertés civiles, les manifestations contre la guerre au Viêt-nam, les événements de 1968 à Paris, le Printemps de Prague... de tous ces remous naquit une génération en lutte permanente contre les normes et les conventions sociales. Les jeunes s'ouvraient à la sexualité, s'essayaient à la drogue, remodelaient leur look. Ces « expérimentations » eurent un impact profond sur la mode. La minijupe en est la principale expression, elle témoigne d'une attitude nouvelle, plus décontractée vis-à-vis du corps. Certains couturiers comme Paco Rabane allèrent même plus loin, en dénudant les seins et en créant des tenues transparentes. À la même période, les mouvements féministes et la « Gay

Liberation » demandaient la reconnaissance de leur sexualité et de leur mode de vie. Dès 1970, le look androgyne, confiné jusque-là aux milieux marginaux et à l'univers de la musique pop, s'est très vite répandu.

La récession économique des années 70 contraignit le design à un retour vers le classique et le conventionnel. La mode ne fut pas épargnée. Cependant, d'importants changements allaient bientôt survenir. Des couturiers japonais comme Issey Miyake et Yohji Yamamoto recherchaient des alternatives à la « silhouette mince » rendue populaire par des séries télévisées comme *Dallas*. Des couturiers italiens tels Giorgio Armani retravaillaient les classiques vestes cintrées dans de nouveaux tissus plus souples. À ces diverses innovations se mêla l'influence d'un courant nouveau : la révolution « punk ». En Angleterre, ce mouvement ne s'exprimait pas uniquement à travers la musique ou des comportements hostiles à l'ordre établi, il induisait aussi de nouvelles options vestimentaires. En 1971, Vivienne Westwood et Malcolm McLaren ouvrirent le premier d'une série de magasins dans Kings Road, à Londres. Tout en vendant des T-shirts déchirés et des vêtements évoquant l'esclavage, ils se délectaient dans l'anarchie et l'ironie, et obéissaient au principe punk « Fais-le toi-même ». Londres donnait le ton en matière de styles nouveaux, et l'on pouvait découvrir les tendances importantes de la mode dans deux magazines : *The face* et *I-D*. Au début des années 80, Vivienne Westwood, pour faire connaître ses idées à Paris, organisa une série de défilés qui allaient changer pour toujours la face de la mode. Largement rejetée, car ses vêtements étaient considérés comme importables et outranciers, elle réussit toutefois à introduire des idées originales reprises par des couturiers du monde entier : les sous-vêtements portés en vêtements... de dessus, les bas remis au goût du jour, les uniformes et les minicrinolines. Nombre de couturiers déclinèrent ces thèmes en diverses variantes, qui inspirèrent des créations remarquables à des grands noms, tels Christian Lacroix et Romeo Gigli. Les années 80 furent ainsi la décennie de l'engouement pour les vêtements de stylistes.

GIORGIO ARMANI

À la fin des années 90, la mode doit répondre à une demande croissante pour des vêtements faciles à porter, élégants, confortables et décontractés. Le consommateur aspire toujours à un look personnalisé, comme en témoigne le développement du marché des vêtements d'occasion. Dans les années 90, l'arrivée de nouveaux matériaux synthétiques (papiers, tissus feutrés, versions améliorées du Lycra) et de l'informatique bouleversa l'industrie de la mode. Les innovations concernant la finition des fibres et des tissus sont très importantes et permettent, par exemple, de créer un manteau en cachemire totalement imperméable. De vastes possibilités s'ouvrent ainsi au créateur et au client.

TISSUS IMPRIMÉS

NOUVEAUX TEXTILES

La Belle Époque

Années 1901-1910

À la fin des années 1860, la mode des grandes crinolines était terminée. Pourtant, les vêtements ajustés devaient connaître un ultime succès durant la Belle Époque. Au cours des années précédant la Première Guerre mondiale, les femmes associaient les courbes exacerbées de la silhouette « en sablier » à l'idée de luxe, de prestige et de réussite sociale. Cette mode demeura donc celle des riches et des aristocrates. Bien entendu, elle gagna inévitablement les classes moyennes. Ces vêtements s'adressaient en particulier à des personnes fortunées et oisives, ne se souciant guère de fonctionnalité sur le plan vestimentaire.

Les deux modèles ci-contre reflètent bien la tradition de la fin du XIXe, début du XXe siècle en matière d'ornements : fleurs naturelles, plissages savants, jabots de dentelle, broderies et lacets se superposent avec somptuosité sur les vêtements comme à l'intérieur des maisons – autre lieu d'expression du goût féminin.

MODE

Robe élégante

ANNÉES 1900

Depuis les années 1860, un courant réformateur de la mode féminine soutenait que le traditionnel corset et la crinoline, typiques de cette époque, étaient malsains et encombrants. Les femmes commençaient à réclamer des vêtements leur permettant de faire du sport, de monter à bicyclette et de pratiquer des activités de plein air. Bien que considéré comme extrémiste et excentrique, ce mouvement réussit à introduire quelques-unes de ses idées dans le courant de la mode.

Largement inspirés par la période médiévale, les mouvements artistiques et architecturaux de la fin du XIXe siècle encouragèrent les femmes à adopter des vêtements amples et souples. En 1860, Jane Morris – l'épouse de William – fut photographiée dans des robes qui, bien que conventionnelles en regard des critères du XXe siècle, étaient coupées dans des tissus fluides et laissaient la taille libre, contrairement à la mode de l'époque.

La robe élégante, résultat d'une combinaison entre le pratique et l'artistique, permit à celle qui la portait d'associer la nouveauté à l'audace. À la fin du siècle, des modèles ainsi conçus furent proposés par de nombreuses boutiques, dont Liberty's, le fameux grand magasin londonien, qui présentait des gammes complètes de ces robes. Le modèle ci-contre date de 1905 et illustre bien cette percée avant-gardiste.

MODE

Les tailleurs de Savile Row

ANNÉES 1930

Les vêtements sur mesure du XIXe siècle, en particulier ceux créés pour les activités sportives, étaient très appréciés pour leurs qualités fonctionnelles. Le métier de tailleur apparut vers la fin du XVIIe siècle. On recourait à ses services pour des vêtements de cérémonie ou des tenues d'équitation. Les tissus rigides, tels le tweed et la laine peignée, étaient assemblés par des coutures et des troussis pour obtenir des vestes renforcées par une doublure de bougran. Au cours du XXe siècle, cette tradition valut à une industrie centrée à Londres, à Savile Row, la réputation de faire les costumes les mieux ajustés au monde. La célèbre rue du West End londonien reste l'antre des tailleurs traditionnels tels que Welsh & Jeffries, Maurice Sewell et Norton & Sons.

Le costume traditionnel de Savile Row, coupé et cousu à la main, est conçu pour convenir à chaque client. Il faut quatre-vingts heures pour élaborer le patron et terminer l'assemblage à la main. Il y a trois sortes de costumes : ceux faits entièrement à la main, ceux réalisés en partie à la main, en partie à la machine, et ceux dits de « prêt-à-porter », faits à la machine selon des critères de taille normalisés.

Un costume est traditionnellement en drap de laine. Les autres tissus n'ont pas la souplesse et la solidité requises pour des costumes de prestige, quoique le tweed, la flanelle ou la gabardine possèdent assez de corps pour avoir une certaine tenue. Le costume de Savile Row est devenu un symbole de qualité et d'élégance. Ici, en 1938, le duc de Windsor incarne ce style vestimentaire.

MODE

Coco Chanel

1920

Designer : Coco Chanel (1883-1971)

Gabrielle Chanel, dite « Coco », est le plus important couturier du XXᵉ siècle. Elle incarnait à merveille la femme moderne.
Ses créations étaient fondées sur la recherche du confort et de lignes épurées, en rupture totale avec le goût pour le compliqué et le sophistiqué qui prévalait alors. En cela Coco Chanel est, dans la mode, l'équivalent des grands designers du mouvement moderne des années 20.

Son style de vie appartient à la même légende. Élevée dans un orphelinat, elle profita de ses liaisons avec des hommes influents pour faire prospérer à la fois sa carrière et sa situation financière. Les vêtements faciles à porter furent la clé de son succès. Ses modèles étaient sportifs, décontractés, adaptés aux activités extérieures, devenues les inévitables composantes du mode de vie moderne. On lui doit aussi d'avoir élevé le bronzage au rang d'accessoire de mode indispensable.

Beaucoup de ses idées sont issues des vêtements masculins et du traditionnel costume anglais, qu'elle étudia d'abord en observant la garde-robe de son amant le duc de Westminster. Son tailleur classique reflète cette nouvelle interprétation : d'une grande simplicité, il est composé d'une veste à carreaux portée sur une jupe courte. Mais cette esthétique dépouillée était associée à un grand principe de la couture : une coupe, une finition et des tissus de très bonne qualité. Chanel limita également sa gamme de coloris aux gris, au noir et au beige, recourant occasionnellement au rouge.

MODE

Burberry

ANNÉES 1920

Le Burberry anglais est maintenant synonyme d'imperméable. Coupé comme un vêtement militaire, il est devenu un des accessoires les plus classiques du XXe siècle.
Ses origines remontent aux années 1860, quand Thomas Burberry, le fondateur de Burberrys, lança son commerce de tissus et développa la vente d'une toile imperméable, solide, résistant bien à la pluie, mais néanmoins fraîche et légère à porter. L'histoire rapporte que Burberry avait nommé cette toile « gabardine », mais son nom fut changé en Burberry par l'un des plus fameux clients de la maison, Edward VII, qui, lorsqu'il pleuvait, demandait simplement qu'on lui apporte son « Burberry ».

Au début du XXe siècle, les imperméables sont devenus des vêtements d'extérieur universels, appréciés aussi bien des sportifs que des explorateurs. Par exemple, lors de leur malheureuse expédition en Antarctique, l'explorateur Scott et ses équipiers portaient des vestes coupe-vent spécialement dessinées par Burberry. D'autres modèles de manteaux étaient coupés comme des uniformes scolaires. Ces vêtements plaisaient autant aux hommes qu'aux femmes : doté d'une ceinture, avec un col retourné, le Burberry devint le cliché sexy du héros ou de l'héroïne de cinéma.
Le détective privé, le héros solitaire des films hollywoodiens, devait obligatoirement porter l'imperméable. Son statut de classique contemporain a été quelque peu mis à mal par d'autres vêtements imperméables comme la veste Barbour.

Jaeger

Jaeger

Tailored Coat	Costume	Coat
R950	D105	P532
(Half lined)	(Coat lined)	(Half lined) Belt from side fastening with slide
West of England, Scotch & Yorkshire Tweeds	Fawn, Mauve, Grey, Brown, & Tan Tweeds	West of England, Scotch & Yorkshire Tweeds
Fawn, Brown, Mauve, & Grey		Fawn, Brown, Mauve, & Grey
94/6	79/6	63/-

Années 1920

Dès le début du XXe siècle, on commença à considérer que les vêtements ne devaient pas être seulement des objets de mode, mais partie intégrante d'un style de vie sain et rationnel. Les racines de ces idées remontaient aux créations des réformateurs de la mode du XIXe siècle, et relevaient de la même tendance développée par l'écrivain anglais Edward Carpenter qui, par exemple, avait popularisé, chez les hommes, le port de sandales de cuir ouvertes sur les orteils. À travers ces habits s'exprimaient des convictions sociales qui gagnèrent l'approbation de ceux pour qui la mode avait essentiellement pour rôle de détourner l'attention des enjeux primordiaux de la vie.

S'appuyant sur ces conceptions, le Dr Jaeger, d'origine allemande, développa un nouveau tissu aéré destiné à des sous-vêtements. Pour promouvoir ces derniers, on mit l'accent sur leur côté sain. Une gamme plus large de vêtements, créée sous le même nom, fut commercialisée avec succès. Ainsi, les vêtements d'extérieur, pratiques, durables et bien faits, renforcèrent la réputation du fabricant.

Jaeger ouvrit de nouveaux horizons à ses modèles, comme l'ensemble en tweed dont on peut voir ici la version de 1929, qui utilise des étoffes écossaises, et se veut un accessoire pratique et résistant pour la vie en plein air. Le succès de la marque Jaeger s'est maintenu jusqu'à nos jours.

MODE

Fourreau

ANNÉES 1920-1930

Le fourreau des années 20 et 30 choque encore de nos jours. Confectionnée dans des tissus collant à la peau et coupés en biais, la robe épousait les lignes du corps et donnait une impression de quasi-nudité. Toutes les formes féminines devenaient parfaitement visibles, et l'éclat de cette silhouette soulignée était accentué par la brillance et les reflets de tissus tels que le satin. Le fourreau est dans la mode l'équivalent de la chaise d'acier tubulaire du modernisme. Ils sont tous deux en quête de minimalisme, de formes épurées, et les effets qu'ils produisent ont la précision technique d'une machine. Avec ses cheveux platine – résultat de la science, et non de la nature – à la coupe géométrique, Jean Harlow incarne la nouvelle femme fatale du XXe siècle.

Tailleur-pantalon

Années 1930

Lorsque Coco Chanel mit les pantalons et les vestes de chasse de son amant, le duc de Westminster, elle fut la première créatrice de mode à adopter des vêtements d'homme. Elle transposa la plupart des leçons qu'elle avait apprises en portant ces vêtements dans ses propres collections des années 20. Elle traça ainsi une ligne directe entre la mode masculine anglaise et la couture parisienne, puis hollywoodienne.

Dans les années 30, les pantalons prirent place dans les garde-robes féminines et le tailleur-pantalon fut adopté par des stars hollywoodiennes comme Marlène Dietrich, Katharine Hepburn et Greta Garbo. À travers leurs films et leurs photos de presse, elles lancèrent la vogue de l'ambiguïté sexuelle, remettant en cause les anciens principes : elles portaient des vêtements d'homme pour exalter leur féminité, un peu à la manière de ces actrices qui, dans les films, revêtaient des pyjamas d'homme beaucoup trop grands.

Katharine Hepburn, en particulier, avait adopté le tailleur-pantalon pour offrir une image moderne de la nouvelle femme américaine : une personne indépendante capable d'initiatives dans un monde professionnel dominé par les hommes.

La morphologie féminine réclamait néanmoins certaines adaptations : on ôta la braguette du pantalon et on fit des pinces au niveau de la taille. Dans la veste, la doublure rigide fut remplacée par deux pièces de tissu.

MODE 17

Veste en cuir

ANNÉES 1940

De tout temps, la mode s'est appropriée des vêtements fonctionnels pour les adapter à un usage plus général. Sur la photo ci-dessous, on voit l'équipage d'un bombardier Hampden, en 1941, portant la veste de cuir marron à fermeture Éclair, tenue réglementaire de la Royal Air Force britannique. Ce genre de blouson était l'un des vêtements les plus répandus dans l'après-guerre. Il fut créé pour protéger les aviateurs des températures glaciales régnant dans le cockpit. Les vestes étaient doublées de fourrure et la fermeture Éclair montait jusqu'au cou. Elles furent portées par tous les équipages du monde. La résistance du cuir protégeait également des éventuelles blessures, et cette veste fut vite adoptée par les premiers motocyclistes. De plus, le cuir a une connotation masculine, sexy, et le blouson pouvait faire office de vêtement « habillé », ou bien se porter tout simplement avec jeans et T-shirts.

Récemment, le blouson d'aviateur en cuir et à fermeture Éclair est devenu un vêtement unisexe, porté aussi bien par les hommes que par les femmes.

Vêtements de travail

Années 1940

La réaction contre l'austérité et les conventions vestimentaires du XIXe siècle n'a pas été suscitée par la mode, mais par les circonstances historiques : les deux guerres mondiales.
Le mouvement féministe et certains réformateurs s'étaient efforcés d'amener des changements dans les vêtements féminins, mais c'est la guerre qui va accélérer cette évolution. Les femmes étant amenées à effectuer des travaux jusque-là réservés aux hommes, elles avaient besoin de vêtements fonctionnels, comme le montre cette photographie de femmes travaillant pour l'armée de terre en 1943. Non seulement on tolérait que les femmes portent ces habits, mais on percevait cela comme un devoir patriotique. Après la guerre, les femmes marquèrent quelque réticence à porter de nouveau les robes classiques. Leurs garde-robes étaient désormais prêtes à accueillir pantalons et vestes d'homme.

MODE 19

Le New Look

1947

DESIGNER : CHRISTIAN DIOR (1905-1957)

Le 2 février 1947, la collection Christian Dior reprenait le « New Look » américain de l'éditeur de mode Carmel Snow. Plus qu'une nouvelle direction dans le stylisme, ce fut l'un des épisodes les plus originaux de la mode du XXe siècle. Les créations de Dior transgressaient les sensibilités sociales et la mode de l'époque. En 1947, les esprits étaient encore à l'austérité et au sacrifice de soi. Une grande partie de l'Europe était en ruine et le lent processus de reconstruction paraissait d'une envergure titanesque. Pour beaucoup le look Dior était déplacé.

Lorsque ses robes extravagantes furent présentées dans les défilés, des émeutes éclatèrent. Les femmes qui portaient ses vêtements étaient attaquées dans les rues tandis que l'ambassadeur américain déclarait ce style « peu patriotique ». Dior avait pourtant touché un point sensible : après le traumatisme de la guerre, les femmes aspiraient à quelques extravagances.

Il est intéressant de noter que Dior ne créa pas cette collection « révolutionnaire » en imaginant quelque tenue futuriste, mais en s'inspirant de la Belle Époque des années 1880, un style où le corps féminin était emprisonné dans des corsets d'acier et enveloppé dans des mètres de tissu. C'était ironique de penser que Dior, depuis le petit monde confiné de la haute couture parisienne, ait lancé le premier look révolutionnaire de l'après-guerre, un look qui, plus tard, sera largement apprécié à travers les jupes « rock and roll » adoptées par les adolescentes des années 50.

L'adolescent consommateur

Années 1950

En 1959, l'agence de publicité London Press Exchange, la plus importante d'Angleterre, chargea Mark Abrams d'effectuer une étude sur les différents groupes de consommateurs.

Les recherches d'Abrams aboutirent à un ouvrage intitulé *L'adolescent consommateur* qui révélait un phénomène nouveau de l'après-guerre concernant les goûts des adolescents. Abrams, qui avait étudié le comportement social des classes ouvrières avant et pendant la guerre, parvint à la conclusion suivante : le nouveau marché adolescent des années 50 était dominé par les aspirations des jeunes travailleurs.

Ce sont les Teddy Boys qui exprimaient le mieux les nouvelles caractéristiques de la culture adolescente. Cheveux coupés à la manière des district attorneys américains, longues vestes drapées, pantalons serrés et chaussures aux semelles de crêpe : ces tenues furent une nouveauté totale pour la mode anglaise. Dans les années 50, les vêtements de ce type étaient très provocateurs pour une société qui considérait l'indépendance de la jeunesse comme un problème social.

Par ailleurs, le style Teddy Boy nécessitait un effort financier non négligeable : le coût de la tenue était d'environ 200 francs – à peu près 7000 francs aujourd'hui. Pour les adolescents de la classe ouvrière, ce look finit par devenir l'archétype de celui du héros.

MODE

Les tenues sport des années 50

Années 1950

L'arrivée d'une culture nouvelle, opulente, dans l'Amérique de l'après-guerre, encouragea les gens à adopter des comportements moins formels, une manière de vivre plus décontractée. Cela se traduisit notamment par le développement de toute une génération de jeunes qui, pour la première fois, recherchaient de nouveaux codes vestimentaires se démarquant de ceux des adultes. Ces nouveaux consommateurs furent surtout fascinés par les articles de sport – les tennis, par exemple, dérivées des chaussures utilisées par les athlètes – et par les vêtements de travail faciles à porter tels que les blue jeans et les T-shirts. C'est ce que porte ici James Dean, dont le style vestimentaire est l'image parfaite du look décontracté des années 50.

Cette tenue a également été adoptée par les travailleurs manuels car elle était économique, confortable et solide. Par ailleurs, elle attirait aussi les Américains bohèmes et les artistes, en quête d'un code vestimentaire susceptible d'affirmer leur image de créateurs rebelles dans une société qui restait profondément conservatrice. Il n'est donc pas surprenant que certaines figures du monde artistique new-yorkais, tel Jackson Pollock, aient opté pour les T-shirts blancs, les tennis et les jeans – fabriqués depuis plus de cent ans par des compagnies comme Levi's – articles vestimentaires typiquement américains.

Jackie Kennedy

Années 1950-1960

Designer : Oleg Cassini (né en 1913)

Quand Jackie Kennedy devint la première dame des États-Unis, elle représenta immédiatement le *nec plus ultra* en matière de mode. Jeune et belle, elle occupa le devant de la scène mondiale et influença le look de toute une génération de femmes. Critiquée parce qu'elle ne portait que des vêtements de grands couturiers parisiens, elle chercha un créateur américain et choisit Oleg Cassini, qui devint le couturier officiel de la Maison Blanche.

Cassini avait grandi à Florence, où sa mère tenait une boutique de vêtements. En 1918, la famille immigra aux États-Unis et Cassini travailla en tant que dessinateur de costumes à Hollywood. Il créa de nombreux vêtements pour sa femme, l'actrice Gene Tierney. Pour Jackie Kennedy, les modèles de Cassini étaient chics et élégants. Le plus remarquable était son tailleur et son petit chapeau rond, qui lui donnaient une apparence à la fois classique et moderne en ce début des années 60. On la voit ici à son arrivée à Londres, portant le fameux chapeau rond et un tailleur rose pâle en laine bouclée.

MODE 23

Minijupe

ANNÉES 1960

Même s'il n'est pas certain que la minijupe ait été créée à Londres, il ne fait aucun doute qu'elle fut le symbole des *Swinging Sixties* londoniennes. Elle devint l'expression la plus populaire de cette nouvelle décontraction vis-à-vis du corps.

Jean Shrimpton, photographiée ici à la Melbourne Cup en 1965, fit sensation lorsqu'elle apparut pour remettre le prix d'élégance à la femme la mieux habillée de l'assistance. Contrairement aux usages de l'époque, la « Shrimp » arriva tête nue, sans gants ni bas, et portant une minijupe.

La minijupe fut aussi source d'évolution pour le commerce vestimentaire. En 1964, quand le magazine américain *Time* publia sa traditionnelle carte de Londres, les illustrations ne reproduisaient pas les sites historiques dignes d'intérêt, mais les nouvelles boutiques de Carnaby Street et de Kings Road. Ces points de vente indépendants, tels que Granny Takes A Trip, Hung On You et Lord John, défiaient la suprématie des grands magasins et des détaillants traditionnels. Le plus célèbre de ces magasins, Bazaar, fut ouvert en 1957 par Mary Quant. Plus que tout autre créateur, Mary Quant popularisa la minijupe en Angleterre, et se lança dans la création de vêtements spécialement conçus pour les jeunes.

Bien que la minijupe connût un succès grandissant – à la fin de la décennie, la reine elle-même portait des jupes plus courtes – elle convenait toujours mieux à des mannequins jeunes et minces comme Jean Shrimpton et Twiggy.

Les Beatles

ANNÉES 1960

En tant qu'adolescents des années 50, Les Beatles faisaient partie de ces mutations culturelles qui, lentement mais sûrement, affectaient la vie quotidienne des Anglais.
Ils étaient natifs de Liverpool, ville portuaire et donc plus réceptive aux influences extérieures que les autres villes de province britanniques.
Très attirés par la musique et le style américains, ils adoptèrent les vestes de cuir et les cheveux lissés en arrière de leurs idoles des années 50, tels Marlon Brando et Elvis Presley.

John Lennon eut une véritable révélation en 1956, en écoutant la chanson d'Elvis *Heartbreak Hotel* sur Radio Luxembourg. Il y eut plus tard l'influence du Liverpool Art College, que Lennon fréquentait et où il rencontra un des premiers membres du groupe, le peintre Stuart Sutcliffe. La fiancée allemande de Sutcliffe, Astrid Kirchherr, une étudiante en art de Berlin, présenta aux Beatles la fameuse coupe « mop-top », une variante du style « Beatnik », très populaire alors parmi les jeunes étudiants.

En 1962, leur manager Brian Epstein proposa aux Beatles une nouvelle image. Ils allaient porter d'élégants costumes de laine gris – veste sans col et pantalons moulants – et des bottes Chelsea. Les Beatles troquèrent la tenue des jeunes Américains de la classe ouvrière contre un nouveau style, typiquement anglais.

MODE 25

La culture hippie

ANNÉES 1960

À la fin des années 60, la révolution sociale de la décennie prit une direction différente. La culture « pop », fondée sur la consommation, le jetable et l'instantané, se heurta soudain à d'autres courants. Les choses changèrent fondamentalement en Angleterre avec l'expansion massive des études supérieures et les possibilités accrues d'obtenir des bourses. Ces nouveaux étudiants s'engagèrent dans un large mouvement en quête de nouveaux modes de vie et de nouvelles attitudes ; les tenues vestimentaires, l'image, prirent une importance primordiale. La recherche de valeurs spirituelles était étroitement liée à l'expérimentation des drogues et à un engouement pour les religions, les cultures orientales. Les vêtements indiens, par exemple, furent massivement adoptés, et pour personnaliser davantage encore son image, on mêlait les vêtements de manière très éclectique, et l'on ajoutait à tout cela des accessoires d'occasion, ce qui finit par être partie intégrante de la nouvelle culture hippie.

La Révolution chinoise

Années 1940

On a souvent dit de Mao Zedong (1893-1976) qu'il était le styliste le plus influent du XXe siècle, car c'est sa révolution qui a rendu obligatoires ces uniformes composés d'un veston droit, de pantalons larges et de casquettes souples. Des millions de Chinois, hommes et femmes, durent porter cet ensemble qui devint l'une des tenues les plus symboliques du XXe siècle. En 1960, des politiques radicaux de l'Ouest l'endossèrent et la casquette devint un accessoire de mode populaire chez les jeunes libéraux. Depuis, les costumes amples en coton continuent d'inspirer des stylistes tels que Issey Miyake et Comme des Garçons.

Mao était le plus grand marxiste non européen. Pendant la Révolution, il s'appuya sur la paysannerie plutôt que sur le monde ouvrier – qui était, selon les marxistes traditionnels, le moteur des changements sociaux. Mao gouverna la Chine en dictateur et l'uniforme, image de l'ordre, de la discipline et de l'abolition de l'individu, reflète bien l'idéologie de ce régime.

Même si les pantalons larges et la veste en coton évoquent la tenue traditionnelle des paysans chinois, la tenue s'inspire davantage des vêtements des premiers révolutionnaires russes, qui portaient notamment le chapeau « à la Lénine ».

MODE

Punk

ANNÉES 1970

En 1971, Malcolm McLaren et Vivienne Westwood ouvraient le premier de toute une série de magasins au 436 Kings Road, à Londres. Ils estimaient que la culture et le style londoniens étaient dans une impasse et qu'il fallait explorer d'autres horizons. En 1975, ils ouvraient Sex, une boutique où l'on vendait des vêtements érotiques en latex et des accessoires. Deux ans plus tard, ce fut l'ouverture de Seditionaries, le premier magasin londonien authentiquement « punk ». McLaren et Westwood furent les catalyseurs de la révolution punk, qui toucha la culture britannique dans son ensemble : musique, mode, design.

McLaren a toujours encouragé les jeunes qui partageaient ses goûts à flâner dans le magasin, et le samedi, celui-ci devenait une sorte de club pour tous ceux qui étaient en quête d'une nouvelle identité. Les Punks cherchaient une alternative au déclin du mouvement hippie qu'ils méprisaient : McLaren en proposait une. Amateur de bouffonneries et de slogans dadaïstes, il appréciait la confrontation directe avec le courant dominant. Le groupe punk les Sex Pistols, dont le chanteur John Lyndon est photographié ici en 1976, l'inspirèrent pour développer cette tendance. Un style « anti-mode » émergea rapidement : des vêtements déchirés, accrochés avec des épingles de sûreté, un maquillage tribal agressif, du rouge à lèvres noir et des cheveux teints de couleurs vives. Westwood reprit ces thèmes dans ses créations pour les Sex Pistols : pantalons sado-maso, T-shirts « destroy », bottes d'ouvrier... Tous ces vêtements étaient destinés autant aux filles qu'aux garçons.

Vêtements de sport

Années 1980

Sur cette photographie de 1987, les groupes de hip-hop-rap new-yorkais, Les Beastie Boys et Run DMC, montrent bien la nouvelle culture en vogue chez les jeunes : une culture qui nécessite des codes vestimentaires particuliers. Dans ce contexte, les tennis sont particulièrement significatives, elles sont l'accessoire clé portant la marque du groupe auquel on appartient.

Leurs origines remontent au développement des chaussures de sport. À partir de 1940, les tennis, puis les baskets, se portaient comme des chaussures de sport, et reflétaient le nouveau style de vie des Américains de l'après-guerre. Ce fut l'amorce d'un changement radical dans les habitudes vestimentaires : on commença à porter des tenues de sport dans d'autres activités, et l'idée se répandit qu'il n'était pas nécessaire de faire du sport pour mettre ce type de vêtement. Aujourd'hui, les chaussures de sport *high-tech* sont devenues les accessoires essentiels du « street style ». Gangs, fans de musique et surfeurs, chacun choisit un modèle particulier en fonction du groupe auquel il appartient et porte les vêtements de sport appropriés pour compléter sa tenue. Les grands fabricants comme Nike et Adidas ont répondu rapidement au développement de ce « street style » en commercialisant de nouveaux modèles de baskets qui visent délibérément le marché des jeunes, notamment à travers le parrainage de Michael Jordan, Magic Johnson ou Prince Naseem, devenus de véritables symboles.

Les principaux acteurs de ce secteur économique ont maintenant bâti une industrie pesant un milliard de dollars et qui exploite minutieusement toutes les nuances de style, si importantes aux yeux de ces consommateurs.

MODE 29

Le design japonais

1986

Designer : Yohji Yamamoto (né en 1943)

Jusqu'au début des années 80, la notion de stylisme japonais était inexistante sur le marché international de la mode. Yamamoto fut l'acteur essentiel du développement de la mode japonaise.

Yamamoto étudia la mode à Tokyo avec Chie Koike, disciple d'Yves Saint-Laurent, ce qui établit un lien avec le monde de la haute couture parisienne. Tirant profit de sa connaissance du marché européen et de l'ouverture croissante de son pays aux influences internationales, il créa des vêtements radicalement nouveaux, mais néanmoins très japonais. Il développa un style unique, en rupture totale avec la mode prédominante des modèles ajustés, bien coupés. Il introduisit du flou dans la coupe de ses vêtements par des drapés et en superposant les couches de tissu. Les effets obtenus, simples, voire minimalistes, reposaient sur la qualité et la texture des étoffes, ce qui rendait ses modèles très difficiles à copier. Il considérait ses vêtements comme des sculptures, enveloppant le corps comme le kimono traditionnel, mais adapté au mode de vie contemporain.

Parmi de récentes créations, certains modèles pouvaient difficilement être qualifiés de vêtements avant qu'ils ne soient portés. Ils tombaient autour du corps comme des sculptures mouvantes, effets que d'autres créateurs ont largement imités sans jamais parvenir à égaler le maître. Avec ses compatriotes, Issey Miyake et Rei Kawabuko de Comme des Garçons, Yamamoto a révolutionné le design de la mode.

Giorgio Armani

1989

DESIGNER : GIORGIO ARMANI (NÉ EN 1935)

Durant l'après-guerre, le design italien mobilisa l'attention internationale par sa créativité et son originalité. La mode n'y fit pas exception. Au cours des années 70, Giorgio Armani fit en sorte que la mode italienne continuât à occuper le devant de la scène. Armani révolutionna les vêtements masculins et féminins : il supprima la traditionnelle doublure des vestes et coupa ses costumes dans des textiles très légers, mêlant la laine et la viscose, créant ainsi un style plus souple et plus décontracté.

Les étoffes souples exigent davantage d'attention dans la coupe, l'élaboration du patron et l'assemblage, car il faut éviter d'étirer le tissu. Armani se consacra à la confection sur mesure – création soignée, boutons faits à la main, ourlets cousus à la main et doublures de qualité – mais réussit cependant à créer un look décontracté grâce à l'utilisation du velours et de tissus souples. Ses vestes ressemblaient presque à des chemises, surtout quand elles étaient portées avec un simple T-shirt ou un pull ajusté, comme le fameux polo noir à col roulé. Armani incarne le style classique des années 80. Mieux que tout autre, il a su abolir les différences entre habits de tous les jours, vêtements décontractés et tenues de soirée, fondant en un style unique leurs caractéristiques distinctives.

MODE

Androgynie

ANNÉES 1980

Pendant des décennies, l'androgynie – mélange des apparences propres aux deux sexes – est restée une tendance culturelle marginale, confinée au monde fermé des bars et des clubs. Mais à la fin des années 60, elle commença à entrer dans les mœurs. Le travestisme et l'androgynie furent mis au goût du jour par Andy Warhol et son petit groupe de « superstars » que l'on voyait dans des films comme *Chelsea Girls* et *Trash*. Beaucoup de musiciens rock commencèrent, à travers vêtements et maquillage, à remettre en cause leur masculinité. David Bowie et d'autres figures du mouvement *Glam Rock* ont contribué à populariser la bisexualité et ont influencé de nombreux domaines du design, tels la mode et les arts graphiques. Au début des années 80, ces thèmes s'exprimèrent à nouveau avec l'apparition des *New Romantics*. Un nom émerge alors : Boy George. Avec son amie Marilyn, il fit d'un mode de vie personnel – s'habiller avec des vêtements de femme – l'ingrédient premier de sa carrière de pop star. Boy George se maquillait et portait des vêtements issus de tenues traditionnelles, comme les deadlocks. L'ensemble finit par constituer une tendance où l'androgynie devint une mode en soi.

Costume pour Madonna

1990

DESIGNER : JEAN-PAUL GAULTIER (NÉ EN 1952)

Dans les années 80, de nombreux artistes ouvertement homosexuels ont eu une grande influence à travers leurs clips vidéo, leurs créations de mode, leurs représentations théâtrales et leurs spectacles de danse. Le chanteur pop Boy George, le danseur et chorégraphe Michael Clark, l'artiste Leigh Bowery et le réalisateur John Maybury font partie de ceux qui ont permis à la sensibilité homosexuelle de s'exprimer au grand jour.

Mais celle qui épousa le plus étroitement la culture « gay » est sans aucun doute Madonna. Grâce à sa grande popularité, elle réussit à placer au centre de la culture contemporaine les idées issues des communautés marginales. Son image, fondée sur le sadomasochisme et le fétichisme sexuel, se répandit dans le grand public à travers ses clips et surtout son livre, *Sex*.

En 1990, Madonna confia à Jean-Paul Gaultier la réalisation de ses costumes pour sa tournée *Blonde Ambition*. À travers ses vêtements, Gaultier a redéfini la notion de sexe en créant des jupes pour les hommes et des costumes rayés pour les femmes. Sa grande fascination pour les sous-vêtements lui inspira des créations qui allaient au-delà des soutiens-gorge, corsets et jarretelles, modèles qui firent sensation lorsque Madonna les porta. Gaultier a puisé son inspiration dans la rue et chez les noctambules. Il a transformé des vêtements fétichistes en articles de haute couture, associant par exemple à des tailleurs traditionnels des gants de caoutchouc ou autres éléments farfelus.

MODE

T-shirt publicitaire

1984

Designer : Katherine Hamnett (née en 1948)

Cette photo a été prise en 1984 lors d'une réception à Downing Street clôturant la semaine de la mode anglaise. Katherine Hamnett y rencontrait le Premier ministre Margaret Thatcher. Dans sa majestueuse robe de velours, Thatcher, qui menait sa propre révolution politique et économique, offre un contraste saisissant avec Katherine Hamnett. Celle-ci fit un joli coup médiatique en portant des sneakers et l'un de ses T-shirts à slogan, et en interrogeant le Premier ministre sur les effets des pluies acides. Hamnett a créé de nombreux T-shirts publicitaires inspirés par les manifestations anti-nucléaire organisées par des femmes sur le site de la base aérienne de Greenham Common, en Angleterre.

Même si Hamnett était profondément engagée dans les mouvements pacifistes et écologistes, la rencontre n'a pas provoqué le fracas culturel que l'on pouvait supposer. Au fil des années 80, la marque Hamnett connut un grand succès en vendant des ensembles décontractés aux nouveaux « jeunes cadres dynamiques » de l'Angleterre de Thatcher.

Les tissus imprimés

1989

DESIGNER : PAUL SMITH (NÉ EN 1946)

Au cours des années 80, Paul Smith provoqua un changement radical dans les habitudes vestimentaires masculines en Angleterre. Paul Smith introduisit, dans ce marché traditionnellement conservateur, une ligne de vêtements classiques, mais dont le design frais et original eut un succès considérable tant au niveau national qu'international, notamment au Japon. Paul Smith prit pour base de ses créations la tenue standard de bureau – le costume, la chemise et la cravate – mais opta pour des tissus nouveaux et une palette de couleurs variées qui peu à peu conquirent ses clients.

Smith se rendit très vite compte qu'une brèche s'était ouverte dans le marché qu'il visait : de plus en plus de jeunes actifs souhaitaient garder un look sérieux à leur travail sans pour autant revêtir le traditionnel costume sombre et terne. Sa stratégie créatrice lui permit de développer des modèles plus audacieux, dont ses fameuses chemises. Souvent de couleurs « fluo » avec des impressions de fruits, de fleurs et de légumes en 3D, ces chemises s'inspiraient à la fois de la tradition des années 60 et de la mode des années 80 pour ce qui est des coloris, de la coupe et des décorations. Aujourd'hui, le jeune loup peut s'efforcer de porter quelque chose d'élégant, mais il saura qu'opter pour des modèles signés Paul Smith demeure une marque de bon goût.

MODE

John Galliano

1997

DESIGNER : JOHN GALLIANO (NÉ EN 1960)

John Galliano fait partie de la nouvelle vague de la mode anglaise des années 80. Diplômé de la St Martin's School of Art à Londres, c'est un extrémiste qui a vite envisagé de transformer la création de vêtements en acte subversif. Même si cette option influence toujours son travail, Galliano a su évoluer jusqu'à devenir un couturier d'envergure internationale. À tel point qu'en 1996, il était nommé couturier en chef chez Dior ; un poste des plus convoités sur la scène internationale au sein d'une des maisons les plus prestigieuses dans le monde. Galliano fut choisi pour « donner une bouffée d'oxygène » au monde confiné de la haute couture française grâce à son extraordinaire talent d'innovation. Comme bon nombre de ses contemporains, il s'inspire de récits, de fragments d'histoire tels la fin du XVIIIe siècle et la Révolution française.

Vivienne Westwood

1996

DESIGNER : VIVIENNE WESTWOOD (NÉE EN 1941)

Vivienne Westwood est une des superstars mondiales de la mode. Elle incarne aujourd'hui ces parcelles de créativité britannique qui ont inspiré de nouvelles orientations à l'échelle internationale. Mais il n'en fut pas toujours ainsi. C'est en 1990 que sa réputation changea, lorsque John Fairchild, éditeur du magazine *Women's Wear Daily*, la classa parmi les six couturiers les plus importants du monde. Ce qu'elle apportait à la création vestimentaire était enfin pris au sérieux.

Son travail se caractérise par une dimension exploratoire, une prise de risque que l'on retrouve autant dans les modèles de haute couture les plus onéreux que dans ceux destinés à une clientèle plus large. Son génie s'exprime à travers une nouvelle approche de la coupe des vêtements, et surtout à travers l'impact produit par certaines de ses idées : les dessous deviennent vêtements de dessus, les collants se portent sous les vestes, jupes à crinoline et corsets à baleines sont ornés d'imprimés baroques.

Westwood s'inspire beaucoup de l'histoire, et cela reflète bien les grandes lignes du design anglais le plus novateur. Elle effectue des recherches dans les grands musées londoniens, tels le musée Victoria et Albert et la Wallace Collection.

Pour Westwood, la mode est une façon de renouer avec l'histoire. Elle incarne la notion selon laquelle la créativité anglaise est, par tradition, plus littéraire que visuelle. Ses vêtements sont fondamentalement britanniques, et mieux que quiconque elle a contribué à placer Londres au sommet de l'échelle mondiale de la mode.

Matières synthétiques

Années 1990

L'invention des matières synthétiques offre au consommateur de nouveaux critères de confort et de fonctionnalité. Ce processus continu d'innovation technologique qui a commencé au début du XXe siècle est devenu un facteur important dans le monde de la mode. Deux maisons produisent ces tissus synthétiques : Dupont et Courtaulds. Les fibres *high-tech* ont permis aux créateurs de mode d'innover davantage au niveau des matières que sur le plan de la coupe proprement dite. Dupont, célèbre pour son invention du Nylon en 1938, a lancé le Lycra comme étant le tissu extensible des années 80, et la maison continue à l'améliorer. Courtaulds lança Tencel, produit à partir de la cellulose. C'est un tissu doux, souple, brillant, qui a les qualités de la soie et du coton et laisse passer l'air à l'instar des étoffes naturelles tout en étant bien plus solide et facile à laver.

Mais il existe d'autres nouveaux matériaux : le Polartec de Berghaus, à base de bouteilles en plastique recyclées ; le Gore-Tex de W.L. Gore, fine membrane qui, appliquée sur n'importe quel tissu, empêche la pénétration de l'eau tout en permettant à l'humidité de s'échapper, et une matière dotée de trous microscopiques lancée par le fabricant de maillots de bain Speedo, grâce à laquelle on peut bronzer intégralement. Afin d'élargir encore la gamme disponible, les scientifiques essaient d'améliorer les fibres naturelles par modifications génétiques. Pour réaliser le modèle ci-contre, le créateur Hussein Chalayan a utilisé du papier Tyvek, destiné à l'origine à la confection d'enveloppes. Il a compensé le manque d'extensibilité du papier par une technique particulière de coupe et d'étirement.

38 MODE

Alexander McQueen

1997

Designer : Alexander McQueen (né en 1969)

Alexander McQueen fait partie de la génération de jeunes stylistes anglais apparue dans les années 90. Il fit son apprentissage chez Gieves & Hawkes, un des tailleurs les plus célèbres de Savile Row. Puis, il suivit un cours de spécialisation à la St Martin School of Art à Londres. Son travail attira l'attention d'Isabella Blow, mécène bien connu des jeunes stylistes. Elle acheta sa collection et fit en sorte que son travail, axé sur le corps et le sabotage de la tradition, attire l'attention des médias. Blow avait reconnu chez McQueen un style nourri d'énergie brute qui allait donner naissance au nouveau look des années 90. Ses modèles offraient à la presse des images choc, comme le pantalon bumster coupé de façon à découvrir le sillon des fesses. McQueen fut nommé premier modéliste chez Givenchy à Paris. Ce fut une révolution : Givenchy représentait le summum de la haute couture parisienne mais semblait avoir perdu son hégémonie en restant trop conservateur, trop sérieux. McQueen fit souffler un vent « anti-mode » sur les idées ambiantes. Quand on lui demanda de parler du talent de Givenchy, il répondit : « Quel talent ? » Mais son travail raviva l'image de Givenchy. Il travaille avec une petite équipe de collaborateurs anglais : la styliste Katy Englande, le directeur artistique Simon Costin, qui crée des bijoux avec certaines parties de corps d'animaux et le modiste Philip Treacey qui a transformé le chapeau en objet d'art. Cette photo montre l'influence de Costin et de Treacey.

MODE

CHAPITRE 2
architecture

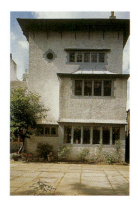

FORSTER HOUSE

ÉCOLE D'ART DE GLASCOW

CASTLE DROGO

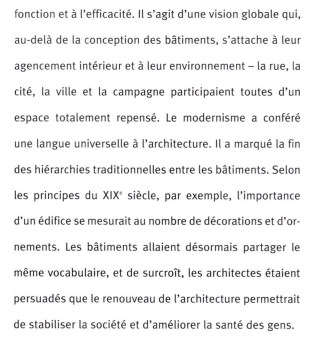

ON TIENT GÉNÉRALEMENT L'ARCHITECTURE pour la mère des arts, nourrie d'antiquité. Elle est traditionnellement considérée comme une profession artistique prestigieuse, libre des contingences commerciales. L'architecture a toujours porté en elle un riche potentiel éducatif et professionnel. En Italie, la plupart des concepteurs-designers ont une formation d'architecte. Au début du XXe siècle, les architectes ont joué un rôle prépondérant dans l'émergence du modernisme. Leurs préoccupations artistiques et intellectuelles pouvaient s'étendre à l'influence de nouvelles formes picturales apparues avant 1914. Le cubisme offrait une nouvelle conception de l'espace, fragmenté et infini, tandis que l'art abstrait renonçait à la représentation et à la tradition pour tendre vers la pureté et l'universalité. Des thèmes centrés autour du pouvoir purificateur et rédempteur de l'art inspireront l'architecture dans les années qui suivirent la Première Guerre mondiale.

Au cours des premières années du XXe siècle, il y eut une volonté d'exprimer un âge nouveau par une société nouvelle vivant et travaillant dans les cités de l'avenir. Cet idéal se concrétisa tout particulièrement dans le New York des années 20, où l'horizon de Manhattan fut rempli de gratte-ciel. L'industrialisation et la mécanisation constituèrent les modèles de la société, et les bâtiments étaient conçus comme des machines. L'architecture s'intéressait non seulement à l'esthétique, mais aussi à la fonction et à l'efficacité. Il s'agit d'une vision globale qui, au-delà de la conception des bâtiments, s'attache à leur agencement intérieur et à leur environnement – la rue, la cité, la ville et la campagne participaient toutes d'un espace totalement repensé. Le modernisme a conféré une langue universelle à l'architecture. Il a marqué la fin des hiérarchies traditionnelles entre les bâtiments. Selon les principes du XIXe siècle, par exemple, l'importance d'un édifice se mesurait au nombre de décorations et d'ornements. Les bâtiments allaient désormais partager le même vocabulaire, et de surcroît, les architectes étaient persuadés que le renouveau de l'architecture permettrait de stabiliser la société et d'améliorer la santé des gens.

Il existait ainsi diverses manières de concevoir la nouvelle architecture, depuis la ligne dure des constructivistes soviétiques au travail plus inspiré de Walter Gropius, dont témoignent l'abstraction des formes et la composition sculpturale de l'école du Bauhaus, en passant par le classicisme moderne de Le Corbusier et le style international. Le mouvement moderne permettait également une approche moins radicale des formes et des matériaux, que l'on retrouve dans le travail de Frank Lloyd Wright et des Scandinaves Alvar Aalto et Gunnar Asplund. L'architecture utilisait des matériaux traditionnels et mêlait aux styles locaux des structures et des formes courbes dont l'effet apaisant devait avoir une profonde influence au cours du siècle.

Dans les années 20 et 30, les architectes européens ont concentré leur énergie sur la ville et les nouvelles formes de construction. Le futuriste Sant'Elia évoque, dans ses écrits, le besoin de réinventer et de reconstruire la ville, ainsi que la nécessité de faire table rase des valeurs architecturales et ornementales du XIXe siècle. Les architectes du monde industriel considéraient la ville comme un modèle pour l'avenir, et c'est Le Corbusier qui l'a exprimé avec le plus de vigueur. Dans son livre *Vers une nouvelle architecture*, les silos à grains et les paquebots étaient décrits comme des modèles pour l'architecture. Les architectes ont commencé à imaginer de gigantesques bouleversements, où les bas quartiers industriels étaient rasés et les vestiges du passé abolis, pour laisser la place à des villes qui devaient libérer les gens et préparer l'avènement d'une vie utopique. Pour les modernistes purs et durs, cela s'est traduit par le recours aux nouveaux matériaux à base de béton armé, par la construction de gratte-ciel ou d'édifices de formes géométriques. Cette vision totalitaire a engendré, au cours des années précédant la Seconde Guerre mondiale, des projets encore plus audacieux. Après la guerre, les architectes ont retravaillé le modernisme afin de faire face aux enjeux. Le modernisme allait se réduire à une simple possibilité architecturale parmi d'autres qui devaient désormais répondre aux désirs et aux besoins d'un monde à la technologie et à l'économie de plus en plus complexes. À partir des années 50, l'idéal moderniste fut remis en cause au profit d'une architecture que l'on voulait plus communicative et plus signifiante. Ainsi se manifestèrent les fantaisies de science-fiction du groupe Archigram, qui proposait une architecture conforme à la société du « tout-à-jeter ». D'autres, comme Buckminster Fuller, optaient pour une approche high-tech, alors que des architectes comme Luis Barragán au Mexique centraient davantage leurs recherches sur les traditions locales. Dans ce contexte, la réponse américaine ne manquait pas d'intérêt. Alors que le paysage des années 50 était dominé par les bâtiments minimalistes des architectes européens, tels ceux de Mies van der Rohe, on se mit en quête d'une tradition architecturale plus américaine et plus démocratique. Dans les années 60, Robert Venturi dans son livre *Complexité et contradiction en architecture*, en appelait à une utilisation de l'espace plus complexe, et au rétablissement de l'architecture comme langage et signifiant culturel. « Moins », écrit Venturi, « est synonyme d'ennui ». Une décennie plus tard, ces réactions contre le modernisme ont été rassemblées dans le livre de Charles Jencks intitulé *Le Langage de l'Architecture Postmoderne*. Postmodernisme était le terme utilisé pour décrire la nouvelle architecture, qui n'offrait plus un style unique mais une efflorescence de formes radicales et différentes. Cela a engendré le désir de créer une architecture proche des gens, offrant une identité, une mémoire, tant aux usagers qu'aux passants. Décoration, historicité, espièglerie, esprit et ironie sont désormais les incontournables mots d'ordre de l'architecture.

EMPIRE STATE BUILDING

CHRYSLER BUILDING

SEAGRAM BUILDING

ARCHITECTURE 41

Forster House

1891

LONDRES, ANGLETERRE

ARCHITECTE : CHARLES FRANCIS ANNESLEY VOYSEY (1857-1941)

Dans les années 1890, l'architecture britannique fut sans doute la plus créative. Voysey fut l'un des membres les plus talentueux et influents du mouvement Arts and Crafts, qui regroupait des architectes et designers de premier ordre. Pour la simplicité des plans et la sobriété des formes, Voysey a été salué comme l'un des pères du modernisme du XXe siècle, bien que lui-même ne trouvât pas grand-chose à admirer dans la nouvelle architecture des années 20.

La maison Forster, construite à Bedford Park à Londres, a ouvert la voie à une autre importante contribution britannique en matière d'urbanisme : la banlieue résidentielle, qui alliait l'accès aisé à la ville aux plaisirs de la campagne. Cette maison contrastait fortement avec les demeures en briques rouges des années 1870. D'une grande originalité, elle a réellement lancé la carrière de Voysey. L'extérieur était simple ; au lieu de réinterpréter les styles du passé, Voysey a créé un habitat novateur aux murs de crépi blanc, avec des parements en pierre et des corbeaux en acier soutenant un toit débordant largement. L'aménagement intérieur traduit le souci d'inventer un art de vivre moderne : une grande salle de séjour dont on a supprimé la séparation entre le salon et la salle à manger, et une cage d'escalier placée sur le côté de la maison afin de libérer l'espace. La décoration intérieure était plus conventionnelle, à base de mobilier en chêne et de menus détails locaux.

ARCHITECTURE

École d'Art de Glasgow

1897-1909

GLASGOW, ÉCOSSE

ARCHITECTE : CHARLES RENNIE MACKINTOSH (1868-1928)

Si Mackintosh est actuellement l'un des architectes les plus célèbres, ses travaux n'ont pas toujours été appréciés à leur juste valeur. Disparu en 1928 dans l'oubli, nombre de ses réalisations les plus connues ont été menacées de démolition durant l'après-guerre. Ce n'est que dans les années 60 que son œuvre a été réévaluée et qu'il a été reconnu comme une figure majeure de la transition entre l'historicité du XIXe siècle et l'abstraction des premières années du XXe siècle.

Au tournant du siècle, Mackintosh participa, à Glasgow, à une véritable renaissance artistique. Il travailla en étroite collaboration avec sa femme, Margaret Macdonald. L'originalité des dessins architecturaux, décorations intérieures et mobilier qu'ils concevaient pour des clients privés, a très vite suscité l'intérêt général, mais les plus enthousiastes étaient les Sécessionnistes de Vienne.

Son bâtiment le plus célèbre est l'École d'Art de Glasgow. La première phase de construction, comprenant l'entrée représentée ici, s'est achevée entre 1898 et 1899. D'immenses fenêtres surplombent l'entrée et la façade est une réduction de l'architecture traditionnelle des châteaux écossais. Toujours occupé par une école d'art, le bâtiment, riche de détails propres à Mackintosh (balustrades et corbeaux des fenêtres), attire beaucoup de visiteurs. La seconde phase de construction, comprenant une bibliothèque, s'est achevée en 1909.

ARCHITECTURE 43

Casa Battló

1905-1907
BARCELONE, ESPAGNE
ARCHITECTE : ANTONI GAUDÍ
(1852-1926)

Gaudí est certes l'une des grandes personnalités de l'histoire de l'architecture espagnole, mais son rayonnement international a fait de lui une figure majeure du XXe siècle. Il a travaillé presque exclusivement dans un périmètre proche de sa ville natale, Barcelone, aujourd'hui encore capitale artistique d'une région farouchement indépendante, fière de ses traditions et de son histoire. Gaudí a mêlé le style catalan à des éléments mauresques et des formes naturelles pour créer l'une des architectures les plus originales de la fin du siècle dernier et du début du XXe siècle.

Son œuvre la plus célèbre est sans doute l'église de la Sagrada Familia, commencée en 1883 et toujours inachevée. C'est dans la transformation d'un immeuble d'appartements en une résidence pour la famille Battló que s'exprime le plus brillamment son interprétation de l'Art Nouveau catalan, le « Modernismo ». Cet édifice comprend des bureaux au rez-de-chaussée et des appartements locatifs. Le vocabulaire ornemental de Gaudí n'apparaît plus seulement à la surface de l'édifice mais en constitue les éléments structurels essentiels.

La façade est recouverte de mosaïques en pâtes de verre de couleurs vives, tandis que le faîte du toit évoque la forme d'un reptile exotique. La manière originale dont Gaudí use des formes sculpturales l'a établi comme l'un des grands artistes-architectes du XXe siècle. Même s'il est davantage l'apothéose d'une obsession pour le renouveau et les formes naturelles propre au siècle précédent que l'émergence d'un courant, le style de Gaudí n'en sera pas moins devenu une source d'inspiration pour de nombreux architectes postmodernistes de l'après-guerre.

Castle Drogo

| 1910-1930 |
| Devon, Angleterre |
| Architecte : Edwin Lutyens (1869-1944) |

Dans l'histoire de l'architecture britannique, Edwin Lutyens reste une figure complexe. Il a travaillé dans la tradition du mouvement Arts and Crafts du XIXe siècle, même si l'on peut soutenir qu'il est l'architecte britannique le plus influent du XXe siècle. Toutefois, sa conception de l'architecture se démarquait du modernisme, en quête de formes nouvelles. C'est lui que choisit l'establishment britannique pour édifier des mémoriaux de guerre, des bâtiments officiels pour l'Empire et des constructions pour les banques principales. Tout cela éloigna Lutyens de l'avant-garde architecturale, qui le tenait pour un réactionnaire freinant le progrès. Récemment, une appréciation plus objective de l'œuvre de Lutyens a souligné sa façon de traiter les formes et l'espace, son utilisation des matériaux traditionnels et sa réinterprétation de l'architecture vernaculaire, autant de qualités que l'on s'abstenait de considérer il y a environ quarante ans. En dehors de son travail pour l'establishment, il fut également le dernier grand architecte à concevoir des manoirs. Castle Drogo, construit pour un marchand de thé fortuné, en est un exemple. Ce château est de conception romantique ; construit en granit, il est bâti sur un piton rocheux en bordure du Dartmoor. L'intérieur du bâtiment s'ouvre en une série d'espaces spectaculaires ; la bibliothèque est particulièrement remarquable, ainsi que la cuisine, en sous-sol, éclairée par le haut grâce à une rotonde vitrée.

ARCHITECTURE 45

Chrysler Building

| 1928-1930 |
| New York, États-Unis |
| Architecte : William Van Alen (1883-1954) |

Le Chrysler Building est vraisemblablement un des bâtiments les plus familiers du monde. Sa silhouette luxuriante et spectaculaire symbolise en effet, pour de nombreuses personnes, le paysage de Manhattan. Il est l'une des nombreuses tours érigées dans les années 20, qui ont fait de New York l'archétype de la ville moderne du XXe siècle.

L'histoire de cet édifice est un peu curieuse. Il a été conçu pour la société automobile Chrysler ; son hall d'entrée devait servir de salle d'exposition pour les nouveaux modèles, et les sculptures métalliques décorant l'extérieur évoquent les calandres et les emblèmes des voitures. En réalité, ce bâtiment n'a jamais été utilisé par Chrysler. De plus, pendant les travaux de construction, Van Alen fut accusé de détournement de fonds et, quelle qu'ait été la vérité, sa réputation fut définitivement perdue.

S'élevant à 320 mètres, le Chrysler Building reste l'exemple le plus flamboyant de l'Art Déco du centre de New York, où tant de sociétés commerciales ont rivalisé pour attirer l'attention. Citons néanmoins le Woolworth Building, de l'autre côté de la rue, et le siège de la Chenin Insurance, dans le bloc opposé.

Empire State Building

1931

New York, États-Unis

Architectes : Richmond H. Shreve (1877-1946), William Lamb (1883-1952) et Arthur Loomis Harmon (1878-1958)

L'une des images les plus prégnantes de la culture populaire demeure celle du gorille géant du film *King Kong* s'agrippant au mât d'amarrage situé au sommet de l'Empire State Building, le gratte-ciel le plus célèbre – la « huitième merveille du monde ». Située au coin de la 34e Rue et de la 5e Avenue à Manhattan, cette merveille de 381 mètres de haut est restée pendant quarante ans après son achèvement l'édifice le plus élevé. Conçues par les architectes Richmond H. Shreve, William Lamb et Arthur Loomis Harmon, la poussée verticale de l'extérieur et les formes simples mais puissantes de calcaire et de granit constituaient les éléments types du gratte-ciel moderne. Bien que moins exotique que son rival le Chrysler Building, son hall d'entrée en marbre luisant, astucieusement rehaussé de métal poli, incarne le style Art Déco. Unanimement acclamé, l'Empire State Building n'a pas rencontré un succès immédiat : la Crise de 1929 a entravé l'occupation de nombreux bureaux. Mais dès l'après-guerre, il prospéra et devint l'une des plus grandes attractions touristiques de l'Amérique. Depuis son inauguration en 1931, près de cent vingt millions de personnes ont visité les belvédères d'où, par temps clair, la vue s'étend jusqu'à quatre-vingts kilomètres.

ARCHITECTURE

Villa Schröder

1924

Utrecht, Pays-Bas

Architectes : Gerrit Rietveld (1888-1964) et Truss Schröder-Schräder (1889-1985)

La Maison Schröder est devenue une métaphore du modernisme et un bâtiment majeur du De Stijl, l'un des groupes avant-gardistes les plus cohérents. Cette maison est la première à être dépourvue de cloisons. Dégagé, dépouillé, modulable, totalement éloigné des contraintes du XIXe siècle : l'espace intérieur a été conçu à l'image du nouvel art de vivre prôné par le modernisme. La maison s'ouvre à la lumière et à l'espace, et offrait à l'origine une vue sur les prairies. Les fenêtres s'ouvrent vers l'extérieur à quatre-vingt-dix degrés, donnant ainsi l'impression que la maison se fond dans le paysage. Elle est également intéressante parce que c'est une des rares maisons modernistes partiellement conçue par une femme : Truss Schröder-Schräder a collaboré avec Rietveld à la conception de sa propre maison. Elle semble s'être occupée de l'aménagement intérieur et considérait que la maison et elle-même étaient des modèles représentatifs de la vie au XXe siècle. En dehors de l'escalier et de la salle de bains, fixes, la Maison Schröder dispose d'un espace intérieur que l'on organise à son gré grâce à un système de parois mobiles, qu'il suffit de tirer pour plus d'intimité. Le rez-de-chaussée, moins modulable, se compose de quatre ou cinq pièces, mais un trou dans le haut d'une cloison permet de préserver l'impression d'espace ouvert. Les meubles fonctionnels encastrés, les strapontins et les placards sont une autre particularité.

Villa Savoye

1929-1931

Poissy, France

Architecte : Le Corbusier (1887-1965)

Le Corbusier est l'architecte le plus influent du XXᵉ siècle, et l'on peut s'étonner que bien peu de ses projets aient réellement vu le jour. C'est toutefois sa conception de l'avenir, révélée par ses dessins et ses publications, qui a dominé l'architecture d'avant-garde. En tant que Moderniste, Le Corbusier s'est consacré à la création d'une nouvelle esthétique pour un nouveau mode de vie et sa principale source d'inspiration était la machine. Il voulait créer une architecture qui fonctionne avec la même efficacité apparente et la même économie de style qu'une voiture ou qu'un aéroplane.

La philosophie de Le Corbusier se reflète dans son célèbre aphorisme « la maison en tant que machine à habiter ». Dans les années 20, ses idées furent mises en pratique dans plusieurs villas modernes destinées à des clients fortunés de la banlieue parisienne, dont l'extérieur évoque la machine et dont l'intérieur offre de larges possibilités d'aménagement. Dans les maisons telles que la Villa Savoye figurait un mobilier spécialement dessiné, telle une sculpture discrète dans un espace intérieur fluide, faisant de la maison une entité étudiée et pensée jusque dans ses moindres recoins. La Villa Savoye est devenue l'une des expressions les plus connues du style international du XXᵉ siècle et soixante ans plus tard, son style continue à influencer l'architecture.

ARCHITECTURE 49

Seagram Building

1954-1958

NEW YORK, ÉTATS-UNIS

DESIGNER : LUDWIG MIES VAN DER ROHE (1886-1969)

Mies van der Rohe est l'un des architectes les plus influents du XXe siècle. Ses constructions sont devenues des modèles pour la société industrielle moderne. Mies est célèbre pour son habileté à tirer l'effet maximal d'une utilisation minimale de formes, d'où son axiome légendaire « moins, c'est plus ».

Autodidacte, il a passé ses années de formation dans le bureau allemand de Peter Behrens où il a supervisé de nombreux projets. Après la Première Guerre mondiale, il s'est trouvé au centre du mouvement néo-moderne en concevant des bâtiments très originaux. Entre 1919 et 1929, ses principales réalisations furent la Wolf House à Guben et le pavillon allemand de l'Exposition internationale de Barcelone de 1929, un des édifices les plus importants du XXe siècle.

Après avoir dirigé le Bauhaus pendant une brève période, il fut contraint d'immigrer aux États-Unis où, en 1938, il devint professeur à l'Illinois Institute of Technology, à Chicago. C'est là qu'il commença à établir ses principes architecturaux particuliers, utilisant des charpentes métalliques visibles afin d'exploiter d'audacieuses formes rectangulaires. Après la guerre, sa carrière atteignit son apogée. Deux de ses gratte-ciel, le Lake Shore Drive Apartments à Chicago (1950) et le Seagram Office Building à New York (1954-1958), devinrent les symboles des ambitions de la nation américaine. Son œuvre représente la structure du pouvoir des cadres américains et a inspiré le profil de centaines de quartiers commerciaux.

ARCHITECTURE

École du Bauhaus

1926

DESSAU, ALLEMAGNE

ARCHITECTE : WALTER GROPIUS (1883-1969)

De 1919 à 1928, Walter Gropius dirigea l'école de design la plus réputée du XXe siècle, le Bauhaus. Lorsque l'occasion s'est présentée de construire une nouvelle école, ce n'est pas un hasard si Gropius l'a dessinée lui-même pour montrer ce que la nouvelle architecture devrait et pourrait être. L'école reste l'un des bâtiments majeurs du mouvement d'avant-garde. Directeur, Gropius se devait d'instaurer une nouvelle approche de l'enseignement du design, approche dont l'influence joue toujours sur la manière dont le design est enseigné. Tandis que dans le reste de l'Europe, cet enseignement continuait à être fortement dominé par les attitudes obsolètes du siècle dernier, le Bauhaus a développé un programme selon un modèle que l'on rencontre encore aujourd'hui dans la plupart des écoles de design. Il proposait une année commune d'initiation au design après laquelle les étudiants optaient pour une spécialisation : par exemple le mobilier, les produits ou l'art graphique.

Dans le bâtiment lui-même, les différentes activités de l'école se traduisaient par une série de zones distinctes, marquées par un traitement différent de la façade et reliées entre elles par des pavillons à un étage. Gropius aspirait à la fonctionnalité, mais aussi à un effet spirituellement plaisant. Par exemple, le pavillon de l'atelier, que Gropius considérait comme le cœur des activités et de l'identité de l'école, avait une armature en béton armé, et donc un mur rideau enveloppant le coin afin de révéler ce qui se passait à l'intérieur. Conçu par Gropius et ses étudiants, l'intérieur bénéficiait d'une attention égale, notamment son bureau et l'amphithéâtre, qui étaient équipés de chaises pliantes en toile et en acier réalisées par Marcel Breuer.

ARCHITECTURE 51

Maison de Verre

1927-1932

Paris, France

Designer : Pierre Chareau (1883-1950)

La Maison de Verre a été conçue par l'architecte Pierre Chareau, qui a épousé l'esthétique moderniste avec enthousiasme. Pour bien des architectes et designers, cette maison, construite pour un gynécologue et sa femme, est l'une des manifestations les plus poétiques et les plus belles de l'architecture moderniste dont elle est devenue l'emblème.

C'est l'utilisation de briques en verre pour le mur extérieur principal qui la rend si différente. Les briques en verre avaient déjà été utilisées auparavant, essentiellement pour des bâtiments industriels, mais jamais encore si abondamment pour une habitation privée. Encore maintenant, l'utilisation de briques en verre est synonyme de modernité. En 1927, elles créaient une espèce de membrane conférant à la maison un formidable aspect clair et transparent. À l'intérieur, la complexité de la conception spatiale – murs presque translucides, espaces intérieurs définis par des écrans et des meubles encastrés – a influencé les générations suivantes d'architectes.

Il faut noter qu'il s'agissait d'un projet de conversion d'un bâtiment existant. Les designers contemporains travaillant dans ce domaine peuvent donc s'y référer comme modèle. La Maison de Verre reste l'édifice le plus important conçu par Chareau. En 1940, il émigra aux États-Unis et travailla sur plusieurs commandes privées, dont une maison pour le peintre Robert Motherwell.

Villa E.1027

1927-1929

ROQUEBRUNE, CAP MARTIN, FRANCE

DESIGNER : EILEEN GRAY (1878-1976)

Lorsque Eileen Gray mourut à Paris, âgée de 97 ans, elle était pratiquement inconnue. Vingt ans plus tard, elle est unanimement considérée comme l'un des designers les plus talentueux, les plus anticonformistes du XXe siècle. Bien qu'elle ait dessiné des bâtiments, elle n'exerçait pas à proprement parler la profession d'architecte, et n'était pas non plus architecte de formation. Son travail était plutôt axé sur la décoration intérieure pour le compte de quelques clients, peu nombreux mais influents, et sur la confection de mobilier sur mesure : lampes, miroirs, et tapis tissés à la main. Dans les années 20 et 30, Gray constituait un exemple unique de femme designer travaillant dans un monde essentiellement masculin. Elle avait de la chance : Gray était issue d'une famille irlandaise aisée qui soutint sa décision d'aller étudier à l'école de peinture Slade, ce qui, après la mort de son père, lui permit de mener une vie indépendante à Paris.

Pendant les années 20, l'œuvre de Gray a beaucoup attiré l'attention. Parmi ceux qui trouvaient son travail intéressant figurait l'architecte J.J.P. Oud du De Stijl, tandis qu'en France elle se lia d'amitié avec de nombreux architectes et designers de premier plan, dont Le Corbusier. En 1927, elle a non seulement dessiné une maison, la Villa E.1027 dans le Midi de la France, mais en a aussi conçu tous les aspects de la décoration intérieure, jusqu'au mobilier. Les revêtements de sol, les peintures murales, le mobilier et l'éclairage ont tous été fabriqués dans son atelier parisien. C'était un brillant tour de force. Le Corbusier a admiré le résultat au point d'aller visiter la maison à plusieurs reprises. Gray n'a réalisé que deux maisons, mais a conçu des plans pour de nombreux autres projets, dont un centre de vacances, constitué de bureaux, de cabines démontables, d'un restaurant et d'un centre sportif.

L'œuvre de Gray, restée exclusive, s'adressait à des clients nantis. Elle ne partageait pas les préoccupations « machinistes » propres à beaucoup de ses contemporains de l'avant-garde européenne. Ses travaux ayant été peu commercialisés, elle ne jouit pas d'une grande notoriété publique après-guerre.

Casa del Fascio

1932-1936

Côme, Italie

Architecte : Giuseppe Terragni (1904-1941)

L'Italie fasciste, sous la houlette de Benito Mussolini, a promu l'imagerie et la technologie du modernisme pour exprimer les ambitions de la nation. La Casa del Fascio, construite pour les grands rassemblements fascistes, reste le chef-d'œuvre de Terragni et l'un des principaux projets du mouvement rationaliste italien. Mussolini, grand amateur des nouvelles inventions et des progrès industriels, admirait la simplicité des formes modernistes, mais désirait aussi l'unir à la monumentalité de la grande tradition classique italienne. Pour Mussolini, l'identification à la Rome antique était une manière d'asseoir le nouveau pouvoir de l'État et du peuple. Ce bâtiment devait être le siège du parti fasciste de Côme et comprend une salle pour les meetings, des bureaux et une tribune. Le plan de Terragni pour la Casa se résume à un cube composé d'un double cube, une proportion typiquement classique, le tout réalisé en marbre blanc. Le site se trouve sur un axe passant par le centre de la Piazza del Imperio de Côme et finissant à l'extrémité est de la cathédrale de la ville, suggérant ainsi un lien et une égalité de statut avec un autre symbole du pouvoir italien.

Terragni faisait partie du Gruppo 7, une association rassemblant les diplômés du célèbre cours d'architecture de l'Institut universitaire de technologie de Milan, qui n'appréciaient guère le classicisme dénudé dont s'inspirait beaucoup l'architecture fasciste italienne. La Casa del Fascio reflète leur version de la modernité, avec son célèbre toit vitré qui éclaire par le haut le hall central. Le recours à la technologie a permis d'installer une commande électronique aux portes vitrées principales, afin de pouvoir les ouvrir simultanément. De cette manière, la foule se trouvant à l'intérieur pouvait envahir la place et montrer ainsi le dynamisme du fascisme. Dans les années 70, l'œuvre de Terragni a été redécouverte et a influencé plusieurs architectes new-yorkais.

Tour Einstein

1921

Potsdam, Allemagne

Architecte : Eric Mendelsohn (1887-1953)

Jeune étudiant, Mendelsohn comptait Paul Klee et Wassily Kandinsky au nombre de ses amis, et ses premiers dessins s'inspirèrent de ces artistes expressionnistes. On peut constater cette influence dans la tour Einstein, l'une de ses plus célèbres constructions. C'est une commande de la Fondation Einstein, qui voulait un observatoire doublé d'un laboratoire afin de démontrer la théorie de la relativité d'Einstein ; les travaux de recherche ont été entamés en 1924. En termes de conception, il s'agit de l'un des exemples les plus importants de l'architecture expressionniste allemande. Mendelsohn a utilisé du stuc de ciment non pour exprimer la géométrie pure du modernisme, mais la forme dynamique et sculpturale des courbes et des dômes.

D'autres commandes ont rapidement suivi, des édifices qui ont placé Mendelsohn au centre de la nouvelle architecture allemande. Il a visité les États-Unis, puis l'Union soviétique, et en a ramené de nouveaux concepts.

Malheureusement, sa carrière en Allemagne a été coupée court : juif, sa situation devenait intenable. En 1933, il émigra en Angleterre où il travailla avec Serguei Chermayeff. Le fruit le plus célèbre de leur collaboration est le Pavillon De La Warr à Bexhill-on-Sea. Parallèlement, Mendelsohn travaillait sur des bâtiments en Palestine, tel que l'Université hébraïque de Jérusalem. Il passa les dernières années de sa vie à San Francisco à travailler pour la communauté juive.

ARCHITECTURE

Sanatorium de Paimio

1929-1933

Paimio, Finlande

Architecte : Alvar Aalto (1898-1976)

L'aptitude d'Alvar Aalto à marier les aspects fonctionnel et humain lui a permis de devenir l'un des plus grands architectes du XXe siècle. Plus que celui de tout autre designer, son travail a contribué à définir ce que l'on appelle maintenant le modernisme scandinave.

Lorsque Aalto s'est joint au CIAM, un groupe international voué aux idéaux modernistes, il est entré en contact direct avec le courant dominant en Europe. Il est intéressant de noter, toutefois, qu'il s'est tout particulièrement lié d'amitié avec un groupe d'artistes dont Constantin Brancusi, Fernand Léger, László Moholy-Nagy et Alexander Calder. Au cours de cette même période, il a achevé l'un de ses projets les plus célèbres, le sanatorium de Paimio. Il exprime à merveille la contribution unique d'Aalto à l'architecture, puisqu'il ne s'agissait pas seulement, ici, de mettre en œuvre de nouvelles formes architecturales, mais aussi de prendre en compte les besoins humains et psychologiques des utilisateurs. Le bâtiment est conçu et orienté de façon à ce que les patients aient un accès optimal à la lumière et à l'air. Ils se rétablissent sur des balcons en s'allongeant dans son célèbre fauteuil en contre-plaqué, ce qui fait partie du traitement. L'inclinaison du siège est calculée pour offrir un angle tel qu'il aide les patients à respirer et à ouvrir leur corps aux rayons régénérateurs du soleil. À l'intérieur du bâtiment, Aalto a utilisé des matériaux naturels, ce qui reflète son intérêt pour une esthétique à la fois humaine et chaleureuse.

Restaurant, Exposition de Stockholm

1930

STOCKHOLM, SUÈDE

ARCHITECTE : GUNNAR ASPLUND (1885-1940)

Avant 1930, Asplund avait travaillé sur plusieurs bâtiments en Suède, bien conçus, mais prudents et traditionnels. Son travail pour l'Exposition de Stockholm de 1930 a toutefois marqué un tournant. Utilisant l'acier et le verre, Asplund a créé une série d'édifices modernistes surprenants, regorgeant de lumière. Ces constructions ont non seulement établi la réputation d'Asplund, mais ont aussi aidé à situer la Suède sur la carte internationale du design.

Le restaurant Paradis en est l'exemple le plus caractéristique, avec ses murs et sa grande tour vitrés, ses grands stores colorés et ses colonnes élancées. Ces détails en vinrent à caractériser l'approche scandinave de l'architecture, dénommée la Grâce suédoise. En 1930, L'Exposition suédoise attira des visiteurs du monde entier, généralement très admiratifs. L'influence d'Asplund s'est étendue, et après 1945, il a inspiré toute une jeune génération d'architectes européens, engagés dans le programme de reconstruction de l'après-guerre.

ARCHITECTURE 57

Falling Water

1935-1937

BEAR RUN, PENNSYLVANIE, ÉTATS-UNIS

DESIGNER : FRANK LLOYD WRIGHT (1869-1959)

Frank Lloyd Wright est l'une des grandes figures américaines de l'architecture. Il est célèbre pour la qualité de ses idées et de ses constructions, mais aussi parce qu'il a créé à lui seul la notion d'architecte superstar. Son style architectural a varié au fil de sa carrière, de décennie en décennie, presque d'un projet à l'autre. Il existe toutefois un fil conducteur dans son travail, à savoir la quête d'une architecture organique, dialoguant avec la nature. Cela reflète ses lectures des critiques du XIXe siècle, Ruskin et Viollet-le-Duc, dont les idées romantiques l'ont fortement influencé.

Falling Water illustre ces concepts et reste l'une de ses œuvres les plus étonnantes et originales. Cette demeure devait être la maison de campagne de la famille Kaufmann. Bâtie sur un site surplombant le ruisseau Bear Run, que la famille désirait incorporer dans le projet final, la maison est un mélange de formes naturelles et artificielles. Frank Lloyd Wright avait observé qu'un rocher élevé se trouvant à côté du ruisseau pouvait servir de corbeau à la maison, de sorte que tout en étant au-dessus du ruisseau, elle semble en même temps en faire partie. Chaque encorbellement est pourvu d'un balcon qui surplombe le ruisseau, mettant les occupants en contact avec l'eau et la nature : toute la maison semble se fondre dans le paysage, ses différents niveaux devenant les strates du terrain.

Notre-Dame-du-Haut

1955

RONCHAMP, FRANCE

ARCHITECTE : LE CORBUSIER (1887-1965)

Associées à la pureté de l'architecture d'avant-garde, les formes expressives de la chapelle de Ronchamp ont quelque chose de surprenant. Située au sommet d'un coteau, la forme organique de cet édifice domine le site. Le Corbusier a déclaré que la forme anthropomorphe, théâtrale, de la ligne du toit lui avait été inspirée par une « réaction poétique » face à une carapace de crabe, ramassée sur une plage de Long Island dans les années 40. Pour d'autres, elle ressemble à la fermeture symbolique d'un voile de religieuse.

Ronchamp fut un projet auquel Le Corbusier consacra une grande attention. Il voulait créer un lieu de paix et de tranquillité, un sanctuaire religieux, empreint de spiritualité. À cet égard, Ronchamp s'éloigne de son travail d'avant-guerre, qui simulait les lignes brillantes d'une machine par l'utilisation de formes épurées et de béton blanc. Cet édifice est devenu l'un des exemples les plus accessibles et les plus populaires de l'architecture de Le Corbusier. Par certains aspects, les techniques utilisées dans le design de Notre-Dame-du-Haut indiquent un retour à ses tout premiers travaux, comme par exemple l'utilisation de formes naturelles pour les murs concaves et convexes et le recours à des matériaux tels que les décombres de l'église détruite, remplacée par la chapelle, et le béton armé.

ARCHITECTURE 59

Eames House

1949

Pacific Palisades, Californie, États-Unis

Architecte : Charles Eames (1907-1978)

Le nom d'Eames est généralement associé au mobilier, mais il préférait se décrire comme architecte : « Je préfère le mot architecte et ce qu'il implique. Il suggère la structure, une espèce d'analyse, ainsi qu'une espèce de tradition. » Il eut sa formation d'architecte dans les années 30, au cours desquelles il produisit des travaux très conventionnels. Mais, en 1937, une rencontre le plaça au centre des expérimentations du nouveau design américain : il fut invité par Eero Saarinen à enseigner à la Cranbrook Academy of Art, une petite école inconnue, mais dont l'ambition était de devenir le Bauhaus américain. Il y travailla avec le sculpteur-designer Harry Bertoia, très influent, et des personnalités comme Florence Knoll. Cela modifia son attitude face au design et à l'architecture et marqua le début de sa fascination pour les nouvelles technologies.

Eames n'a jamais dirigé de cabinet d'architectes, mais la maison Eames a servi de prototype pour quelques commandes privées. Elle est composée de deux unités préfabriquées munies d'armatures en acier achetées dans un catalogue industriel, séparées par un patio. Ces armature, peintes en gris, sont complétées par des panneaux, en matériaux opaques ou peints en jaune vif, rouge ou bleu.

Charles et sa femme Ray furent véritablement des esprits universels, travaillant sur des jouets, des films ou des projets d'exposition. À cet égard, architecture et mobilier sont interchangeables. Leur approche et leur esthétique restent uniques.

Aérogare de la TWA

1956-1962

Aéroport John F. Kennedy, New York, États-Unis

Architecte : Eero Saarinen (1910-1961)

Dans les années 50, Eero Saarinen a contribué à créer un style architectural américain original, combinant tradition européenne et formes organiques sculpturales. Saarinen eut en charge la construction de certains des bâtiments les plus connus d'Amérique, dont l'aérogare de la TWA à l'aéroport John F. Kennedy, avec son toit spectaculaire, bâti entre 1956 et 1962. Grâce à l'utilisation audacieuse du béton, Saarinen désirait rendre à l'architecture une nouvelle expression formelle, plus exaltante, et contrastant avec l'anonymat des gratte-ciel.

Saarinen naquit à Kirkkonummi et était le fils d'Eliel, architecte finlandais de premier plan. Bien que sa famille ait émigré en Amérique en 1923, Eero Saarinen est revenu en Europe pour y étudier la sculpture, une formation qui allait fortement influencer son travail ultérieur. Lorsque son père devint directeur de la section Architecture à la célèbre Cranbrook Academy, près de Detroit, Saarinen entra en contact avec les designers américains les plus progressistes, dont Charles Eames et Florence Shust, qui s'est mariée plus tard avec Hans Knoll et a créé l'une des sociétés d'ameublement les plus importantes d'Amérique. À partir de 1937, Eames et Saarinen ont collaboré à plusieurs projets de mobilier en contre-plaqué, et l'une de leurs réalisations reçut le premier prix au Concours de meubles bon marché organisé par le Musée d'Art Moderne de New York en 1948.

À partir de 1950, Saarinen et son associé Cesar Pelli ont développé un style plus inventif. Parmi ces bâtiments figurent l'aérogare de la TWA dont les arcs paraboliques caractéristiques évoquent la forme des ailes, et l'aéroport Dulles, à Washington D.C. Sur Grosvenor Square, à Londres, on peut voir le bâtiment de l'ambassade des États-Unis, une œuvre datant de la fin de sa collaboration avec Yorke, Rosenberg et Mardall.

ARCHITECTURE

Opéra de Sydney

1956-1973

SYDNEY, AUSTRALIE

**DESIGNER : JORN UTZON
(NÉ EN 1918)**

L'Opéra de Sydney est devenu l'un des édifices les plus célèbres au monde. Son image est si puissante qu'il a fini par symboliser la ville de Sydney et l'Australie toute entière.

C'est en 1957 que Jorn Utzon, architecte danois, gagna le concours lancé pour la conception d'un nouvel opéra à Sydney. Il avait travaillé auparavant pour Alvar Aalto, qui lui avait enseigné une approche organique de l'architecture. Son autre source d'inspiration était le travail de l'architecte américain Frank Lloyd Wright. Le projet d'Utzon est à la fois fonctionnel et symbolique, abritant deux salles de concert et des espaces pour le public. Sa forme évoque à la fois la mer, constituant une spectaculaire toile de fond à l'édifice, ainsi que le corps et le vol gracieux des oiseaux marins. En ce sens, le projet marque une transition dans l'architecture du XXe siècle, qui s'éloigne de la géométrie du début du modernisme pour une approche plus expressive et plus sculpturale de la construction.

Entre 1956 et 1966, Utzon s'est chargé de la structure principale de l'édifice, mais c'est l'ingénieur Ove Arup qui lui permit de réaliser un toit de forme si ambitieuse. Utzon avait choisi de faire du toit le centre d'intérêt du projet car c'était ce que la plupart des gens verraient le mieux : le bâtiment est situé en saillie dans la baie du port de Sydney. On peut dire que la salle de concert, couverte par le célèbre toit en forme de proue, est devenue une sculpture, une sorte de cinquième façade de l'édifice.

Centre Pompidou

1971-1976

PARIS, FRANCE

ARCHITECTES : RICHARD ROGERS (NÉ EN 1933) ET RENZO PIANO (NÉ EN 1937)

Le Centre national de l'Art et de la Culture Georges Pompidou est un complexe artistique qui est un des édifices les plus connus et les plus appréciés de Paris. Les architectes ont aménagé, devant le bâtiment, une grande place qui en est comme l'extension, créant ainsi une atmosphère extraordinairement vivante et conviviale. Afin d'accroître l'espace intérieur, les aires de services, les conduites d'air conditionné et la tuyauterie du bâtiment ont été placées à l'extérieur. L'élément le plus spectaculaire est l'escalier roulant, situé dans un tube transparent plaqué sur la façade principale, qui emmène les visiteurs à l'intérieur comme en prolongeant la rue. L'effet produit par les couleurs vives – les bleus, les rouges et les verts – ressemble, pour reprendre les paroles de Rogers, à celui d'« un jeu de Meccano géant ».

Le Centre s'est révélé être une solution brillante aux exigences posées : il fallait une bibliothèque, des galeries, un musée d'art moderne et un centre de recherche. Les espaces intérieurs sont dénués de supports, ce qui permet une souplesse d'utilisation maximale. Il s'agit du premier « musée » à être conçu non pas comme un monument imposant dans la tradition du siècle dernier, mais comme un cadre modulable adapté à l'activité culturelle.

Banque de Hong-Kong et Shanghai

1985

Quartier central, Hong-Kong

Architecte : sir Norman Foster (né en 1935)

Dessiné en 1979, il s'agit du premier gratte-ciel de Norman Foster, dont le cabinet fut dès lors l'un des plus renommés. Cet édifice synthétise les grandes préoccupations architecturales de Foster : une tentative de redéfinir les immeubles de bureaux anonymes associés au mouvement moderniste, un souci de structure, le recours aux nouveaux matériaux et aux innovations technologiques, et l'introduction de la lumière naturelle dans ses réalisations. Le bâtiment occupe l'un des sites les plus spectaculaires de l'île, menant au front de mer tandis que les formations granitiques de Victoria Peak s'élèvent à l'arrière-plan.

L'édifice est suspendu à de surprenantes paires de mâts en acier formant ainsi trois travées, reliées en des endroits stratégiques par des fermes espacées de deux étages et où sont suspendus les différents niveaux. Ce profil stupéfiant ménage des espaces intérieurs de largeur et de profondeur variables, permettant des jardins en terrasse et de spectaculaires élévations à l'Est et à l'Ouest. En outre, le mariage d'une structure solide et de panneaux transparents révèle la diversité des espaces intérieurs. Il existe un grand hall public de 12 mètres de haut, d'où partent deux escaliers roulants s'élevant vers le hall principal de la banque et son espace central de dix étages.

Lloyds Building

1978-86

LONDRES, ANGLETERRE

ARCHITECTE : RICHARD ROGERS
(NÉ EN 1933)

Richard Rogers est un des architectes contemporains les plus en vue en Grande-Bretagne. Son œuvre représente la phase high-tech du modernisme. Cela signifie une attention particulière à la structure et aux parties « actives » du bâtiment, souvent placées à l'extérieur. Étant les premiers éléments susceptibles d'être remplacés, il est logique de les rendre facilement accessibles.

Jeune architecte, Rogers était influencé par la nouvelle avant-garde, en particulier par le travail du groupe Archigram, dont on perçoit certains signes dans sa collaboration avec Renzo Piano pour le Centre Pompidou à Paris. La commande de la Lloyds est le résultat d'un concours lancé pour la conception du siège. Il s'ingénia à libérer l'espace intérieur en plaçant ascenseurs et escaliers à l'extérieur de l'édifice et grues sur le toit pour permettre nettoyage et réparations. La Lloyds devait avoir une vaste salle de souscription, centre nerveux des opérations menées par la compagnie d'assurances, dont l'espace modulable s'avérait très important pour ses affaires. Dix ans plus tard, l'édifice est surpeuplé mais Richard Rogers & Partners ont néanmoins érigé un bâtiment de prestige international. Le résultat est remarquablement high-tech par l'utilisation de l'acier et du béton poli. On tira parti de l'étroitesse du site en étageant la hauteur du bâtiment. Bien que le siège de la Lloyds reflète l'intérêt du modernisme pour la technologie, la plupart des détails reposent sur une approche personnalisée unique, ce qui en fait une pièce hybride mêlant le high-tech aux traits du mouvement Arts and Crafts.

ARCHITECTURE

Vitra Design Museum

1989

WEIL-AM-RHEIN, ALLEMAGNE

ARCHITECTE : FRANK GEHRY
(NÉ EN 1929)

Comme Frank Lloyds Wright, Frank Gehry fait partie de la grande tradition des architectes non-conformistes américains. Son approche très personnelle et ludique l'a rendu célèbre. Presque à lui seul, Gehry a hissé sa « marginalité » au rang du courant dominant. Sa clientèle s'étend de la société Disney à certaines universités américaines. Le public trouve ses réalisations beaucoup plus accessibles que celles issues de l'esthétique de la Côte Est, promue par le *New York 5* de Peter Eisenman.

Gehry invite l'observateur, l'utilisateur à réévaluer ses idées préconçues concernant les objets conventionnels. Il utilise des matériaux non-traditionnels : tôle ondulée, palissades en maillons de chaîne et morceaux de bois placés dans des contextes surprenants. Sa maison privée, bâtie en 1977, située à Santa Monica, est un premier exemple de ses conceptions qui ont permis d'asseoir la signification du postmodernisme. Il faut recourir au vocabulaire de la sculpture pour définir les effets de ses constructions. Quelqu'un semble parfois avoir taillé une courbe profonde dans un mur, faisant ainsi contraste avec le mur concave placé à côté. Gehry entretenait des liens étroits avec le mouvement Pop art et collabora avec Claes Oldenburg pour le bâtiment binoculaire de Santa Monica. Le travail de Gehry, grâce à ces qualités visuelles caractéristiques, convient particulièrement aux centres d'art, comme le musée de design Vitra, le musée Guggenheim à Bilbao et le Centre américain à Paris.

Rem Koolhaas est l'un des architectes hollandais les plus connus, mais il jouit aussi d'une réputation internationale pour ses constructions et ses écrits théoriques sur l'architecture et l'urbanisation. Radical, passionné de science-fiction, fasciné par l'espace public et l'esprit architectural, il a été décrit comme le « surréaliste de la ville » et il se réfère plus volontiers à Salvador Dali qu'à Le Corbusier. Attaquant les idées restrictives de planification urbaine de ce dernier, Koolhaas pense que l'architecture doit explorer et représenter l'éventail des émotions humaines, y compris le plaisir sensuel, la mémoire, la culpabilité.
À l'instar de bien des villes de cette fin de XXe siècle, Rotterdam se redéfinit comme métropole culturelle. Elle est célèbre pour ses projets de rénovation, dont l'assainissement du quartier des docks, et pour le KunstHal, à la fois galerie d'art et salle d'exposition, une prise originale sur les valeurs traditionnelles de la construction publique. La manière dont Koolhaas appréhende ce qu'il appelle les aspects aléatoires et désordonnés de la vie urbaine est visible dans le KunstHal. L'entrée, qui n'est pas facile à trouver, est située à un niveau inférieur à l'« arrière » du bâtiment. Au lieu de matériaux nobles et onéreux comme on pourrait s'y attendre pour un édifice public important, Koolhaas a utilisé des matériaux jetables : plastique ondulé, anciens revêtements et poutres apparentes en acier.

KunstHal

1992

ROTTERDAM, PAYS-BAS

ARCHITECTE : REM KOOLHAAS (NÉ EN 1944)

ARCHITECTURE 67

Théâtre Karaza

1987

Tokyo, Japon

Designer : Tadao Ando
(né en 1941)

Le théâtre Karaza à Tokyo est un bâtiment contemporain, qui évoque immédiatement la dualité de la culture japonaise, à la fois traditionnelle et moderne. Il reflète ainsi l'un des principaux thèmes de l'architecture de Tadao Ando, qui consiste à mêler les apports de l'avant-garde occidentale et les sensibilités traditionnelles japonaises. Considérer le sens de l'espace propre aux Japonais comme composante essentielle de l'architecture est, pour lui, d'une importance capitale, de même que les liens unissant, à ses yeux, les deux approches. Pour Ando, la simplicité imposante de l'architecture japonaise s'harmonise très bien avec de nombreux bâtiments modernistes. Lorsque cet architecte recourt aux formes et aux matériaux traditionnels japonais, c'est pour éviter ce qu'il considère comme l'horreur de la vie citadine moderne. Selon lui, l'architecture doit servir à construire des intérieurs tels des havres, offrant aux gens un refuge spirituel, loin de la pression de la vie contemporaine. Le théâtre Karaza, édifice imposant, moderne mais rendant hommage au passé, est une magnifique illustration de ce principe.

Musée d'Art Contemporain

1986

LOS ANGELES, CALIFORNIE, ÉTATS-UNIS

ARCHITECTE : ARATA ISOZAKI (NÉ EN 1931)

À l'instar de bien des architectes de sa génération, Isozaki a reçu beaucoup de commandes en dehors de son pays, ce qui fait peut-être de lui l'architecte japonais d'après-guerre le plus connu. Toutefois, contrairement à ses contemporains, il s'est moins soucié des traditions japonaises qu'occidentales, à tel point que son œuvre semble plus se rattacher à l'Occident qu'au Japon. Le Musée d'Art Contemporain situé au centre de Los Angeles (MOCA) est un bel exemple de son style. Il fait partie d'un site hétérogène et la célèbre Plaza, représentée ici, est entourée de bureaux, de magasins et d'appartements. Le MOCA constitue cependant une oasis culturelle, à l'écart du mercantilisme, hébergeant une galerie, une bibliothèque et une librairie, groupées dans deux bâtiments situés de part et d'autre de l'entrée, qui comprend une cour de sculptures. Reflétant l'intérêt d'Isozaki pour le classicisme, les édifices ont des formes sobres : bureaux cubiques, bibliothèque cylindrique avec voûte en berceau, et galeries cubiques, éclairées par le haut grâce à des toits pyramidaux. Isozaki joue avec la sévérité des formes en recourant à la couleur. De l'aluminium vert recouvre une partie des bureaux, la voûte de la bibliothèque est recouverte de cuivre et les dalles de grès rouge émaillent les blocs de grès taillé. Le visiteur entre par la bibliothèque, laissant derrière lui l'univers postmoderniste pour découvrir un intérieur résolument minimaliste de galeries blanches.

ARCHITECTURE 69

Cabinet juridique

1984-1989

Falkestraße, Vienne, Autriche

Architecte : Coopérative, Himmelblau, Vienne, Autriche

La Coopérative Himmelblau est un groupe radical d'architectes fondé à Vienne par Wolf D. Prix, Helmut Swiczinsky et Rainer Michael Hozer. Ce groupe a élaboré une théorie architecturale conflictuelle, voire agressive. Ses perspectives s'exprimaient à travers une série de projets entrepris à Vienne, dont l'un des plus connus est cette transformation de toit pour un cabinet juridique de la ville. Cette extraordinaire structure, faite de verre et d'acier, a été fixée au sommet d'un édifice classique du siècle dernier. Le centre de la construction, représentée ici, héberge la salle de conférence, où des vitres courbes relient les fermes de la construction en acier. La ferme principale supporte le poids du verre et la cassure du toit, dont on aperçoit ici la partie inférieure.

La Coopérative Himmelblau cherche à exprimer et à renforcer les tensions que ses membres ont identifiées dans l'architecture contemporaine. Le travail de ce groupe se situe dans la tendance des idées expérimentales des années 60, qui visaient à défier l'observateur et à introduire un élément de dissonance. Ici, par exemple, les murs ne sont jamais perpendiculaires entre eux.

Pont Alamillo

1987-1992

SÉVILLE, ESPAGNE

ARCHITECTE :
SANTIAGO CALATRAVA
(NÉ EN 1951)

Calatrava a suivi des cours d'architecture en Espagne, puis est devenu ingénieur en Suisse. Il conjugue une connaissance des possibilités structurelles des matériaux et l'œil de l'architecte pour créer des effets originaux stupéfiants, comme le montre ce pont construit à l'occasion de l'Exposition de Séville de 1992. Des ponts bâtis à Valence et à Barcelone, et la gare de la ville de Lyon témoignent aussi de son talent.

Il puise son inspiration dans les formes naturelles, par exemple celles des squelettes animaux ou humains. Ces formes sont pour lui un point de départ lui permettant de résoudre des problèmes d'ingénierie tels que la tension et le travail imposés aux matériaux. Calatrava recourt fréquemment au béton armé, qu'il exploite pour ses qualités plastiques, et la courbe constitue un motif prédominant dans son travail, conférant aux inventions techniques et de génie une expressivité accrue, une dimension plus humaine. L'utilisation des formes chez Calatrava suggère des significations, des lignes qui vont au-delà de la structure, et laisse aussi entendre que la technologie ne doit pas être âpre et brutale, mais peut se faire expressive et douce.

ARCHITECTURE 71

Getty Center

1997

Los Angeles, Californie, États-Unis

Architecte : Richard Meier (né en 1934)

Richard Meier est certes l'un des architectes américains les plus célèbres, mais au cours de la dernière décennie, il a beaucoup travaillé pour des clients européens, notamment des galeries d'art et des musées, et parmi ses réalisations figure le *Museum für Kunsthandwerke* de Francfort. Meier est célèbre pour son architecture blanche, et ses racines intellectuelles puisent dans sa collaboration au New York 5, un groupe qui, dans les années 60, cherchait à revitaliser l'architecture aux États-Unis en prônant une approche de la forme et de la théorie fondée sur le travail des modernistes de l'entre-deux-guerres. Chacun prenait un architecte différent comme modèle : Meier a choisi la période puriste de Le Corbusier et a développé, de manière extrêmement fructueuse, une architecture blanche et brillante, fondée sur des formes sobres. Des critiques l'ont accusé d'avoir un style trop conservateur et trop commercial, mais cette commande prestigieuse pour le Getty Center a confirmé son statut d'architecte de musée par excellence. J. Paul Getty, dont la réputation de mécène artistique est légendaire, avait déjà financé le J. Paul Getty Museum de Los Angeles, reconstitution d'une villa pompéienne.

Ce nouvel édifice répond à un projet extrêmement ambitieux : faire du centre un institut de recherche de portée internationale. Les toutes dernières technologies sont mises en œuvre pour conserver, entreposer et rénover les livres. Davantage campus que simple bâtiment, il est bâti sur une corniche déserte aux abords de Los Angeles, sur l'autoroute de San Diego. Ce projet comprend une galerie, un centre de conservation, des bâtiments administratifs et une bibliothèque. Les visiteurs du centre accèdent au site soit à pied soit à l'aide d'un tramway prévu à cet effet. Getty a stipulé que le bâtiment ne devait pas être « blanc » et Meier a donc dû renoncer à l'une de ses marques de fabrique, mais le style de l'édifice manifeste néanmoins son attachement à la géométrie fondamentale. En accord avec la position défensive du site, Meier a créé une architecture massive et monumentale, privée de son habituel « lustre virginal » parce que le principal matériau de revêtement est du marbre fortement fossilisé. Le centre est simplement disposé en travers de la corniche, lui conférant un aspect proche, selon certains critiques, de celui de la Grande Muraille de Chine.

Habitation temporaire

| 1996 |
| WANDSWORTH, LONDRES, ANGLETERRE |
| ARCHITECTE : THE ECO VILLAGE PROJECT |

Toutes les constructions ne sont pas créées par des architectes. Au cours de l'été 1996, une diplômée en design, Maria Bussel, a élaboré un projet pour un lopin de terre desaffecté situé sur les bords de la Tamise, à Londres. Le terrain était occupé par un groupe de militants écologistes. Ils ont dénommé le projet Eco Village. Les habitants ont construit des maisons temporaires en utilisant des matériaux recyclés ; ce geste politique était un appel aux styles de vie alternatifs. La maison était construite en matériaux abandonnés, souvent trouvés dans des bennes le long des routes de la région. La structure de base était constituée de troncs d'arbres provenant du déboisement causé par la construction de la route contournant Newbury dans le Berkshire, autre sujet de controverse écologique. La maison était évolutive, se modifiait au gré des divers matériaux de recouvrement et de l'emplacement des fenêtres et des portes. À l'intérieur de l'habitation, les troncs d'arbres formaient quatre colonnes qui soutenaient le toit et un lit, placé juste sous la fenêtre se trouvant au centre du toit. Le bâtisseur n'avait aucune expérience architecturale préalable. En 1997, le site a été fermé par la Guiness Company, propriétaire du terrain, et l'Eco Village a été détruit. Le site a été laissé à l'abandon dans l'attente d'un permis de construire pour un supermarché.

ARCHITECTURE 73

CHAPITRE 3
intérieurs

JOHNSON WAX BUILDING

MR FREEDOM

BUREAUX D'IMAGINATION

AU DÉBUT DU XXe SIÈCLE, LA DÉCORATION intérieure était essentiellement entre les mains des architectes, des décorateurs professionnels et des femmes au foyer. C'est seulement au cours de ces trente dernières années que le design d'intérieur est devenu une branche professionnelle à part entière, et dans les années 90, plusieurs cabinets de designers d'intérieur se sont développés.

Au cours du XIXe siècle, le foyer devint peu à peu un lieu de distraction, de loisirs familiaux, et cette mutation influença la décoration intérieure. L'aménagement du foyer s'orienta vers un confort et une intimité accrus. On installa des meubles et des objets propres à marquer son statut et sa position sociale. Le mouvement Arts and Crafts, en Grande-Bretagne et en Amérique, proposait quant à lui une simplification en envisageant l'environnement intérieur dans sa globalité : le mobilier, la décoration et les surfaces murales s'harmonisaient afin de créer l'archétype de la belle maison. La simplicité devint essentielle pour ces nouveaux intérieurs, et le concept de « design » supplanta progressivement celui de « décoration ». Des architectes comme Charles Rennie Mackintosh ont agrandi les pièces traditionnelles – le salon et la salle de séjour –, l'encombrement fut éliminé grâce aux meubles encastrés, et les surfaces murales furent peintes en blanc afin d'éclairer la maison. En matière d'aménagement intérieur, les goûts des clients de classe moyenne furent influencés par les objets traditionnels et artisanaux. L'aspiration à la simplicité et au confort devait finalement mener à l'intérieur moderniste des années 20 et 30. L'une des idées révolutionnaires de l'avant-garde consistait à reconsidérer l'espace. L'espace moderniste est dégagé, modulable, fluide, et les surfaces murales sont fragmentées grâce à l'utilisation des couleurs. En 1925, Le Corbusier construisit son Pavillon de l'Esprit Nouveau à l'Exposition de Paris démontrant que ses idées radicales n'étaient pas uniquement des utopies futuristes, mais apportaient de véritables solutions à la manière dont les gens vivraient à l'âge de la machine. Dans les premiers projets, les designers d'intérieur ont montré comment le mobilier, élaboré à partir de « nouveaux » matériaux tels que les tubes en acier et le contre-plaqué, pouvait être utilisé pour remplir des fonctions particulières et diviser l'espace. En ce sens, les changements sociaux et technologiques ont engendré de véritables bouleversements dans le design d'intérieur. Les pièces pouvaient désormais remplir différentes fonctions, selon les exigences du propriétaire comme en témoigne la maison construite par Gerrit Rietveld pour Truss Schröder-Schräder où l'on recourt à des écrans pour ouvrir et fermer les espaces, à de nouvelles formes de luminaires, et où de larges surfaces vitrées laissent pénétrer la lumière, établissant ainsi un rapport entre l'intérieur et l'extérieur, motif récurrent de la maison moderne. Parallèlement, la tradition des intérieurs riches et opulents a persisté, d'abord avec l'Art Nouveau, puis, après la Première Guerre mon-

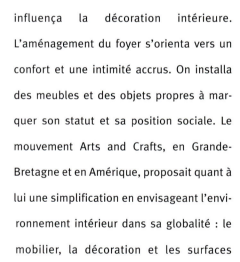

diale, avec le travail de décorateurs français. Les intérieurs brillants d'Émile-Jacques Ruhlmann, par exemple, réalisés à partir de revêtements et de matériaux précieux ont été imités dans le monde entier. Au cours des années 20 et 30, l'introduction systématique des commodités modernes dans la salle de bains et dans la cuisine a entraîné une certaine uniformité dans l'agencement intérieur. Mais l'occupant de la maison demeurait l'arbitre de la décoration de son intérieur, et décidait de l'aménagement de chaque pièce.

Après 1945, de nouveaux changements intervinrent grâce aux avancées technologiques et à des matériaux novateurs. Un nombre croissant de livres et de magazines dispensaient des conseils pour aménager sa maison, et l'on assista à une internationalisation des goûts. Ainsi, au cours des années 50, le design scandinave connut un engouement considérable privilégiant les matériaux naturels, les meubles de bois et les tissages aux formes organiques. Mais cette même période vit aussi l'efflorescence de toute une variété de styles et se révéla finalement très éclectique.

Les années 60 connurent une autre mutation importante avec la naissance du style pop, visant les jeunes consommateurs désireux de créer des environnements uniques, temporaires, piquants et amusants. Les jeunes designers puisaient leur inspiration dans la culture populaire, notamment les parcs à thème, les États-Unis et le Pop Art. Le design des boutiques reflétait ce nouvel état d'esprit. À Londres, Biba évoquait le brillant de la vie hollywoodienne des années 20, tandis que Mr Freedom utilisait des sculptures gonflables se référant à celles de Claes Oldenburg. Le design d'intérieur était désormais un moyen d'exprimer son individualité. Au cours des années 70, il exploita divers motifs, notamment la continuation des approches modernistes et leur remaniement. Mais le design d'intérieur devint en même temps une discipline plus académique aux théories formalisées, et ce sujet a été fort discuté. On tendait de plus en plus à réutiliser les anciens bâtiments, à les rénover, et la conception selon laquelle le designer d'intérieur devait répondre aux structures primitives prenait de l'expansion. Le décorateur était alors à même de créer quelque chose de neuf comme on peut le voir dans l'œuvre de Carlo Scarpa ou dans l'édifice Imagination de Ron Herron, qui répondait à l'ancienne structure en révélant une surface cachée ou en élaborant certains motifs à partir d'éléments préexistants. Le design d'intérieur rencontre ainsi l'un des principes du postmodernisme, à savoir la reconquête de la mémoire et de l'identité.

En ces années 90, les gens se montrent plus exigeants en matière de design, que ce soit dans les espaces publics ou privés. Leur conscience visuelle du passé et du présent s'est affinée, et le design d'intérieur est considéré comme un service qui leur est dû.

BARNEY'S

MASH AND AIR

BUREAUX DE CHIAT DAY

INTÉRIEURS 75

78 Avenue Southpark

1906, RECONSTITUÉ PAR LE HUNTERIAN MUSEUM, GLASGOW, ÉCOSSE

DESIGNER : CHARLES RENNIE MACKINTOSH (1868-1928)

Charles Rennie Mackintosh a considéré cette maison comme l'occasion de créer une « architecture d'intérieur ». Il a conçu l'ensemble des appareillages, des installations et des meubles, conférant ainsi à la maison une harmonie générale. À cet égard, cet intérieur reflète à la fois sa personnalité artistique et les goûts modernes de ses occupants.

En 1906, Mackintosh et sa femme Margaret Macdonald ont transformé une banale maison mitoyenne de Glasgow en une demeure moderne, simple et spacieuse, contrastant violemment avec l'environnement urbain industrialisé. Mackintosh a recouru à des changements de couleur, allant des bruns et des gris foncés du hall et de l'escalier à une blancheur virginale, pour marquer les différents espaces de vie. La pièce est en forme de L, divisée non par des murs, mais par un arc bas ; une corniche continue attire l'attention sur l'espace de vie et aide à définir une certaine verticalité. Ce style s'écarte radicalement de l'utilisation traditionnelle de la pièce au siècle précédent. À l'instar de la corniche, les meubles et les installations de Mackintosh ne sont pas purement décoratifs, ils sont fonctionnels. Le mobilier n'est plus un signe de prestige ou d'un statut quelconque, il est conçu pour marquer la destination précise de chaque zone de la pièce. Les meubles sont souvent encastrés – les étagères, les placards et l'âtre permettent tous d'exposer des objets. Comme bien d'autres intérieurs créés par Mackintosh durant cette période, la pièce est à dominante blanche. La couleur est surtout utilisée pour accroître et délimiter l'espace.

Cet intérieur manifeste un goût progressiste pour 1906 : sa simplicité est extrême pour l'époque, mais il convient également de remarquer que Mackintosh, appartenant au mouvement Arts and Crafts, a toujours placé quelques éléments purement décoratifs dans ses réalisations, notamment un motif au pochoir créé avec sa femme, ou des caractères japonais. La manière dont l'espace est utilisé, dans cette maison de Southpark Avenue, et ses formes simplifiées posent les concepts qui définiront le Modernisme de l'entre-deux-guerres.

Gamble House

1907-1908

PASADENA, CALIFORNIE, ÉTATS-UNIS

DESIGNERS : CHARLES SUMNER GREENE (1868-1957) ET HENRY MATHER GREENE (1870-1954)

Greene et Greene ont été des figures clés du mouvement Arts and Crafts américain, qui atteignit sa maturité dans les premières années du XXe siècle. Ils furent fortement influencés par les écrits de William Morris et par l'œuvre d'architectes britanniques comme Voysey, dont ils purent apercevoir les édifices dans les pages du magazine britannique *The Studio*. À l'instar de bien d'autres architectes occidentaux, ils puisaient leur inspiration dans la culture et les objets japonais. Des influences plus proprement américaines ont aussi modelé leur travail, notamment celle du designer Gustav Stickley. La Maison Gamble reste un exemple majeur d'un nouveau style Arts and Crafts local. Construite pour David Gamble (de Procter et Gamble) qui aspirait à y passer sa retraite, elle témoigne d'une volonté de produire une architecture américaine pour les Américains. Au moment de concevoir l'intérieur de la Maison Gamble, Greene et Greene tinrent compte de quatre facteurs : le climat, l'environnement, les matériaux locaux et la culture des occupants.

Le plan s'articule autour d'un hall central permettant la libre circulation de l'air, cruciale sous le climat chaud de Pasadena. Le salon est construit d'un côté du hall, la cuisine et la salle à manger se trouvent de l'autre côté. Ces espaces se rejoignant confèrent une unité sous-jacente au design général. La maison est aussi remarquable pour sa verrerie d'art, que l'on voit ici dans les portes, et pour ses installations technologiques de pointe, comme l'éclairage électrique ; les ampoules sont recouvertes des fameux abat-jour de verre de Tiffany.

Grand Salon d'un Collectionneur

1925

EXPOSITION DES ARTS DÉCORATIFS, PARIS, FRANCE

DESIGNER : JACQUES-ÉMILE RUHLMANN (1879-1933)

Au début du XXe siècle, l'art décoratif et le design d'intérieur français étaient reconnus comme les plus avancés. Grâce à sa riche tradition artistique, la France dominait, durant les années 20 et 30, un marché destiné aux intérieurs luxueux. Ruhlmann était un des designers français les plus en vue dans ce domaine. Parisien, il a conçu dans son atelier, les Établissements Ruhlmann et Laurent, des tapis, des meubles et des textiles d'un classicisme dépouillé, appelé aujourd'hui Art déco. Il appartenait à un groupe de designers dont le travail fut acclamé à l'Exposition des Arts Décoratifs de Paris en 1925.

Ruhlmann créait des éléments très ornementés, que des Modernistes comme Le Corbusier trouvaient inappropriés à l'âge moderne. Mais sa tentative de remplacer les exubérances de l'Art nouveau par une esthétique plus sobre nourrie de classicisme pose son œuvre comme un progrès, et le rattache au mouvement de « rappel à l'ordre » qui naquit après 1918.

Il continua à utiliser des matériaux riches et onéreux, et à travailler selon des techniques artisanales traditionnelles. L'Hôtel d'un Collectionneur apparaît, sur le plan, comme un octogone central placé dans un carré. L'intérieur, somptueux, s'organise autour d'un salon, d'une chambre, d'un boudoir et d'une salle à manger. Les meubles, inspirés du classicisme, sont tous fabriqués en bois précieux, caractéristique de l'Art déco.

Highpoint One

1933-1935

Londres, Angleterre

Designer : Berthold Lubetkin (1901-1990), Tecton Association

Tecton, avec à sa tête le Russe émigré Berthold Lubetkin, fut le cabinet moderniste le plus important de l'Angleterre d'avant-guerre. Au cours des années 30, ce groupe d'architectes produisit plusieurs édifices rigoureusement modernistes, parmi les plus remarquables, pour le compte de quelques clients progressistes. Dès son achèvement, Highpoint One fut immédiatement reconnu comme un triomphe majeur de l'architecture moderne en Angleterre. Le Corbusier et de nombreux autres modernistes importants l'ont visité et admiré.

Commandité par l'industriel Zigsmund Gestetner, Highpoint One fut conçu comme une aventure commerciale, proposant un ensemble de cinquante-neuf appartements où les logements côtoient des installations communes telles qu'un salon de thé, un jardin d'hiver, une terrasse sur le toit et des courts de tennis. L'entrée commune et les jardins étaient censés devenir des lieux conviviaux où les résidents pourraient se fréquenter tandis que la clarté et l'espace ouvert devaient faciliter les rapports entre les occupants. À cet égard, Highpoint One témoigne d'une influence du modèle russe, où la mise à disposition d'installations communes devait ménager une éventuelle transition vers le socialisme.

Bien que censé attirer des gens d'origines diverses et de classes sociales différentes, Highpoint One a très vite abrité une communauté d'artistes, de designers et d'intellectuels. Il n'en a pas moins constitué un important modèle pour les logements sociaux de l'Angleterre d'après-guerre.

INTÉRIEURS 79

Bureau du directeur

1923

Bauhaus, Weimar, Allemagne

Designer : Walter Gropius (1883-1969)

Gropius a fondé le Bauhaus en 1919 et en a été le directeur jusqu'en 1928. Il désirait renouveler radicalement l'enseignement du design afin de doter les étudiants des capacités et des idées requises par la nouvelle société industrielle du XXe siècle. Chaque aspect du Bauhaus reflétait ces objectifs, y compris la décoration intérieure.

Le bureau de Gropius est un exemple intéressant d'un projet du début du Bauhaus. Pourvu d'un éclairage inspiré des modèles industriels et de meubles géométriques simples, il comporte aussi des tentures et des carpettes créées par Else Mogelin et Gertrud Arndt, tous deux influencés par Klee.

Cette photographie a été utilisée pour promouvoir l'exposition de 1923 organisée par Gropius qui, doué pour les relations publiques, souhaitait soigner l'image du Bauhaus. L'Allemagne étant déjà confrontée, dans les années 20, à une inflation aiguë, cette école a toujours connu des problèmes de financement. Gropius organisa une semaine portes ouvertes. On pouvait visiter l'atelier, son bureau, acheter les travaux des étudiants et assister à des conférences. Cette manifestation attira quinze mille visiteurs, dont des personnalités comme J.J.P. Oud, l'architecte du De Stijl. Gropius était aussi sensible à l'opinion publique qu'au monde industriel. Le succès de l'exposition le conforta dans l'idée que le Bauhaus devait essentiellement se consacrer à la conception d'objets destinés à la production en série.

Villa E.1027

1925

ROQUEBRUNE, CAP MARTIN, FRANCE

DESIGNER : EILEEN GRAY (1878-1976)

Eileen Gray n'a pas souscrit à l'idéologie de la machine et de la fabrication en série développée par le mouvement moderne. Son travail, destiné à un petit nombre de clients influents, est resté exclusif, se limitant à la création de mobilier personnalisé : lampes, miroirs et tapis tissés à la main. La Villa E.1027 est exceptionnelle : outre la décoration intérieure, Gray s'est aussi occupée des plans de la maison. Perchée en un lieu inaccessible de la côte méditerranéenne, c'était la résidence d'été de la créatrice et de son amant, Jean Badovici.

La dénomination E.1027 se réfère aux lettres de l'alphabet composant leurs initiales : E pour Eileen, 10 pour le J de Jean (la dixième lettre de l'alphabet), 2 pour le B de Badovici et 7 pour le G de Gray. Elle a conçu l'ensemble du mobilier et de la décoration intérieure. Les revêtements de sol, les peintures murales, le mobilier, l'éclairage : tout a été fabriqué dans son atelier parisien. Gray n'a pas uniquement exploité de nouveaux matériaux, comme la tôle de métal perforée et l'aluminium, elle a aussi inventé de nouveaux aménagements : panneaux coulissants, faux plafonds en guise d'espaces de rangement et penderies extensibles.

En 1938, après une courte visite, Le Corbusier adressa à Gray une lettre chaleureuse, louant la maison pour « l'organisation, intérieure et extérieure, qui confère au mobilier moderne – les équipements – tant de dignité ».

Pavillon de l'Esprit nouveau

1925

PARIS, FRANCE

DESIGNER : LE CORBUSIER
(1887-1965)

L'Exposition des Arts décoratifs de 1925, exposition majeure d'envergure internationale, visait à témoigner du nouvel esprit de progrès succédant aux dévastations provoquées par la Première Guerre mondiale. La plupart des objets exposés étaient sans surprise, dénués d'originalité, à deux exceptions près et deux exceptions de taille : l'édifice conçu par Le Corbusier et le Pavillon russe de Melnikov. Ces deux exemples offraient au public un aperçu de l'avenir, un modèle de la nouvelle architecture du XXe siècle.

Le Pavillon emprunte son nom à *L'Esprit Nouveau*, magazine fondé par Le Corbusier en 1920 pour y publier ses travaux et ceux de ses contemporains partageant ses opinions. Sur le site de l'Exposition de 1925 se trouvait un prototype haut de deux étages dans lequel Le Corbusier entendait montrer qu'un intérieur pouvait être normalisé tout en satisfaisant les besoins humains. L'espace y est remarquable par son plan libre – « une surface pour circuler », disait Le Corbusier – remplaçant une série de pièces séparées. L'étage supérieur est une mezzanine, offrant une vue sur l'espace blanc, ouvert en contrebas.

Le Corbusier n'utilise pas de murs pour diviser l'espace ; ce sont les meubles et des panneaux mobiles qui distinguent les zones les unes des autres.

Le contenu du Pavillon était tout aussi radical. Le Corbusier a conçu lui-même une partie du mobilier, dont les armoires en acier et les tables (dont les armatures sont en tubes d'acier). Sa conception de l'ameublement reflète l'idée que l'industrie a épuré certains objets jusqu'à leur forme optimale, comme par exemple la porcelaine et la verrerie de laboratoire, le fauteuil club anglais et la chaise Thonet en bois courbé. Tous ces objets représentent la manière parfaitement standardisée dont Le Corbusier répond aux problèmes de confort d'assise, de vie et de loisir. L'intérieur montre également l'intérêt que Le Corbusier porte à la peinture : on y voit des œuvres de Léger, Ozenfant et de Le Corbusier lui-même, ainsi que des sculptures de Laurens et Lipchitz.

Finalement, le Pavillon ne montre pas uniquement de nouvelles manières de clore l'espace. Le Corbusier voulait intégrer l'occupant à la nature : le Pavillon comprend aussi un jardin.

2 Willow Road

1937-1939
Hampstead, Londres, Angleterre
Designer : Erno Goldfinger (né en 1902)

Erno Goldfinger naquit à Budapest, étudia à Paris et arriva en Angleterre en 1934 en tant que réfugié. Il bâtit cette maison à Hampstead pour sa femme, le peintre Ursula Blackwell, et leurs trois enfants. Elle est au centre d'une rangée de trois maisons, surplombant la célèbre lande de Hampstead. Goldfinger s'est éloigné du béton blanc, et s'est orienté vers une fusion plus sophistiquée des approches modernistes concernant le matériau, l'espace et le mobilier. Il s'est également référé aux formes anglaises traditionnelles : Willow Road est une version moderniste des maisons anglaises classiques.

À partir du minuscule hall d'entrée, le visiteur gravit un étroit escalier en colimaçon pour arriver à l'étage principal, qui comporte les pièces les plus importantes. La salle à manger, le studio, la salle de séjour et la cuisine constituent des zones au sein d'un volume unique qui s'enroule en « C » autour de l'escalier, et ces différents espaces peuvent se fermer par des écrans pliants.

Le parcours qui mène de l'entrée à ces pièces obéit à une progression calculée. La maison est un registre passionnant du goût des architectes progressistes britanniques des années 30. Goldfinger a dessiné la plupart des meubles, dont certains rappellent le travail de Charlotte Perriand et de Le Corbusier. On notera d'autres détails plus étranges, s'inspirant davantage du surréalisme, tel l'âtre placé dans un écran convexe et monté dans un cadre saillant qui semble flotter devant le mur principal.

INTÉRIEURS 83

Johnson Wax Building

1936-1939

RACINE, WISCONSIN, ÉTATS-UNIS

DESIGNER : FRANK LLOYD WRIGHT (1867-1959)

Le Johnson Wax Building devait abriter le siège d'une des plus grandes entreprises américaines, et Frank Lloyd Wright a créé pour elle un intérieur très spécial. Par bien des aspects, l'édifice relève de son répertoire thématique habituel – un intérieur intimiste ceint d'un mur pareil à une peau – mais il s'éloigne aussi radicalement de l'utilisation antérieure que Wright faisait du carré et du cube dans son architecture puisque ses formes sont essentiellement courbes. L'extérieur de brique renferme un vaste espace de bureaux en plan libre, remarquable par ces étranges colonnes en forme de champignon qui étayent le plafond. Autre élément caractéristique : le mode d'éclairage. La partie centrale du plafond est construite en verre tandis que les murs sont brisés à intervalles réguliers par les fentes étroites de fenêtres linéaires en Pyrex. Comme pour d'autres projets, Frank Lloyd Wright était chargé de l'ensemble des installations et appareillages intérieurs.

Usine Fiat

1915-1921

Turin, Italie

Designer : Giacomo Matte Trucco (1869-1934)

En 1923, Le Corbusier a publié une photographie de l'usine Fiat dans son livre *Vers une Architecture*. Premier bâtiment important en béton armé du XXe siècle, l'usine Fiat était, pour Le Corbusier et les générations suivantes, l'emblème de la modernité et de la voie à suivre pour l'architecture. Cette immense structure de béton armé a été commanditée par Agnelli, le propriétaire de Fiat, après sa visite aux États-Unis qui avait pour objectif d'étudier les méthodes industrielles modernes et les techniques de fabrication en série développées par des sociétés concurrentes comme Ford. Agnelli fut très impressionné par la taille et la puissance de New York, archétype de la ville moderne. Il est rentré en Italie bien déterminé à introduire ces innovations chez Fiat. Agnelli, qui avait de grandes ambitions pour son entreprise, attendait de la nouvelle usine qu'elle soit à la fois un bâtiment industriel et un étendard publicitaire pour Fiat. Agnelli a donc voulu une technologie, un éclairage et des machines de pointe ainsi qu'un circuit sur le toit du bâtiment afin de mettre à l'essai les dernières automobiles Fiat.

INTÉRIEURS 85

Casa Devalle

1939-1940

Turin, Italie

Designer : Carlo Mollino
(1905-1973)

Dans les années 30, Carlo Mollino entreprit d'étendre le programme moderniste. Il connaissait le travail d'Alvar Aalto et se rendit en Espagne pour observer celui d'Antoni Gaudí, deux architectes qu'il admirait. Mollino avait des talents multiples : poète, écrivain, sportif, iconoclaste et anticonformiste. Homme profondément secret, sa personnalité s'exprime dans une série d'édifices, d'intérieurs et de meubles qui exercent toujours une forte influence sur le design.

Obsédé par le nu féminin, il prolongeait dans ses intérieurs la thématique corporelle en explorant des espaces courbes ouverts et le concept de mouvement organique.

Mollino avait étudié la notion moderniste d'ouverture de l'espace intérieur de la maison, mais lui ne s'est pas concentré sur le placement des objets. Il remplissait ses intérieurs d'éléments éminemment tactiles : tentures, coussins et écrans. Cette photographie de Mollino présente cette chambre de la Casa Devalle comme l'ultime expérience érotique. Des voilages enveloppent le lit placé contre des murs de velours et la forme du divan boutonné rend hommage à la création de Dali. Il a délibérément estompé les distinctions érotiques entre le masculin et le féminin en associant des portes et des murs, avec des surfaces sensuelles et des tissus flottants. Les jeux de miroirs brisent l'espace et créent une tension érotique.

Casa Malaparte

1938-1942
CAPRI, ITALIE
DESIGNER : ADALBERTO LIBERA (1903-1963)

L'architecte italien Adalberto Libera a dessiné cette maison pour le poète et esthète Curzio Malaparte qui, profondément désabusé après avoir été incarcéré par le gouvernement fasciste italien, avait besoin d'une retraite spirituelle. La maison, achevée en 1942, est le reflet tout personnel de la vie poétique de Malaparte, où les éléments métaphysiques et surréalistes confèrent au rationalisme italien une intensité nouvelle. Libera appartenait au Gruppo 7, fondé en 1927 par des architectes italiens qui alliaient le modernisme à la tradition classique, combinaison dont les fascistes avaient fait leur style architectural officiel.

Le style de la Casa Malaparte, située sur l'île de Capri au sommet d'une magnifique falaise surplombant la mer, joue avec les structures conventionnelles de la maison. Par exemple, l'entrée n'est pas mise en évidence. On accède à la demeure par un sentier rocailleux et sinueux tracé dans la falaise qui mène à un escalier, lequel, s'élargissant, se mue en une vaste toiture en terrasse rectangulaire s'avançant vers la mer. Sous le toit, deux étages de pièces présentent une séquence d'espaces progressant de la terre vers la mer, et du public – le salon est colossal, semblable à une piazza italienne – vers une série de pièces privées symétriques. Ces espaces d'un blanc pur sont rectilignes ; des chambres à coucher parallèles sont placées de part et d'autre de l'axe principal de la maison. La dernière pièce, surplombant la mer, accessible par la seule chambre de Malaparte, est l'ultime lieu privé. Ce cabinet de travail, spectaculaire, s'étend sur toute la largeur de la maison et une fenêtre donne sur la Méditerranée.

INTÉRIEURS

Banque Nationale Danoise

1971

COPENHAGUE, DANEMARK

DESIGNER : ARNE JACOBSEN (1902-1971)

L'intérieur est l'un des derniers travaux de Jacobsen. Achevé en 1978, sept ans après la disparition du créateur, le design de la Banque Nationale Danoise affiche toute la maturité et la confiance d'un maître du design d'intérieur. Né en 1902, Jacobsen grandit avec les idées de l'avant-garde. Bien que son Danemark natal fût relativement isolé, avec ses propres traditions néoclassiques, le jeune Jacobsen eut une expérience de première main de la modernité. En 1925, il visita l'Exposition de Paris et vit de lui-même l'œuvre de Mies van der Rohe et de Le Corbusier.

Il devint célèbre dans les années 30 pour son style unissant l'architecture vernaculaire danoise et le modernisme continental. Avec l'architecte Gunnar Asplund, il explora un design « Scandinave », qui se révéla pleinement dans son travail pour l'hôtel de ville d'Arhus en 1937.

Durant l'après-guerre, il s'occupa de l'aménagement du bâtiment principal de la Banque Nationale Danoise. L'édifice est fermé par deux façades en verre s'étirant entre deux pignons recouverts. Le client pénètre dans un hall de 20 mètres de haut par une entrée assez basse. Les accès des six étages du bâtiment sont visibles ; les murs et le sol sont revêtus de marbre norvégien. Jacobsen a aussi réalisé deux édifices en Grande-Bretagne dans les années 60 : St Catherine's College, à Oxford, et l'ambassade du Danemark à Londres.

88 INTÉRIEURS

Dans les années 60, le designer et entrepreneur sir Terence Conran a déclenché une révolution dans le commerce de détail d'articles de design. En 1964, lorsqu'il ouvrit son premier magasin Habitat sur Fulham Road à Londres, il mit à la portée d'un marché de masse le concept de « style de vie total ». Son but était simple : offrir aux jeunes consommateurs aisés de l'époque de quoi satisfaire leurs nouvelles aspirations et styles de vie en leur proposant le nécessaire pour aménager et décorer la maison. Habitat vendait non seulement des meubles, mais aussi du papier peint, des tissus pour rideaux, de la vaisselle, des luminaires et des ustensiles de cuisine. Avec ses murs peints en blanc et ses carreaux rouges, les clients étaient encouragés à reproduire le design du magasin chez eux.

Les marchandises étaient simplement empilées par terre ou groupées sur des étagères, ce qui créait un environnement apaisant que les gens trouvaient agréable. Habitat a produit ses propres créations, mais vendait aussi toute une gamme de ce que Conran considérait comme les classiques du design, par exemple, la réédition de la chaise Cesca de Marcel Breuer datant des années 20. Il innova également en éditant un catalogue de vente par correspondance qui a permis d'étendre le marché d'Habitat au pays entier. Ce catalogue était conçu pour paraître frais, moderne, attrayant, et il a remporté un succès commercial immédiat.

Habitat

1964

LONDRES, ANGLETERRE

DESIGNER : SIR TERENCE CONRAN (NÉ EN 1931)

INTÉRIEURS

Mr Freedom

1968-1969

LONDRES, ANGLETERRE

DESIGNER : JON WEALLEANS (NÉ EN 1949)

Jon Wealleans a conçu cette boutique de vêtements pour Tommy Roberts ; elle était située sur Kensington High Street à Londres, centre de la nouvelle culture pop du *Swinging London*. Wealleans avait visité peu avant Disneyland et la côte Ouest des États-Unis. Son design unissait des néons à des éléments issus du parc à thème, du rock'n'roll, et de la nouvelle vague italienne. Décoré d'énormes sculptures douces et de représentations de Mickey Mouse, c'était le premier magasin pop londonien. Il reflétait l'immédiateté, l'instantanéité de la culture pop, à travers les peintures murales empruntées à Roy Lichtenstein, ou cet aspect de scène en évolution constante. Wealleans faisait des dessins d'objets, tel qu'un cintre géant, lesquels étaient réalisés et installés en une semaine.

Mr Freedom est devenu plus qu'un simple magasin. Les gens le considéraient comme un lieu de rencontre et l'on y installa un café. C'était chaotique, mais amusant pour les gens. Exemple caractéristique de la naïveté des années 60, les affaires étaient totalement désorganisées et le magasin a finalement dû fermer ses portes. Toutefois, pendant un certain temps, Mr Freedom et les vêtements de Pamela Motown et de Jim O'Connor ont habillé Peter Sellers et Elton John, contribuant ainsi à la mythologie du *Swinging London*. Mr Freedom devint un magasin culte, et ne tarda pas à attirer des acheteurs d'une nouvelle entreprise de Milan – Fiorucci – qui payèrent la totalité du stock, et l'emportèrent chez eux dans des valises.

The Factory

1964

47ᵉ Rue Est, New York
États-Unis

Designer : Billy Linich
(alias Billy Name, né en 1940)

The Factory était le célèbre studio new-yorkais d'Andy Warhol. Cet entrepôt converti de Manhattan était à la fois atelier, plateau de tournage, et lieu privilégié des fêtes scandaleuses de Warhol. The Factory représentait le style de vie des années 60, il était à l'avant-garde de la récupération de l'espace industriel et du concept qui érigeait le design d'intérieur au rang d'actualisation artistique. Warhol a attiré de nombreux marginaux new-yorkais, dont Billy Name, qui allait devenir une figure essentielle de la vie au Factory.

Il recensait et organisait les diverses idées, apportant parfois sa contribution, comme par exemple pour le célèbre papier peint à vaches. Warhol lui avait offert un appareil photographique et l'avait institué photographe du groupe. Les photographies en noir et blanc à gros grain qu'il a prises constituent la principale source de documentation concernant la vie au Factory. Name était coiffeur dans son appartement, devenu un lieu de rencontre pour tous ceux qui travaillaient au Factory. Warhol aimait la manière dont Name avait utilisé le papier d'argent pour décorer son appartement, et peu après l'installation de Billy Name au Factory, il entreprit de recouvrir les murs de la même façon. C'était exactement le genre d'événement imprévu que Warhol appréciait. Le concept d'anti-esthétique, de bricolage, s'opposait aux intérieurs aseptisés et somptueux qui faisaient alors la célébrité de New York, et l'intérieur argenté finit par exprimer l'essence du style Pop.

Boutique Joseph

1988

Sloane Street, Londres, Angleterre

Designer : Eva Jiricna (née en 1939)

Eva Jiricna naquit et fut élevée en République tchèque. Elle quitta sa patrie en 1968, peu avant que les Russes n'envahissent Prague, pour occuper un poste au bureau d'architecture du défunt Greater London Council. Elle s'est rendue célèbre par son travail, très élaboré mais discret, pour les magasins de mode Joseph. L'ingénierie a toujours influencé son intérêt pour l'architecture, d'où l'attention toute particulière qu'elle porte aux matériaux, à la structure. Cette esthétique attira l'attention de Joseph. Considéré par beaucoup comme un détaillant de mode d'envergure internationale, Joseph montre une grande aptitude à repérer et à valoriser le talent. Pour sa chaîne de magasins, il a choisi Jiricna dans le but de donner un espace moderne et froid, à l'allure industrielle, comme toile de fond au monde plus extravagant de la mode. Le point central du magasin est l'escalier. Les murs et les éléments inamovibles sont peints en gris, ce qui met en relief le squelettique escalier d'acier et de verre. Les escaliers de Jiricna semblent flotter. Tous les éléments sont réduits au minimum : les marches en verre et Plexiglas sont posées sur des cercles qui reposent sur une ferme horizontale reliée à la balustrade vitrée. La qualité de ces superbes détails fait de l'escalier plus qu'un simple ouvrage d'ingénierie : son effet sculptural a été maintes fois imité dans les magasins du monde entier.

Bureaux d'Imagination

1989

LONDRES, ANGLETERRE

DESIGNER : HERRON ASSOCIATES

Imagination, dirigé par Gary Withers, est l'une des sociétés de design les plus prestigieuses de Grande-Bretagne. À la fin des années 80, l'entreprise voulut s'étendre dans des locaux plus vastes et acheta deux bâtiments reliés par une ruelle derrière Tottenham Court Road, une rue très agitée de Londres.
Il s'agissait d'un site peu commode, composé de deux bâtiments de briques rouges parallèles. Mais Ron Herron opta pour une solution magistrale, qui consistait à ouvrir l'espace central mort en le recouvrant d'un toit en matière plastique translucide. Le résultat est un hall blanc élancé, traversé d'un réseau de ponts légers à demi transparents, en acier et aluminium. Les murs jadis à l'extérieur sont désormais à l'intérieur, exposés à la vue du public. Ils sont peints en blanc pour illuminer l'espace et accentuer leur nouveau statut de murs internes.

Pour les bureaux d'Imagination, Herron a recouru au design d'intérieur pour ressusciter un vieil édifice en révélant ses façades cachées auparavant. Il a su en même temps préserver la mémoire, le passé du bâtiment tout en lui ajoutant quelque chose de radicalement nouveau.

INTÉRIEURS 93

Hôtel Royalton

1988

44ᵉ Rue Ouest, New York, États-Unis

Designer : Philippe Starck (né en 1949)

Le Royalton est plus qu'un hôtel à l'aménagement et à la décoration novateurs. Il marque le renouveau d'une fonction sociale de l'hôtel : les gens branchés des années 80 y vont pour se rencontrer, et pour être vus. Avant Starck, l'hôtel était nécessaire, mais pas « dans le vent ». Désormais, les gens ne descendent plus seulement au Royalton, ils se côtoient au bar et au restaurant. Cet hôtel est devenu un lieu de rencontre, plus proche d'un bar ou d'un club que du traditionnel foyer fermé, voué aux affaires. Starck a transformé cet espace avec son souci caractéristique du détail personnalisé. Il y a introduit des luminaires et des meubles aux silhouettes nouvelles, et a repensé les toilettes et le restaurant. Il a dépouillé le bureau de réception de son traditionnel statut d'élément central du foyer de l'hôtel et a introduit des sièges simplement disposés ainsi que des marches, qui coupent l'espace et lui confèrent une ambiance intimiste dans laquelle les clients peuvent se rencontrer et être vus.

Barney's

1994
BEVERLY HILLS, LOS ANGELES, CALIFORNIE, ÉTATS-UNIS
DESIGNER : PETER MARINO (NÉ EN 1949)

Depuis longtemps, Barney's est réputé être le grand magasin le plus chic de Manhattan, réputation assise par le renouvellement de la décoration de sa succursale de la 5ᵉ Avenue en 1994. En promouvant la mode la plus récente, Barney's a certes redéfini le concept de « magasin de vêtements », mais aussi celui de « grand magasin ». Barney's a ainsi lancé un défi aux géants new-yorkais bien établis, à savoir Macy's, Saks, et Bloomingdales, en visant une clientèle plus jeune et plus soucieuse du style. Une partie du programme d'extension de Barney's comprenait l'ouverture d'un magasin dans la partie commerciale la plus riche et la plus prestigieuse de l'Amérique, à Beverly Hills en Californie. Le magasin a été somptueusement décoré, depuis l'intérieur des ascenseurs aux revêtements de sol, sans se soucier des coûts, afin de créer un grand magasin « new look » adapté aux années 90.

L'ensemble de la décoration s'inspire de l'hôtel Alfonso XIV de Séville, en Espagne. L'influence espagnole est très prégnante. L'extérieur marie les briques, le stuc et la pierre à chaux, tandis que le toit est couvert de tuiles espagnoles. La caractéristique principale du magasin est un escalier central ouvert, qui permet aux visiteurs d'apercevoir tous les niveaux et les autres clients. L'escalier et le sol du rez-de-chaussée sont en « Blanco Macael », une pierre espagnole. Les autres revêtements de sol sont en bois importé de France.

INTÉRIEURS

Maison Kidosaki

1982-1986

Tokyo, Japon

Designer : Tadao Ando (né en 1941)

Tadao Ando est l'un des architectes japonais les plus célèbres. Bien que la plupart de ses œuvres, dont cette maison, se trouvent à Tokyo, son cabinet se trouve à Osaka, loin des pressions de la vie citadine. La maison Kidosaki est un exemple caractéristique de sa philosophie. Située dans la banlieue calme de Tokyo, elle abrite trois familles, chacune disposant d'un logement séparé dans le volume global de la maison et, est entourée d'un mur qui court tout autour du site. Les fenêtres de la salle de séjour, allant du sol au plafond, donnent sur une cour, introduisant ainsi une parcelle de nature dans le paysage urbain.

L'intérieur est admirablement simple. Le souci d'Ando est de réduire la forme à l'essentiel. Il utilise la lumière pour articuler et souligner les contours, reflétant à la fois le design moderne et la tradition japonaise. Ando se caractérise par ce que le critique d'architecture Kenneth Frampton appelle le « régionalisme critique », c'est-à-dire un style unissant le modernisme aux traditions vernaculaires et rurales. Le refus du chaos de la vie urbaine moderne est un motif récurrent majeur dans les intérieurs d'Ando. Sa solution consiste à créer des intérieurs ressemblant à des refuges, souvent cachés, entourés de murs et de jardins qui offrent à l'occupant un havre de paix.

Musée Canova

1955-1957

POSSAGNO, ITALIE

DESIGNER : CARLO SCARPA (1906-1978)

L'architecte Carlo Scarpa ne fut guère reconnu de son vivant, mais il a depuis été salué par les architectes et designers d'intérieur du monde entier pour ses expérimentations formelles et son sens du détail délicat. Il fait aujourd'hui figure de modèle, car son architecture peut être qualifiée d'« interventionniste » ; il s'occupait en effet principalement de la transformation de bâtiments existants. Nombre de ses projets concernaient des musées, les plus connus étant le Museo Correr et le Palais La Foscari, tous deux achevés au milieu des années 50 à Venise. L'œuvre de Scarpa montre comment allier tradition et innovation de manière créative, tout en respectant l'édifice original et en maintenant un équilibre judicieux entre les anciens traits et les nouveaux. Cette conception est devenue de plus en plus significative. En 1955, Scarpa a commencé à travailler sur les agrandissements du Musée Canova afin que l'œuvre de ce maître de la sculpture en marbre blanc de la fin du XVIIIe siècle puisse à nouveau être exposée. La réussite de Scarpa réside dans l'aménagement d'un espace d'exposition utilisant des sources de lumière inhabituelles : les fenêtres et les ouvertures sont créées de manière à mettre ingénieusement en vedette les chefs-d'œuvre de Canova. Scarpa a également travaillé pour le Musée Castelvecchio de Vérone et comme expert en design pour la prestigieuse Biennale internationale d'art moderne de Venise.

INTÉRIEURS

Bijouterie Silver

1987

DESIGNERS : BRANSON COATES PRACTICE, LONDRES, ANGLETERRE

Doug Branson et Nigel Coates dirigent l'un des cabinets d'architectes les plus réputés de Londres. Ils ont assis leur réputation dans les années 80 avec une série d'intérieurs novateurs à Londres et à Tokyo, unanimement admirés et cités en référence.

Les bijouteries de Bond Street, rue huppée de Londres, sont traditionnellement décorées de tapis somptueux et d'installations en bois précieux. Le décor imaginé par Branson Coates pour la bijouterie Silver a introduit une conception assez différente : des lumières en flambeau fixées à un rail par des pinces de laboratoire tiennent lieu de pilastres, des fioritures métalliques remplacent les volutes, une rangée de coffres-forts se substitue aux lambris et les ténèbres gothiques font place à une sombre ambiance industrielle. Les vitrines sont placées dans un mur indépendant qui coupe le magasin dans sa longueur. Les designers ont recours à des équipements ordinaires, à base de pinces de laboratoire patinées. Les bijoux sont exposés sur des coussins pouvant être arrangés à volonté. Des couleurs sobres sont utilisées pour mettre les bijoux en valeur. Nick Welch a peint les murs en gris plâtre et les couleurs nuancées de granit se mêlent au gris du sol, en noyer. Branson Coates est également bien connu pour faire appel à d'autres designers britanniques pour leurs intérieurs. La bijouterie Silver possède des chandeliers d'André Dubreuil, un miroir d'Andrew Logan et un masque de Simon Costin, élaboré à partir d'un crâne de poisson. Nigel Coates a également utilisé ses propres meubles pour le magasin, dont ses chaises Chariot & Horse.

L'Hacienda

1982

DESIGNER : BEN KELLY
(NÉ EN 1949)

MANCHESTER, ANGLETERRE

Avant l'Hacienda, le décor des discothèques avait le faste tapageur et brillant de *Saturday Night Fever*, ou bien le style punk « peint en noir ». Ben Kelly et son ancienne associée Sandra Douglas ont créé une nouvelle esthétique pour la discothèque, faisant de l'Hacienda un des intérieurs les plus importants des années 80. Il a été commandité par Factory, une maison de disques indépendante devenue culte grâce à des groupes originaux comme Joy Division et New Order, mais qui avait aussi l'ambition de transformer le design.

Kelly avait déjà élaboré un décor pour Vivienne Westwood. Il avait créé une esthétique industrielle en utilisant des bornes et des signalisations routières, et une nouvelle palette de couleurs incluant l'orange, le vert et le rouge. Cette esthétique, communément acceptée de nos jours, était radicalement novatrice à l'époque.

Kelly s'est inspiré des idées du mouvement punk. Le nom de la discothèque n'est pas une référence kitsch aux vacances en Espagne, mais provient des écrits des situationnistes. Les noms des bars, Kim Philby et The Guy Traitor – une référence à Anthony Blunt – ne sont pas non plus de ceux auxquels on s'attend pour une discothèque. Le projet a réuni un ensemble unique de talents, et a contribué à créer l'originalité britannique en matière de design d'intérieur au début des années 80.

INTÉRIEURS

Casa Neuendorf

1989

Majorque, Espagne

Designers : John Pawson (né en 1949) et **Claudio Silvestrin** (né en 1951)

John Pawson et son ancien associé Claudio Silvestrin ont développé une architecture intérieure minimaliste. Les éléments superflus sont éliminés, suivant la longue tradition qui lie leur travail aux intérieurs japonais, aux maisons Shaker et à l'architecture du XXe siècle de Mies van der Rohe (pour le Pavillon de Barcelone), de Shiro Kuramata et de Luis Barragán. La maison Neuendorf repose sur le principe de la réduction architecturale : toute l'attention est concentrée sur l'organisation de l'espace, et sur le souci du moindre détail, de la précision des finitions intérieures à l'emplacement des interrupteurs. Les designers ont cherché à créer une atmosphère spirituelle et tranquille, où la sobriété de l'aménagement est compensée par la sensualité des matériaux utilisés, dont le marbre blanc et le bois poli. La maison devait être la résidence secondaire d'un marchand d'art allemand et de sa famille. Elle jouit d'un environnement exceptionnel : une oliveraie surplombe la mer. Un mur de 100 mètres de long grimpe la pente, à côté d'un chemin aux marches allongées menant à une étroite brèche verticale transperçant la façade de la maison. Les visiteurs pénètrent dans un vaste hall, un cube vide à l'intérieur d'un cube de murs épais, où la pierre à chaux locale est utilisée pour le sol ainsi que pour les tables, les cuvettes et des bancs massifs. Les murs extérieurs sont couverts d'un plâtre rougi à l'aide d'une argile locale. Les murs épais jouent avec la lumière du soleil et les quelques fenêtres profondes sont positionnées de façon à encadrer des morceaux de paysage. Un bassin long et étroit avance de la terrasse vers l'horizon et se termine en une chute d'eau.

Appartement à Londres

1989

Hammersmith, Londres, Angleterre

Designer : John Young (né en 1944)

John Young fait partie de l'un des cabinets d'architectes britanniques les plus célèbres, le Richard Rogers Partnership. Appartement conçu pour lui et sa femme, ce projet est un hymne à la fascination que Young voue à la technologie. Presque tous les éléments de l'appartement sont fabriqués à partir de matériaux industriels : les éléments structurels forment l'architecture. L'espace de vie principal se compose d'un plan libre en forme de « L » constituant une seule pièce, à la fois séjour, cuisine et lieu de travail. Elle est d'une hauteur unique, à l'exception de la petite branche du L qui a le double de hauteur et comprend une mezzanine servant de chambre à coucher. L'espace s'articule à l'aide du mobilier et d'escaliers qui, entre les mains de Young, deviennent des œuvres d'art en même temps qu'un exercice d'ingénierie. La salle de séjour est dominée par un escalier suspendu, dont le renforcement est peint en jaune fluo. La rampe se compose de fils d'acier tendus entre d'étroites tiges d'acier, marquant une opposition avec les marches en teck. La salle de bains, qui comprend une baignoire japonaise encastrée en cèdre, est reliée à la mezzanine et ressemble à une nacelle en briques de verre surmontée d'un toit vitré. L'escalier en colimaçon, qui s'enroule autour des murs extérieurs, donne également accès à une nacelle similaire, un observatoire vitré situé sur le toit du bâtiment. Ici, le fonctionnalisme devient du grand art : chaque élément est, dans la mesure du possible, réduit à sa structure élémentaire et s'intègre à un intérieur remarquablement spacieux, à base de matériaux très simples.

Maison Galvez

1968-1969

Mexique

designer : Luis Barragán (né en 1902)

Puisant son inspiration dans l'architecture traditionnelle mexicaine, l'œuvre de Luis Barragán est remarquable par ses couleurs intenses. En mêlant les éléments du modernisme à ceux issus de l'architecture vernaculaire de son enfance, Barragán est parvenu à créer plusieurs bâtiments, inoubliables par leur atmosphère et la spiritualité qui émane d'eux.

En raison du climat, l'architecture mexicaine se concentre sur l'intérieur. Barragán utilise souvent des séries de plates-formes pour accéder à l'intérieur de ses constructions, ceintes de murs lourds et épais. Les espaces sont définis par des murs et accentués par l'utilisation de la lumière. Grâce à un éclairage soigneusement disposé en hauteur et à des fenêtres judicieusement placées, Barragán manipule fréquemment la projection de la lumière sur les murs. Son utilisation de la couleur, source d'influence pour de nombreux designers d'intérieurs, vise d'abord à ajouter une dimension spirituelle, et ensuite à définir l'espace. La palette de Barragán comprend souvent des rouges très riches, des tons acides comme le jaune, le vert et le rose. Les éléments vernaculaires traditionnels sont équilibrés par l'amour que Barragán porte aux formes réduites du modernisme. L'effet produit par l'œuvre de Barragán est comparable à l'équilibre et à la quiétude d'une toile de De Chirico : elle est émouvante mais offre comme un refuge, une bribe de mémoire.

Mash and Air

1997
Manchester, Angleterre
Designer : Marc Newson
(né en 1963)

Oliver Peyton possède deux des restaurants les plus influents de Londres dans les années 90, l'Atlantic Bar et le Grill and Coast, tous deux conçus par Marc Newson. En 1997, Peyton a ouvert le Mash and Air à Manchester. Il occupe un vaste moulin de quatre étages, transformé par Newson. Le travail de Newson pour Coast est unanimement admiré pour sa froide élégance et sa finesse, mais pour Mash and Air il a créé quelque chose de très différent. Il a exploité ici l'aspect industriel du bâtiment qui présentait un énorme équipement circulaire de brassage occupant l'espace central, une machine transparente laissant voir de l'acier inoxydable et une couleur orange vif. Les fenêtres allant du sol au plafond éclaircissent l'espace et offrent des vues panoramiques. Newson a conçu l'intérieur de manière à ce que les clients aient l'impression d'entrer dans un autre monde ; l'effet théâtral et surréaliste qu'il a obtenu révèle son obsession pour le détail. À l'intérieur du Mash and Air, depuis l'éclairage aux toilettes des hommes, peintes en vert jaune, pas un millimètre n'a échappé à son attention. Les tables ressemblent à des champignons sortant du sol, et certaines banquettes du restaurant sont placées dans des renfoncements où les tables se situent au niveau du sol. Taillées dans la pierre, ces banquettes forment un encorbellement au-dessus des tables, de telle sorte que les clients « descendent » vers leurs mets.

INTÉRIEURS 103

Squat Graan-Silo

1991

WESTERDOKSDIJK 51, AMSTERDAM, PAYS-BAS

Tous les intérieurs de ce chapitre ne sont pas le fruit du travail de professionnels. En 1989, un groupe de personnes a occupé un silo abandonné, datant de 1896, situé à Amsterdam, avec l'intention de convertir cet énorme espace industriel en leur propre « village ». Ce projet a fait l'objet d'un compte rendu rédigé par l'analyste d'art et d'aménagement intérieur David Carr-Smith, qui a en donné un aperçu étrange. La conversion de cet environnement industriel hostile en un espace habitable a donné un résultat surprenant. Pour construire leurs logements sur deux niveaux, Mark Horner et Brian Zaetinck ont dû démanteler 16 mètres d'installations verticales en acier, poser des canalisations, installer l'électricité, mettre du plancher au sol et disposer des divers déchets et matériaux de récupération provenant des bennes de démolition de logements urbains. Leur travail révèle un esprit inventif, plein de ressources, qui mêle les impératifs domestiques à la pure grandeur de l'espace, où les piliers en acier et les murs étayés de poutres côtoient les tapis et les objets domestiques. Le message est simple : certaines personnes sont suffisamment créatives pour imaginer leur propre espace.

Bureaux de Chiat Day

1993-1996

NEW YORK, ÉTATS-UNIS

DESIGNER : GAETANO PESCE
(NÉ EN 1939)

Chiat Day est une grande agence de publicité internationale, qui possède des bureaux en Europe et en Amérique. Elle est devenue célèbre pour la manière dont elle a développé le concept d'un nouveau bureau, sans papiers, métamorphosant le lieu de travail traditionnel en une série d'espaces capables d'accueillir plusieurs activités au lieu d'être, pour citer Jay Chiat, « des poubelles à vieux papiers ». Ce que Chiat Day voulait, c'était repenser complètement l'organisation spatiale des bureaux, en explorant un nouvel aménagement expérimental « non territorial ». Il n'est plus question d'assigner à chacun un espace propre ; les pièces sont modulables, les murs et les sols sont couverts de prises pour que les gens puissent se connecter au système où qu'ils se trouvent dans le bureau. Mais la technologie électronique n'est qu'une partie de la réponse apportée. Le succès d'une démarche aussi audacieuse dépend de la manière dont le designer d'intérieur va jouer avec cette nouvelle diversité spatiale. Pour ses bureaux de New York, Chiat Day s'est adressé à Gaetano Pesce, un architecte italien de premier plan, unanimement admiré pour ses conceptions visionnaires tournées vers l'avenir. La solution de Pesce consiste, à partir de la carcasse du bâtiment, plutôt quelconque, à élaborer un plan permettant un traitement nouveau des divisions intérieures. Il a introduit un certain nombre de détails caractéristiques, dont le sol de couleur vive, constitué d'une résine pigmentée, coulée en une épaisseur de 7 millimètres sur une chape de béton. Au cours des trente minutes nécessaires à la prise de la résine, des messages écrits et des dessins fantaisistes ont été imprimés à la main. Pesce a également utilisé diverses finitions pour les murs, telles que de l'ouate, du feutre épais, et des « briques » composées d'anciennes télécommandes. Conformément à son intérêt pour l'iconographie, il a installé des portes profilées qui rappellent certaines campagnes publicitaires réalisées pour des clients importants. Un grand vestiaire destiné au personnel remplace le bureau individuel, et Pesce y a introduit un éclairage doux, afin de créer une sensation d'intimité, ainsi que des meubles en bois pour chasser l'image traditionnelle d'uniformité généralement associée aux vestiaires.

INTÉRIEURS 105

CHAPITRE 4
mobilier

CHAISE FOURMI

TABOURET EMPILABLE

CHAISE 4867

LE MOBILIER PERMET D'ANALYSER, à petite échelle, les nouvelles tendances du design et du style. Le mobilier a établi les grandes lignes « territoriales » du design du XXe siècle et à travers ses pièces majeures, on peut discerner les changements intervenus dans les modes de production, la technologie, le goût et les aspirations culturelles. Dans ce contexte, la chaise est l'objet privilégié des expériences radicales et audacieuses qui exploitent le nouveau lexique des formes et des matériaux. Le mobilier, champ d'expérimentation beaucoup plus vaste que l'architecture, est devenu le prototype du nouvel art de vivre.

Au début du siècle, il existait une industrie de l'ameublement à grande échelle, mais les méthodes de production relevaient encore des techniques traditionnelles nécessitant beaucoup de main-d'œuvre. Il y eut quelques innovations, telles que la chaise minimaliste en bois courbé de Thonet. Cette chaise était à l'avant-garde de la normalisation d'éléments simples. Elle pouvait s'exporter démontée, ce qui permettait d'économiser de l'espace et elle a suscité d'énormes ventes à l'étranger. Toutefois, le mobilier domestique du siècle dernier se constituait généralement de pièces soigneusement décorées et utilisant un langage ornemental issu de sources historiques. Le mouvement Arts and Crafts a introduit une nouvelle tendance. Les designers et revendeurs avant-gardistes comme William Morris ont ranimé l'intérêt pour les formes simples du mobilier de la fin du XIXe siècle et pour la tradition du mobilier vernaculaire qui comprenait des meubles dont la production s'était poursuivie de façon ininterrompue pendant des centaines d'années. Les chaises pratiques et confortables, comme celles pourvues d'un dossier à barreaux, ou la Windsor, avaient meublé la maison de campagne et la cuisine ; elles trouvaient désormais leur place dans la nouvelle maison artistique, symboles de matériaux authentiques et de formes franches. Ce mobilier simple, dépourvu d'ornements, a influencé de nombreux designers qui ont imaginé leurs propres variations sur ce thème, et dont les créations se trouvaient, entre autres, chez Heals, le célèbre magasin londonien. Les meubles élaborés et richement décorés n'ont toutefois pas disparu du marché et ont bénéficié d'une nouvelle impulsion avec l'apparition de l'Art Nouveau. Les principaux chefs de file continentaux de l'Art Nouveau ont produit des meubles précieux, personnalisés, dont l'influence s'est répercutée sur le commerce pour être supplantée, dans les années 20, par le formalisme de l'Art déco.

Le goût pour un mobilier décoratif et représentatif demeure encore vivace aujourd'hui, mais les avant-gardistes du XXe siècle ont ouvert une voie beaucoup plus radicale. Une des premières expérimentations, parmi les plus marquantes, fut la célèbre chaise Bleu et Rouge, créée en 1918 par Gerrit Rietveld, appartenant au De Stijl. À travers cette chaise, Rietveld a développé les peintures

SOFA

tridimensionnelles de son célèbre contemporain Piet Mondrian, en utilisant une ligne épurée, des formes géométriques, et des couleurs primaires.

Parallèlement, les architectes avant-gardistes dominants remodelaient le paysage architectural, mais ils ont vite compris que le mobilier commercialement disponible n'était pas adapté au nouveau plan libre et aux espaces d'un blanc virginal. Le Corbusier imagina de concevoir lui-même le mobilier adéquat et, avec l'aide de son cousin Jeanneret et de Charlotte Perriand, il a fabriqué des sièges « machines à s'asseoir » afin de compléter la maison « machine à habiter ».

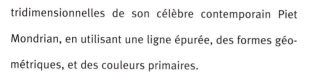

FAUTEUIL POWERPLAY

On peut considérer ce travail de pionnier comme une tentative de créer un produit de masse. Ces meubles évoquaient la machine, l'industrie et l'ingénierie, ainsi que l'admiration des Européens pour l'Amerikanismus, le monde d'Henry Ford, des gratte-ciel et des nouveaux débuts. Le mobilier dessiné au Bauhaus, notamment la chaise en acier tubulaire de Marcel Breuer, est significatif. Les lignes aérodynamiques, sculpturales et continues de ces chaises sont devenues l'expression parfaite de la nouvelle modernité et ont instauré une nouvelle direction pour le design du mobilier.

Entre-temps, d'autres modernistes ont continué à employer des matériaux naturels et des formes organiques, tendance qui s'exprime à merveille, dans les années 30, chez Alvar Aalto, et dans les années 50 à travers l'œuvre d'Arne Jacobsen. C'était là un patrimoine hérité du monde de l'après-guerre. L'ameublement devait désormais prendre en compte les demandes d'une nouvelle culture de consommation dont témoignent l'esthétique pop des années 60 et la disponibilité de nouvelles technologies. Les colles synthétiques ont permis des formes spectaculaires en contre-plaqué et le polypropylène a introduit sur le marché des chaises peu onéreuses, légères, et fabriquées en série par des entreprises italiennes comme Kartell. Tandis que les créateurs continuaient à développer les thèmes avant-gardistes, d'autres priorités ont surgi avec l'apparition du postmodernisme. Les consommateurs et les designers ont reconsidéré la couleur, la décoration et les motifs. Le mobilier, dont le représentant, dans les années 80, était le groupe italien Memphis, s'est éloigné du classique pour se faire espiègle, spirituel et enfantin. Au même moment, l'esthétique de la fabrication en série était remise en question par des artisans-designers, dont Ron Arad et Tom Dixon. Leur point de départ était la pièce unique ; ils utilisaient des matériaux recyclés et recherchaient des effets sculpturaux en métal. Actuellement, les formes et matériaux industriels de l'avant-garde représentent simplement un choix supplémentaire pour le consommateur, côtoyant un mobilier original, expressif, ou bien des meubles capitonnés traditionnels, qui ont peu évolué depuis le siècle dernier.

TABOURET WW

Chaise N° 14

1859

DESIGNER : MICHAEL THONET (1796-1871)

MATÉRIAU : HÊTRE COURBÉ

FABRICANT : GEBRÜDER THONET, VIENNE, AUTRICHE

La chaise en bois courbé de Thonet est une des chaises qui a eu le plus de succès au XXe siècle. Toujours fabriquée, elle a cependant été modifiée. Michael Thonet naquit dans la petite ville allemande de Boppard, centre de fabrication de meubles. Recourant à des techniques utilisées par les tonneliers et les constructeurs de bateaux, il a réussi à courber des bandes de hêtre, au-delà de leur souplesse naturelle, en les passant à la vapeur, en les maintenant dans des pinces en bois et en utilisant des bandelettes en fer-blanc.

En 1836, il introduisit la première chaise en contre-plaqué et en 1856, il obtint un brevet pour la fabrication industrielle du bois courbé. Lors de la Grande exposition de Londres en 1851, Thonet avait de grandes ambitions pour son produit.

Il fut également l'auteur d'une autre innovation. Visant le marché international, il s'attela aux meubles en kit, et réduisit la chaise à quatre parties simples, de sorte que trente-cinq chaises démontées n'occupaient que 35 m² de l'espace de cargaison d'un bateau. Lorsque les chaises atteignaient leur destination, le cannage était effectué à la main, essentiellement par des femmes. Bon marché, elle eut un tel succès que sa production fut lancée à plus grande échelle. Elle fut l'un des rares meubles commerciaux que Le Corbusier acheta pour ses intérieurs et constitue un exemple de continuité et de survie d'un design.

Musée Horta

1898-1901

BRUXELLES, BELGIQUE

DESIGNER : VICTOR HORTA (1861-1947)

Bien que l'Art Nouveau véhicule de solides connotations gauloises, Paris n'en était pas le seul centre. D'autres villes européennes, principalement Bruxelles, jouèrent un rôle essentiel dans l'essor de l'Art Nouveau. Au cours des années 1890, Victor Horta conçut plusieurs maisons pour des clients privés. Il en dessina non seulement le bâtiment, mais aussi les tapis, l'éclairage, les vitraux, le mobilier, et tout ce que requérait l'aménagement intérieur. Dans ces demeures, dont la sienne, devenue le musée Horta, il développa une version mature de l'Art Nouveau. Les vrilles « en coup de fouet », les formes végétales élaborées, se retrouvaient dans le mobilier, les appliques, et dans tous les détails décoratifs, conférant ainsi une harmonie parfaite. Horta utilisait les briques émaillées blanches initialement destinées à l'extérieur comme finition murale originale. Horta est devenu un des représentants les plus sophistiqués de l'Art Nouveau en Europe, et la fameuse courbe « en coup de fouet » qui caractérise son style est devenue la « Ligne Horta », en hommage au style éclectique et riche pour lequel il était réputé.

En 1902, Horta fut chargé de la conception du Pavillon belge pour l'Exposition de Turin, vitrine de l'Art Nouveau. Mais il se sentait de plus en plus isolé et après la Première Guerre mondiale, alors que l'Art Nouveau n'était plus à la mode, ses créations se raréfièrent. En 1920, il devint professeur à l'Académie des Beaux-Arts de Bruxelles, où il resta jusqu'en 1931.

Chambre à coucher Letchworth

1905

DESIGNER : AMBROSE HEAL (1872-1959)

FABRICANT : HEAL & SON, LONDRES, ANGLETERRE

Heal's fut et reste un des magasins d'ameublement les plus connus de Londres. Sous la direction d'Ambrose Heal, la société s'est ralliée au design progressiste. Heal débuta comme apprenti dans un atelier de meubles à Warwick. Lorsqu'il rejoignit l'entreprise de son père en 1893, une petite partie du magasin lui fut allouée pour exposer ses réalisations. Son travail était fortement influencé par le mouvement Arts and Crafts, mais loin d'être un designer amateur, Heal attira rapidement l'attention internationale sur ses dessins en les exposant à Paris et à Londres.

En 1905, on demanda à Ambrose Heal de dessiner plusieurs meubles pour l'Exposition de Letchworth. Le mobilier devait être exposé dans un cottage conçu par F.W. Troup. Letchworth était l'une des nouvelles « cités jardins » qui poussaient dans toute la Grande-Bretagne, et le mobilier était censé attirer les classes moyennes habitant ces faubourgs boisés.

Les dessins de Heal sont superbement faits et se rattachent à une tradition vernaculaire de fabrication de meubles dont se sont inspirés les réformateurs du style Victorien. Son mobilier, aux finitions pures et dont les surfaces sont dénuées d'ornements, privilégie les formes simples et rationnelles. Ces qualités, malgré le nom, situent le design de Heal dans le courant radical continental. La gamme des « meubles de Cottage », proposée au public en 1919 à travers un catalogue illustré, résume cette conception.

Shaker

XIXe SIÈCLE

ÉTATS-UNIS

Le mobilier original et les reproductions Shaker se vendent à des prix très élevés et attirent un suivi scrupuleux. Les Shakers étaient à l'origine une secte anglaise non conformiste fondée par Ann Lee à Manchester. À la fin du XVIIIe siècle, en quête de liberté religieuse, Mère Lee et un groupe de fidèles émigrèrent sur la côte Est de l'Amérique où ils installèrent plusieurs communautés. Les Shakers rejetaient toute invention moderne, menaient une vie austère raffinée dont témoignent leur mobilier et leurs objets domestiques. Les artisans Shaker ont résumé leur foi dans des intérieurs et des meubles sobres, simples, constitués de chaises au dossier à barreaux, de tables et de malles, dont l'esthétique emprunte à celle du mobilier anglais de la fin du XVIIIe siècle. Ils y ont apporté leur inventivité propre, à travers les meubles encastrés, les fameux rails auxquels ils pendaient les vêtements et les chaises.

Les communautés Shaker ont disparu peu à peu au fil du XXe siècle et il n'en reste que quelques-unes. Le style Shaker est toutefois resté influent pour les designers de ce siècle. Le mobilier était dénué d'ornements, et son langage formel exprimait la pureté morale. Il n'est pas difficile de comprendre pourquoi ils attirent l'admiration de tant de designers modernes.

MOBILIER

Fauteuil Rouge et Bleu

1918

DESIGNER : GERRIT RIETVELD (1888-1964)

MATÉRIAU : BOIS PEINT

L'impact visuel du Fauteuil Rouge et Bleu garantit qu'il restera une image classique de toute l'histoire du design du XXe siècle et, avec la maison Schröder, il est devenu une métaphore de l'avant-garde.

Rietveld était membre du De Stijl, un des groupes les plus cohérents de l'avant-garde. Bien que Gerrit Rietveld ait été un élément clé du De Stijl, son œuvre reste ancrée dans la tradition artisanale qui le forma. Il demeura auprès de son père comme apprenti ébéniste jusqu'en 1911, date à laquelle il ouvrit sa propre ébénisterie à Utrecht. Son approche changea radicalement en 1918 lorsqu'il entra en contact avec les premiers membres du De Stijl. Leur quête d'une forme d'expression universelle les entraîna à faire des expériences avec les couleurs primaires, les formes géométriques fondamentales et les formes pures réduites. Ces objectifs sont particulièrement perceptibles dans les toiles de Piet Mondrian. Son œuvre inspira beaucoup Rietveld, qui prit le message du De Stijl – « la nouvelle conscience est prête à se concrétiser dans tous les domaines, y compris dans les choses quotidiennes de la vie » – au pied de la lettre.

Rietveld développa les idées du De Stijl sous une forme tridimensionnelle, dont les expressions les plus célèbres sont le fauteuil Rouge et Bleu de 1918 et la maison Schröder, construite six ans plus tard à Utrecht.

Il est simpliste – mais néanmoins vrai – de réduire ces objets à des toiles de Mondrian en trois dimensions. Mais il faut préciser que l'œuvre de Rietveld présente plus d'intérêt sur le plan visuel que comme solution aux nouveaux besoins du XXe siècle.

112 MOBILIER

Marcel Breuer commença sa carrière à l'institut Bauhaus en Allemagne. Inscrit en 1920, il était la plupart du temps à l'atelier d'ébénisterie. L'originalité de son travail fut très vite appréciée.

La façon dont il découvrit les tubes d'acier courbés fait partie de la mythologie du mouvement moderne. La légende dit qu'il a acheté un vélo Adler et a été tellement inspiré par sa puissance et sa légèreté qu'il a décidé d'appliquer les mêmes techniques au mobilier. Bien que d'autres créateurs aient expérimenté cette même forme de chaise, c'est la B32 (dont le surnom, Cesca, lui a été donné dans les années 60 d'après le prénom de sa fille adoptive, Francesca) qui est devenue le design « à consoles » le plus célèbre de la décennie.

Breuer n'a pas fait d'études d'architecture et a commencé à dessiner des édifices à Berlin, en 1928, après avoir quitté le Bauhaus. Bien que ses projets architecturaux à cette époque se résument à des aménagements d'intérieurs et à des participations à des concours, ils sont aussi radicaux que ceux de l'avant-garde. Contrairement à Gropius et Mies van der Rohe, son mobilier précédait ses créations architecturales. Ses meubles peuvent être considérés comme des « répétitions » pour ses édifices. Les meubles métalliques, aux lignes aérodynamiques sans jointures, sont devenus l'expression du mouvement moderne, et ont inspiré les intérieurs et les armatures de Breuer. En 1937, Gropius lui demanda d'enseigner l'architecture à Harvard. En partie grâce à son ancienne formation, il s'est avéré être un professeur populaire, doué de sens pratique. Il est ainsi devenu plus important pour son influence sur une génération d'architectes américains, dont Philip Jonhson, que pour ses propres bâtiments.

Chaise Cesca (B32)

VERS 1926

DESIGNER : MARCEL BREUER (1902-1981)

MATÉRIAUX : ACIER CHROMÉ, BOIS ET ROTIN

FABRICANT : GEBRÜDER THONET, FRANKENBERG, ALLEMAGNE

MOBILIER 113

Chaise Longue

1928

DESIGNERS : LE CORBUSIER (1887-1965), PIERRE JEANNERET (1896-1967), CHARLOTTE PERRIAND (NÉE EN 1903)

MATÉRIAUX : CHROME ET ACIER PEINT, REVÊTEMENT EN CUIR ET TISSU

FABRICANT : THONET FRÈRES, PARIS, FRANCE

À partir du milieu des années 20, certains des architectes européens parmi les plus talentueux, dont Marcel Breuer et Ludwig Mies van der Rohe, ont dessiné des chaises en tubes d'acier et en cuir qui font partie des meubles classiques du XXe siècle.

Le meuble moderniste vraisemblablement le plus remarquable et le plus courant jusqu'à maintenant reste la chaise longue conçue en 1928 par un designer français peu connu, Charlotte Perriand, que l'on voit allongée sur sa création, photographiée par Pierre Jeanneret. Lorsque Perriand, munie de son portfolio, s'adressa à Le Corbusier, l'architecte renommé lui répondit : « Nous ne cousons pas de coussins ici ! » Son désir de se faire une place dans le monde masculin de l'architecture fut enfin récompensé lorsque Le Corbusier lui demanda de créer des meubles pour les villas qu'il construisait.

Le Corbusier avait une approche holistique de l'architecture, dans laquelle l'ameublement était intégré dans la structure du bâtiment. Le Corbusier appelait les installations domestiques « équipement d'habitation ».

Les designs de Perriand, portant sa signature, celle de Le Corbusier et de son cousin Pierre Jeanneret, figurent parmi les expressions les plus pures de l'esthétique moderniste, dominées par une quête de simplicité et de fonctionnalité. Les pieds de la chaise imitent le profil d'une aile d'aéroplane et font de ce meuble une icône de l'« âge de la machine ».

Les designs de Perriand ont d'abord été fabriqués par Thonet et ensuite par l'entreprise suisse Embru. La chaise longue continue à être fabriquée aujourd'hui par Cassina après avoir subi quelques modifications.

Chaise Barcelona

1929

DESIGNER : LUDWIG MIES VAN DER ROHE (1886-1969)

MATÉRIAUX : ACIER CHROMÉ ET REVÊTEMENT EN CUIR

FABRICANT : BAMBERG METALLWERKSTATTEN, BERLIN, ALLEMAGNE, PUIS KNOLL ASSOCIATES, NEW YORK, ÉTATS-UNIS

Tom Wolfe, dans sa critique du Modernisme, *From Bauhaus to Our House*, décrit comment la chaise Barcelona de Mies van der Rohe est devenue une icône des nouvelles valeurs et aspirations pour l'Amérique de l'après-guerre : « Lorsque vous voyez cet objet sacré sur une carpette en sisal, vous saviez que vous étiez dans un foyer où un architecte débutant et sa jeune épouse avaient tout sacrifié pour amener le symbole de la mission pieuse dans leur maison. »

À l'origine, la chaise Barcelona fut créée pour le Pavillon allemand de l'Exposition Internationale de Barcelone de 1929. Le Pavillon allemand était le seul bâtiment moderniste de l'Exposition et il fit sensation. À l'intérieur de l'austère structure, Mies exposait sa célèbre chaise comme trône pour les souverains espagnols et, bien qu'elle ait été dessinée selon l'esthétique moderniste, le cadre en X évoque les sièges médiévaux des dirigeants.

Cette chaise, fabriquée en Amérique à partir de 1948, a fini par exprimer la modernité, le bon goût et la grande qualité. Elle symbolisait les valeurs des compagnies puissantes pour tous ceux qui l'achetaient. Mies a essayé de repenser le mobilier et de s'éloigner radicalement de l'approche artisanale traditionnelle dominante. Son architecture et son mobilier évoquent tous deux la machine. Ses créations suggèrent l'industrie et l'ingénierie ainsi que l'*Amerikanismus*, le monde d'Henry Ford, des gratte-ciel et des nouveaux commencements. On peut dire, avec ironie, que la chaise Barcelona est le résultat de techniques artisanales soignées utilisant des matériaux traditionnels.

Fauteuil, Modèle Petit Confort

1928

DESIGNERS : LE CORBUSIER (1887-1965), PIERRE JEANNERET (1896-1967), CHARLOTTE PERRIAND (NÉE EN 1903)

MATÉRIAUX : ACIER CHROMÉ ET REVÊTEMENT EN CUIR

Le mobilier de Le Corbusier, ou « équipement », doit se comprendre comme un prolongement de ses objectifs architecturaux de cette période. Lorsque Le Corbusier comprit que ses clients ne pouvaient pas acheter de meubles adaptés à l'espace fluide de ses maisons, il développa une gamme de meubles, des machines à s'asseoir, pour qu'elles coexistent avec les machines à habiter. Trouvant leur place dans des maisons comme la Maison Cook (1927), la Villa Church (1927-29) et la Villa Savoye (1929), ces meubles sont devenus des sculptures discrètes, articulant l'espace fluide de l'intérieur et faisant de la maison une entité totalement pensée.

Le mobilier n'est pas le travail de Le Corbusier seul. Il travaillait en collaboration avec un jeune designer de meubles, Charlotte Perriand, qui avait expérimenté les tubes en acier comme matériau, ainsi qu'avec son cousin et associé Pierre Jeanneret. C'est à ces trois personnes que le mobilier doit être attribué, et certains à Perriand seule, un fait qui n'a été reconnu que récemment.

Le fauteuil « Confort » fut réalisé en petit et grand modèles. Les prototypes avaient des pieds arrière à ressorts et des coussins rembourrés de plumes. Il est maintenant fabriqué sous une forme modifiée par la société milanaise Cassina.

En 1925, Eileen Gray et Jean Badovici ont conçu une maison, la Villa E.1027, près de Saint-Tropez, équipée d'un mobilier élaboré dans leurs ateliers parisiens. Gray a exploité de nouveaux matériaux, tels que les tubes en acier utilisés pour la table représentée ici. Il s'agissait au départ d'une table de chevet dont le pied circulaire se glissait sous le lit, et dont on pouvait modifier la hauteur du plateau. Puis, elle a été utilisée comme table d'appoint dans la salle de séjour.

La table E.1027 se rapproche des expériences de chaise « cantilever » des années 20 par la manière dont elle actualise le concept de table sans pieds conventionnels, grâce aux possibilités aérodynamiques des tubes d'acier. Gray resta toutefois à l'écart des préoccupations « machinistes » de nombre de ses contemporains de l'avant-garde européenne. Sa force agissante résidait moins dans les techniques industrielles que dans sa quête de la perfection visuelle. La fabrication de cette table a été reprise dès la fin des années 70.

E.1027, desserte

1927

DESIGNER : EILEEN GRAY (1879-1976)

MATÉRIAUX : TUBES EN ACIER ET VERRE ACRYLIQUE

FABRICANT : ATELIER EILEEN GRAY-GALERIE JEAN DESERT, PARIS, FRANCE

MOBILIER 117

Tabouret empilable, pieds en « L »

1932-1933

DESIGNER : ALVAR AALTO (1898-1976)

MATÉRIAU : CONTRE-PLAQUÉ

FABRICANT : ARTEK, HELSINKI, FINLANDE

Le grand exploit d'Aalto fut de produire des designs à la fois en avance sur leur temps et intemporels. Créé pour ses bâtiments, son mobilier est conçu selon les mêmes critères que les édifices, et tous relèvent d'une esthétique identique.

Ses créations en contre-plaqué sont d'une telle beauté qu'elles cessent d'être de simples meubles ; elles sont appréciées et réunies dans un intérieur moderne telles des sculptures. Ses tabourets de cuisine en contre-plaqué ont ainsi servi de sièges pour la discothèque Hacienda de Manchester, œuvre de l'architecte d'intérieur Ben Kelly, et dans les cuisines, restaurants et maisons du monde entier. Les créations d'Aalto trouvent leur place dans l'intérieur privé moderne et inspirent d'innombrables imitations distribuées par des magasins comme Ikea.

Son choix de matériaux naturels (bois) et son utilisation simple des courbes, marquent son intérêt pour les formes organiques et le besoin d'une esthétique humaine faite pour les hommes.

En 1925, il épousa l'architecte Aino Marsio, sa collaboratrice. Elle dirigea la société Artek Wooden Furniture, qui commercialisait les créations d'Aalto, dont le succès fut presque immédiat dans le monde entier.

Chaise Fourmi

1955

DESIGNER : Arne Jacobsen (1902-1971)

MATÉRIAUX : CONTRE-PLAQUÉ MOULÉ ET ACIER CHROMÉ

FABRICANT : Fritz Hansen, Danemark

La réussite d'Arne Jacobsen en tant qu'architecte fut de mêler les traditions de son Danemark natal et celles du modernisme dominant. À l'instar de bien des architectes scandinaves de sa génération, Jacobsen s'est occupé de design d'intérieur, en créant des équipements assortis. La plupart de ses designs pour l'argenterie, les textiles et le mobilier étaient liés à un endroit particulier, mais ils attirèrent immédiatement un public plus large.

En 1952, il imagina La Fourmi, une chaise légère, empilable, dont le siège et le dossier sont moulés dans une seule pièce de contre-plaqué et dont la structure est en tubes d'acier. Cette chaise était destinée à l'usine de meubles de Fritz Hansen, spécialiste du contre-plaqué courbé à la vapeur. La Fourmi constitue la contribution de Jacobsen au langage du mobilier moderne fabriqué industriellement. Elle a inspiré de nombreux autres sièges similaires entre 1952 et 1968. Ces chaises constituèrent un tournant dans la carrière de Jacobsen, l'élevant du rang de designer danois renommé à celui de figure internationale.

La chaise Fourmi 3107, fabriquée sous l'appellation Série 7, a été conçue pour la mairie de Rodovre en guise de chaise empilable. Elle est fabriquée dans des modèles et des coloris variés et reste la chaise la plus vendue au Danemark. Grâce à leurs nouveaux matériaux et à leur forme organique, ces chaises sont des objets originaux, nouveaux, sensuels, voire sexy. Ce n'est pas une coïncidence si la photographie de Christine Keeler nue posant sur une fausse chaise Fourmi est devenue une icône légendaire des *Swinging Sixties*.

MOBILIER

Chaise Landi

1938

DESIGNER : HANS CORAY
(NÉ EN 1906)

MATÉRIAUX : ALLIAGE D'ALUMINIUM ET DE CAOUTCHOUC

FABRICANT : BLATTMANN METALLWARENFABRIK, SUISSE

La chaise Landi, créée pour l'Exposition Nationale Suisse de 1939, est devenue la chaise d'extérieur ayant eu le plus grand succès au XXe siècle. Même si l'aluminium était extrêmement coûteux pour être utilisé dans le mobilier, c'était un matériau massivement exporté par la Suisse et son utilisation semblait ainsi tout indiquée pour une exposition visant à accroître le prestige national. À l'époque, la Landi, faite en alliages d'aluminium façonnés en usine, était un tour de force technologique. Les accoudoirs et les pieds étaient fabriqués séparément et recouverts d'une laque claire. Cette esthétique n'attendait plus que les expériences d'après-guerre, menées sur le contre-plaqué au cours de l'ère Eames. Solide, confortable, inoxydable et imperméable, la Landi a remporté un succès immédiat et, bien que conçue pour l'extérieur, elle a rapidement trouvé sa place dans les maisons, les restaurants et les cafés.

Chaise de table, Modèle 3a

1943

DESIGNERS : UTILITY DESIGN TEAM

MATÉRIAUX : CHÊNE ET REVÊTEMENT DU SIÈGE EN CUIR

FABRICANT : UTILITY SCHEME, LONDRES, ANGLETERRE

L'Utility Scheme, fascinante expérience britannique de design, naquit des circonstances tragiques de la guerre. En 1940, après le massacre civil et les dégâts catastrophiques causés par les bombardements aériens, le Premier ministre, Winston Churchill, décida que le moral des civils devait être préservé par une disponibilité limitée de biens de consommation. Le gouvernement fonda l'Utility Scheme. Les instructions étaient simples : tous les meubles, vêtements et autres produits, comme les céramiques, devaient être conçus, créés et commercialisés selon les besoins.

Ce programme engagea un petit groupe de designers, dont beaucoup avaient participé aux expériences britanniques menées dans le cadre du nouveau modernisme Européen. Parmi eux se trouvait Gordon Russell, dont l'usine avait été à l'avant-garde du mobilier moderne dans les années 30. Mais les productions de ces créateurs alliaient la rationalité britannique du mouvement Arts and Crafts et les exigences utilitaires engendrées par la guerre. Ce n'est pas le fruit du hasard si l'une des gammes fut appelée Costwold, qui était le nom d'un centre d'expériences du mouvement Arts and Crafts du siècle dernier. L'introduction de cette chaise fut caractéristique de ces créations. Elle s'inspire d'une œuvre antérieure de designers Arts and Crafts britanniques, mais a été construite selon des méthodes simplifiées, et le siège est recouvert de cuir synthétique.

MOBILIER 121

Chaise Superleggera

1955

DESIGNER : GIO PONTI (1891-1979)

MATÉRIAUX : FRÊNE TEINT ET ROTIN

FABRICANT : CASSINA, MEDA, ITALIE

Gio Ponti fut véritablement un homme de la Renaissance. Il n'était pas seulement enseignant et écrivain, mais aussi peintre et concepteur d'objets, de luminaires et de meubles. Parmi la foule de créateurs italiens talentueux, Ponti reste un personnage unique et remarquable car son architecture intégrait la céramique, le mobilier, les décors de théâtre, la planification urbaine et l'art graphique.

Pendant les années 30, il a travaillé avec Cassina, un des fabricants de meubles les plus respectés d'Italie, et cette collaboration s'est poursuivie durant l'après-guerre. Cassina voulait une chaise légère et souple, adaptée aux appartements plus petits des années 50, où l'espace était précieux. C'est ainsi qu'en 1955, Ponti a créé un modèle original, la chaise Superleggera. Il a puisé son inspiration dans la tradition des chaises en bois légères utilisées par les pêcheurs locaux qu'il avait vues étant enfant. Il avait travaillé sur des modèles issus de cet objet vernaculaire dès 1947. Le résultat final, pour la Superleggera, est une chaise classique mais moderne, extrêmement populaire auprès des consommateurs italiens. En 1957, elle a gagné le prestigieux prix Compasso d'Oro. La tour Pirelli de Milan (1956), où le béton est couvert d'un toit à corbeaux dont la forme évoque celle d'un chapeau de cardinal, est empreinte de la « patte » de Ponti – un mariage équilibré de tradition et de modernité.

Il n'est pas surprenant que cette table sobre et simple ait été conçue par un architecte de jardin, également sculpteur, qui a travaillé dans les années 20 comme assistant d'Alexander Calder. Cette table est devenue la création la plus connue d'Isamu Noguchi. Elle fut plébiscitée dans de nombreux pays pour son esthétique minimaliste adaptée à la culture des années 50. Elle est conçue à partir de deux éléments identiques pour la base, dont l'un est inversé et collé à l'autre. Cette même qualité de minimalisme posa de nombreux problèmes à Noguchi, dont les créations furent constamment imitées. En réalité, c'est une imitation d'un meuble antérieur qui a incité Noguchi à produire cette table. Aussitôt après sa création, elle s'est beaucoup vendue, notamment grâce à Herman Miller qui promouvait cette table comme meuble démontable.

Table basse IN-50

1945

DESIGNER : ISAMU NOGUCHI (1904-1988)

MATÉRIAUX : BOULEAU TRAITÉ COMME L'ÉBÈNE ET VERRE

FABRICANT : HERMAN MILLER FURNITURE COMPANY, MICHIGAN, ÉTATS-UNIS

MOBILIER 123

Chaise longue P40

1954
DESIGNER : ORSALDO BORSANI (1911-1985)
MATÉRIAUX : MÉTAL ET REVÊTEMENT EN TISSU
FABRICANT : TECNO, MILAN, ITALIE

Ce fauteuil, dont l'esthétique ressortit à l'ingénierie, compte parmi les designs les plus saisissants de la décennie. Avec ses accoudoirs flexibles, son siège et son dossier réglables, il ressemble à un siège d'avion. Ce fauteuil a subi l'influence des techniques utilisées dans l'industrie automobile : le caoutchouc mousse, nouveau matériau de Pirelli, est utilisé pour rembourrer le siège, le repose-pieds est escamotable et le fauteuil peut adopter 486 positions différentes. Tecno, le fabricant, fut d'abord l'Atelier Varedo, dirigé par Gaetano Borsani, un créateur progressiste des années 20, lauréat de la médaille d'argent à la Triennale de Monza de 1927. Borsani a ouvert son premier magasin sur la prestigieuse Via Montenapoleone de Milan après la guerre. Il a ensuite fondé Tecno, dirigé par ses deux fils, le créateur Orsaldo et le directeur financier Fulgenzio. Tecno se consacrait essentiellement à la création et à la production de mobilier pour les bureaux et les usines, notamment Olivetti.

Eames Storage Unit 421-C

1949-1950

DESIGNER : CHARLES EAMES (1907-1978) ET RAY EAMES (1916-1988)

MATÉRIAUX : CONTRE-PLAQUÉ, ACIER VERNI, FIBRE DE VERRE, AGGLOMÉRÉ ET CAOUTCHOUC

FABRICANT : HERMAN MILLER FURNITURE COMPANY, MICHIGAN, ÉTATS-UNIS

En 1941, Charles Eames épousa Ray Kaiser, et tous deux devinrent les designers de meubles les plus importants d'Amérique. Leur travail a dominé le design d'après-guerre non seulement dans leur pays, mais aussi à l'échelle internationale, et leurs expériences conduites à partir de nouveaux matériaux, en particulier le contre-plaqué et le plastique, ont engendré une esthétique qui finit par symboliser l'esprit des années 50. L'Eames Storage Unit (ESU), est étroitement lié à la maison qu'Eames avait construite pour eux en Californie (voir p. 60), à partir d'éléments préfabriqués dont l'armature est en acier, et d'éléments de remplissage peints avec des couleurs vives. Ces éléments se situent dans la tradition moderniste de recours aux techniques industrielles courantes pour l'élaboration de mobilier domestique. L'utilisateur peut assembler, presque à l'infini, en fonction de ses besoins et de ses goûts personnels, les différentes parties préfabriquées. Dans son catalogue, le fabricant Herman Miller illustrait les nombreuses options que la gamme permettait, mais cette première réalisation expérimentale était difficile à commercialiser. Monter soi-même ces éléments était délicat, et nécessitait une installation spécialisée. Les consommateurs des années 50 ne furent guère attirés par le concept « à faire soi-même ». Bien que la création d'Eames ait inspiré de nombreuses copies par la suite, l'ESU n'a pas remporté le succès commercial escompté et a été abandonné.

Cependant, on peut dire que Charles et Ray Eames ont eu de la chance, car ils travaillaient comme créateurs pour Herman Miller, société d'ameublement la plus prestigieuse d'Amérique, ce qui signifiait que leurs créations étaient soigneusement fabriquées et commercialisées. Elles figuraient à l'époque, et aujourd'hui encore, aussi bien dans les intérieurs riches que dans les livres et magazines.

Siège Diamant N°22

1952

DESIGNER : Harry Bertoia (1915-1978)

MATÉRIAUX : acier avec revêtement et caoutchouc

FABRICANT : Knoll Associates, New York, États-Unis

Bien des gens diront qu'il s'agit moins d'un fauteuil que d'une sculpture. Il fut créé pour être vu de tous les côtés et prolongeait les premières expériences de Bertoia dans le domaine de la quasi-transparence, de la sculpture en fil métallique. C'est certainement comme cela qu'il voyait son travail. Sculpteur de formation, il revint à cette activité pour le restant de ses jours peu après avoir créé ce fauteuil. Pour beaucoup, cependant, ce fauteuil de fil métallique a fini par représenter l'esthétique du design d'après-guerre : de nouveaux matériaux, une forme épurée et une promesse d'avenir.

À partir de la fin des années 30, lorsqu'il vint à la Cranbrook Academy, Bertoia se trouva au cœur des nouveaux développements américains du design. À Cranbrook, il rencontra son ami Charles Eames, avec qui il collabora pendant une courte période, et Florence Knoll. C'est elle qui, plus tard, lui proposa de créer le fauteuil de son choix, selon son propre style. Il fallut deux ans pour lancer la gamme « Diamant », élaborée à partir d'un grillage métallique formant des motifs « en diamant ». Ces carcasses de sièges, si particulières, semblent flotter dans l'espace. Cette gamme a toujours été chère, les soudures étant faites à la main. Bien que s'agissant des derniers meubles créés par Bertoia, ils restent des fauteuils classiques de l'après-guerre.

Table Arabesque

DATE : 1949

DESIGNER : CARLO MOLLINO (1905-1973)

MATÉRIAUX : CONTRE-PLAQUÉ D'ÉRABLE ET VERRE

FABRICANT : APELLI, VARESIO ET COMPAGNIE, TURIN, ITALIE

Né à Turin, centre de la nouvelle industrialisation où résident des entreprises comme Fiat, Carlo Mollino est une personnalité culte parmi les architectes et les designers. Son père, Eugenio, architecte et ingénieur, a suscité chez son fils une admiration pour tout ce qui est moderne. Il l'a initié à l'acrobatie aérienne et les formes de nombre de ses meubles aérodynamiques reproduisent la structure des ailes des premiers avions.

Mollino concevait son travail comme partie intégrante de son style de vie personnel, voué à la vitesse. Il participait à des courses automobiles internationales, à des compétitions aéronautiques et de ski alpin. Il faut aussi souligner son obsession pour l'érotisme et le corps féminin, dont il a tiré une partie de son inspiration formelle. L'érotisme est en effet un thème récurrent dans son œuvre. Ses archives contenaient des milliers de photographies de femmes nues posant dans des « chambres de célibataire », lieux spécialement conçus pour lesquels il créait le mobilier et les installations.

Il a créé la première table Arabesque en 1949 pour la Casa Orenga à Turin. La forme du plateau vitré est empruntée au dos d'une femme nue dessiné par l'artiste surréaliste Léonor Fini, tandis que le cadre perforé de la table a la même qualité organique que les reliefs du sculpteur Jean Arp.

Beaucoup de ses créations furent détruites, seuls subsistent des photographies et des meubles.

MOBILIER

Bureau Action

1964
DESIGNER : GEORGE NELSON (1907-1986)
MATÉRIAUX : ALUMINIUM, ACIER, BOIS, PLASTIQUE ET CUIR
FABRICANT : HERMAN MILLER FURNITURE COMPANY, MICHIGAN, ÉTATS-UNIS

Herman Miller était la société d'ameublement d'après-guerre la plus prestigieuse d'Amérique. Son ambitieux programme de création de meubles comprenait un service de recherche, fondé en 1960 afin d'introduire une nouvelle approche pour le design du mobilier de bureau. George Nelson, directeur de la société de 1946 à 1966, reçut l'instruction de concevoir un nouveau système d'éléments modulaires pouvant s'adapter tant aux différents besoins de l'homme qu'aux implications du travail. Le bureau Action se compose d'une chaise à roulettes, de différentes tables et d'étagères empilables ainsi que de toute une série d'accessoires. Le trait commun à tous ces éléments est un support d'aluminium permettant, par exemple, d'utiliser deux éléments pour obtenir une table de conférence plus grande. Dans les années 60, Nelson joua un rôle de pionnier en développant des systèmes bureautiques susceptibles de s'adapter aux nouveaux lieux de travail modulables des grandes sociétés ou des petites entreprises. Bien qu'il ait été lancé plus tard sous une forme simplifiée, le bureau Action a instauré une nouvelle norme pour le design du mobilier de bureau et ce système s'est révélé extrêmement populaire.

Fauteuil Blow

1967

DESIGNERS : JONATHAN DE PAS (NÉ EN 1932-1991), DONATO D'URBINO (NÉ EN 1935), PAOLO LOMAZZI (NÉ EN 1936), ET CARLO SCOLARI (NÉ VERS 1930)

MATÉRIAU : PLASTIQUE PVC TRANSPARENT

FABRICANT : ZANOTTA, NOVA MILANESE, ITALIE

Des objets gonflables avaient déjà été expérimentés comme par exemple des barges de secours pour les avions. Mais Blow était le premier meuble gonflable rendu populaire et accessible grâce à la nouvelle technologie plastique recourant au soudage par fréquence radio pour sceller les coutures du fauteuil. C'est le fruit d'une collaboration entre quatre architectes, qui créaient leur premier meuble. La publicité qu'il reçut contribua pour une bonne part à donner à Zanotta la réputation d'une entreprise aux idées novatrices et surprenantes.

L'esthétique pop conduisait à chercher un mobilier bon marché, spirituel, amusant et jetable. Les meubles gonflables étaient l'aboutissement évident de cette quête. Le fauteuil s'achetait sous la forme d'un paquet plat et se gonflait à domicile ; lors des déménagements, il suffisait de le dégonfler et de le replier.

Visuellement, la ligne rappelle les fauteuils modernistes des années 30, notamment ceux d'Eileen Gray. Elle correspond également aux expériences gonflables du Pop art de Claes Oldenburg. Le fauteuil Blow est devenu une des icônes de la décennie ; on le voit dans les films de l'époque et dans d'innombrables magazines, exprimant ainsi le nouvel esprit du temps.

Le fauteuil Blow était un meuble peu pratique. Il s'abîmait facilement et était donc vendu avec une trousse de réparation. Cependant, il était relativement bon marché, et sa durée de vie était brève : lorsqu'il était impossible de le réparer, il fallait simplement le remplacer.

Bien que repris dans les années 80 par Zanotta comme classique du design, le mobilier gonflable en plastique demeure confiné au monde des loisirs aquatiques, à la plage ou à la piscine.

Chaise 4867

1965
DESIGNER : CESARE « JOE » COLUMBO (1930-1971)
MATÉRIAU : PLASTIQUE
FABRICANT : KARTELL, MILAN, ITALIE

Joe Columbo est devenu un créateur italien légendaire, vraisemblablement le plus original et le plus inventif de sa génération. Sa mort prématurée a contribué à l'établissement de sa légende. Sa créativité était incroyablement universelle et résultait peut-être de sa double formation de peintre et d'architecte à Milan. La chaise 4867 a été la première expérience que Columbo fit de la nouvelle technologie : il s'agissait de la première chaise fabriquée en plastique ABS, moulée par extrusion en une seule pièce, bien qu'un trou dans le dossier ait été nécessaire pour retirer la chaise du moule.

Kartell fut fondé en 1949 par Giulio Castelli pour produire des objets ménagers utilisant les matières plastiques nouvellement brevetées. Le père de Castelli s'était impliqué dans l'industrie italienne naissante des plastiques et Kartell mit à profit cette expérience pour créer des objets fonctionnels, comme des égouttoirs et des seaux de cuisine, mais en faisant appel à des designers de premier plan afin de soigner l'esthétique. La chaise 4867 est la réponse que Joe Columbo apporta aux possibilités d'un nouveau matériau pouvant être courbé dans les trois dimensions, donnant ainsi au designer la liberté de créer des formes nouvelles et originales.

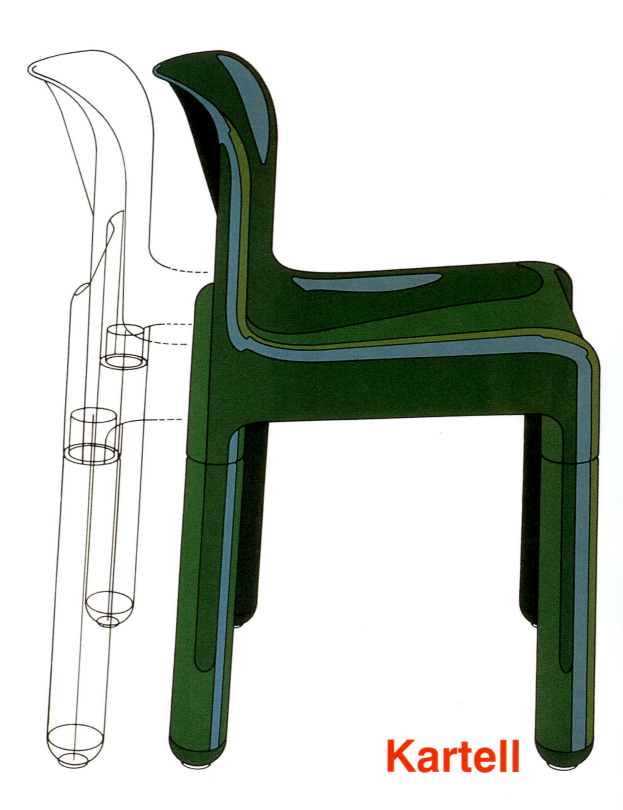

Fauteuil AEO

1973

DESIGNER : PAOLO DEGANELLO
(NÉ EN 1940)

MATÉRIAUX : MÉTAL PEINT, REVÊTEMENT EN TISSU ET ACIER

FABRICANT : CASSINA, MEDA, ITALIE

En 1972, le Musée d'Art moderne de New York organisa une exposition intitulée « Italie : Le nouveau paysage domestique ». S'il y avait jamais eu le moindre doute, cette exposition a définitivement établi le design italien comme étant le plus novateur et le plus créatif. Au cours des années 60, le design italien avait la réputation de produire des œuvres radicales, à la pointe de l'innovation. De nombreux jeunes créateurs se sont regroupés. Archizoom Associati est l'un des plus connus. Ces groupes étaient moins des cabinets de design conventionnels que des cellules de réflexion, élaborant des prototypes, des objets et des événements artistiques. Faisant preuve du fameux pragmatisme italien, les grandes entreprises, loin de bouder ces initiatives, ont souvent travaillé en collaboration avec de jeunes designers.

Ce fauteuil expérimental, conçu pour Archizoom Associati, illustre cette collaboration, dont les recherches portaient sur la structure et sur la forme. Daganello a divisé le fauteuil en éléments distincts : une base organique en plastique, dans laquelle se loge l'armature métallique, couverte de tissu extensible supportant un coussin doux. Le dossier est une toile lâche qui glisse sur l'armature. AEO signifie alpha et oméga, les première et dernière lettres de l'alphabet grec. Ce fauteuil devait être vendu sous la forme d'un paquet tout plat.

Chaise Cab

| 1976 |
| DESIGNER : MARIO BELLINI (NÉ EN 1935) |
| MATÉRIAUX : ACIER ÉMAILLÉ, REVÊTEMENT EN CUIR |
| FABRICANT : CASSINA, MEDA, ITALIE |

Mario Bellini, aux côtés de Sottsass, de Branzi et de Magistretti, est l'un des designers italiens d'après-guerre les plus importants. Bellini jouit non seulement d'une réputation prestigieuse pour la qualité de son mobilier, mais aussi de ses écrits. De 1986 à 1991, Bellini a été directeur du magazine *Domus*, publication de design probablement la plus célèbre. En 1987, son statut de personnalité internationale s'est confirmé lorsque le Musée d'Art moderne de New York lui décerna la rare distinction de « one man show ».

L'expérience du travail pour Olivetti a influencé le design d'une des chaises les mieux vendues de Cassina, la Cab. Un revêtement en cuir souple recouvre une simple armature en métal à la manière d'une housse de machine à écrire.

La carrière de Bellini embrasse l'architecture et le design d'objets divers, illustrant ainsi la tradition italienne selon laquelle les designers ont d'abord une formation en architecture. Cette relation sans faille entre les deux professions s'exprime dans les paroles de Bellini : « Pour être un bon créateur de mobilier, il faut être architecte. Toute chose expressive est créée par des architectes expressifs. »

En 1981, Ettore Sottsass, un des designers italiens les plus célèbres, a fondé un nouveau groupe à Milan, appelé Memphis, en référence à la ville natale d'Elvis Presley, et à la capitale sacrée des pharaons égyptiens. Memphis a eu un succès immédiat. Afin de contrer la tendance dominante de la fin des années 70, qui était au « classique » et au « bon goût », le groupe a créé quelque chose de surprenant, frais et nouveau. Leur mobilier utilise une nouvelle palette de couleurs, vives et brillantes, et de matériaux, mêlant le plastique stratifié et le placage de bois précieux. Ces objets évoquent l'aspect ludique des jouets d'enfant et font référence au passé, en retravaillant les données des années 50. Memphis remet en cause les postulats les plus courants : pourquoi les planches d'une bibliothèque doivent-elles être horizontales et les pieds d'une chaise identiques ?

Sottsass a noté qu'une grande part de son inspiration lui venait d'avoir regardé les filles sur Kings Road, à Londres, et de sa fascination pour les structures des cultures antiques. Le buffet Carlton, très célèbre, allie l'intérêt de Sottsass pour l'art indien et aztèque, la culture populaire des années 50 et ses racines dans la Pop des années 60.

Buffet Carlton

1981
DESIGNER : ETTORE SOTTSASS (NÉ EN 1917)
MATÉRIAUX : BOIS ET PLASTIQUE
FABRICANT : MEMPHIS, MILAN, ITALIE

MOBILIER 133

Table Nomos

1986

DESIGNER : FOSTER & PARTNERS, LONDRES, ANGLETERRE

MATÉRIAUX : VERRE ET ACIER CHROMÉ

FABRICANT : TECNO, MILAN, ITALIE

Cette table, conçue par Foster & Partners pour la société d'ameublement italienne Tecno, utilise les composantes high-tech de l'ingénierie de construction. Le bureau de sir Norman Foster est réputé pour ses structures techniques audacieuses, et Nomos a été d'abord la table de travail de Foster lui-même, et a aussi été utilisée à l'usine Renault de Swindon, en Angleterre. L'idée de base est simple : il s'agit d'une surface reposant sur une armature métallique avec une épine dorsale centrale, deux supports latéraux et quatre pieds tubulaires inclinés. L'effet produit évoque la colonne vertébrale et les côtes du corps humain. Il s'agit d'un inventaire d'éléments de précision pouvant se combiner afin de créer des environnements complets destinés à des groupes de taille variable, système autonome au point de fournir un rétro-éclairage encastré. Utilisant diverses configurations pour les pieds, la hauteur de la table peut être réglée, et l'ensemble peut se développer à l'horizontale ainsi qu'à la verticale ; le plateau peut aussi être élaboré en différentes matières, allant du verre au bois, en passant par le marbre, le métal et le plastique.

Nomos est conçue pour pouvoir s'adapter aux changements rapides de l'informatique : elle comporte en effet un conduit encastré semblable à une vertèbre pour guider les câblages venant des terminaux, libérant ainsi le sol sous le meuble. Bien que la gamme soit conçue comme un système bureautique de haute performance, de nombreuses personnes ont aimé son esthétique au point de l'utiliser chez elles comme table familiale.

En tant que femme designer, Gae Aulenti fait un peu figure de phénomène exceptionnel. Après avoir suivi ses études d'architecture à Milan, elle produisit une forte impression en tant que designer d'exposition, mais elle travailla aussi sur d'autres projets. Elle collabora notamment avec Richard Sapper en 1972 pour élaborer de nouveaux systèmes de transports en commun, propositions présentées à la XVIe Triennale de Milan en 1979. Travaillant depuis les années 50, elle jouit d'une réputation tranquille, on admire beaucoup ses créations et le mobilier qu'elle a réalisé sur commande pour les intérieurs et les salles d'exposition de Knoll, Fiat, Olivetti et Pirelli. Elle a ensuite été choisie pour transformer en musée la gare d'Orsay, à Paris. Le brillant succès de ce projet l'a placée sous le feu des projecteurs du design international. L'œuvre de Gae Aulenti révèle une sensibilité complexe, voulant rationaliser les objets contemporains, tout en leur laissant un côté accessible et humain. Cette table basse, à base de composantes industrielles, est l'une de ses réalisations les plus célèbres. Les roulettes forment la base de la surface vitrée, plus conventionnelle, de la table.

Table à roulettes

1980

DESIGNER : GAE AULENTI (NÉE EN 1927)

MATÉRIAUX : VERRE, MÉTAL ET CAOUTCHOUC

FABRICANT : FONTANE ARTE, MILAN, ITALIE

Chaise en S

1987

**DESIGNER : TOM DIXON
(NÉ EN 1959)**

MATÉRIAUX : MÉTAL ET OSIER

Dans les années 80, Tom Dixon faisait partie d'un groupe de jeunes designers britanniques qui, puisant leur inspiration dans l'esthétique du « fais-le toi-même » de la culture punk, ont commencé à travailler avec des matériaux recyclés et du métal soudé. Ces créations passaient outre les frontières de la sculpture, du design et de l'artisanat, et sont appelées « récupération créative », nom que Dixon a donné à sa première société de design.

Designer essentiellement autodidacte, Dixon aurait pu se contenter d'appartenir à une tendance stylistique intéressante, puisque marginale. Cependant, à la fin des années 80, il est passé de la pièce de mobilier unique à des créations plus commerciales comme en témoigne la Chaise en S. Tout en étant une version plus accessible de ses premiers travaux, elle reflète les conceptions particulières de Dixon.

Il a dessiné la courbe organique caractéristique de cette chaise à partir d'un croquis de poulet et a œuvré sur plus de cinquante prototypes, élaborés dans différents matériaux (jonc, osier, vieux pneus, papier et cuivre), qu'il fabriquait dans son atelier SPACE. En 1987, la célèbre société d'ameublement italienne Capellini a acheté le modèle et l'a fabriqué en série ; depuis, de nombreux musées internationaux, dont le musée Victoria et Albert de Londres et le Musée Vitra en Allemagne, en ont fait l'acquisition. En 1994, il a ouvert le magasin SPACE pour vendre ses créations et proposer une salle d'exposition aux nouveaux talents. En 1996, il a lancé une nouvelle gamme de produits : Eurolounge.

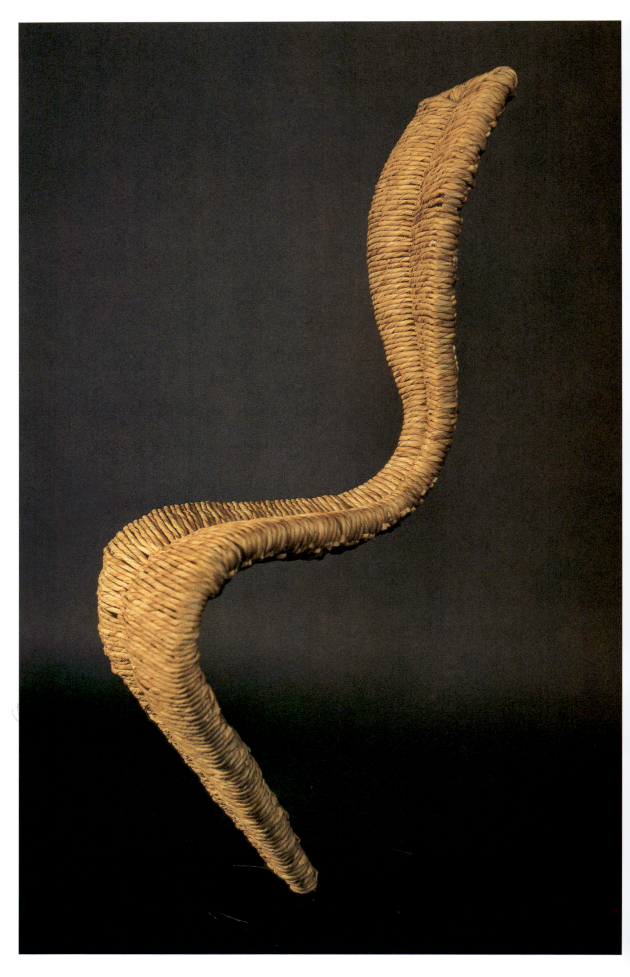

MOBILIER

D'origine israélienne, Ron Arad est arrivé à Londres en 1973, y a étudié à l'Architectural Association et, en 1981, a ouvert un magasin d'ameublement à Covent Garden. Appelée « One Off », sa salle d'exposition est devenue un élément important dans le monde du design britannique des années 80, et a établi Arad comme le designer-fabricant le plus créatif de Grande-Bretagne. Ses premiers travaux étaient élaborés à partir de matériaux industriels et de pièces recyclées, comme le célèbre fauteuil Rover, plaçant le siège de voiture dans une armature de tubes en acier. Sa salle d'exposition a attiré de nombreux autres designers avec lesquels il a collaboré ou dont il a vendu les œuvres, par exemple un meuble en verre de Danny Lane et un meuble métallique de Tom Dixon. Arad s'est donc trouvé au centre des développements nouveaux et surprenants à Londres.

Fabricant toujours inventif, Arad a beaucoup travaillé dans son atelier de transformation du métal, soudant de grands panneaux pour fabriquer des objets et des meubles. Ici, Arad a réduit le fauteuil traditionnel à de simples formes pliées défiant le concept conventionnel de confort. À la différence de ses contemporains des années 80, Arad a franchi le pas qui l'a conduit sur la scène internationale. Ses œuvres se trouvent dans de nombreux musées importants, dont le Centre Pompidou à Paris, et ses expositions annuelles à la Foire de l'ameublement de Milan attirent des appréciations très favorables. Des fabricants italiens de premier plan, dont Driade, Vitra et Poltronova, ont fait appel à lui pour dessiner des meubles à production limitée.

Siège Well Tempered

1986-1993

DESIGNER : RON ARAD (NÉ EN 1951)

MATÉRIAUX : TÔLE EN ACIER À HAUTE TENEUR ET VIS À PAPILLON

FABRICANT : VITRA AG, BÂLE, SUISSE

MOBILIER 137

Sofa

1988

DESIGNER : JASPER MORRISON
(NÉ EN 1959)

MATÉRIAUX : REVÊTEMENT EN LAINE ET ARMATURE EN BOIS

FABRICANT : SHERIDAN COAKLEY PRODUCTS, LONDRES, ANGLETERRE

Jasper Morrison est actuellement considéré comme appartenant à l'élite mondiale des jeunes designers de mobilier. Dans les années 80, son travail a marqué une direction nouvelle s'éloignant des complexités du Postmodernisme pour se rapprocher des formes sculpturales simples et classiques, bases d'un style plus froid et très personnel.

En 1982, Morrison obtient son diplôme à l'Université de Kingston avant de poursuivre au Royal College of Art de Londres. Il a ouvert son propre cabinet de design en 1987. Morrison a créé une série de meubles pour la société britannique Sheridan Coakley avant d'attirer rapidement l'attention de fabricants étrangers, comme Vitra et Capellini. Il a également travaillé pour le détaillant suédois Ikea.

La série de sofas créés par Morrison, utilisant des revêtements extensibles aux couleurs vives, habituellement dans les tons orange et violets, correspondait parfaitement au goût pour les intérieurs sobres et simples de la fin des années 80 et du début des années 90. En outre, Morrison a appliqué la même esthétique à d'autres objets, dont les poignées de porte sculpturales pour la société allemande Franz Schedier GmbH et un casier à bouteilles tout simple, fabriqué dans un plastique de couleur vive.

Frank Gehry est un des architectes individualistes américains, au rang desquels on compte Frank Lloyd Wright. Son autre caractéristique est d'utiliser des matériaux appartenant à l'univers quotidien dans des contextes nettement moins quotidiens, une approche qui inspire sa création de mobilier. Une fois encore, l'influence de l'esthétique pop est importante ici. Pour Gehry, les meubles doivent comporter des éléments surprenants, défiant les habitudes. Le fauteuil Powerplay reflète ces idées et peut être interprété comme une reprise insolente de sa création antérieure, le Wiggle – une version en carton de la chaise Zig-Zag de Rietveld qui démythifiait une icône moderniste en utilisant un matériau bon marché et très ordinaire. Pour le fauteuil Powerplay, Gehry utilise le bois courbé.

Fauteuil Powerplay

1992

DESIGNER : FRANK GEHRY (NÉ EN 1929)

MATÉRIAUX : COLLE FORTE D'URÉA ET BANDES D'ÉRABLE LAMINÉES ET COURBÉES

FABRICANT : KNOLL ASSOCIATES, NEW YORK, ÉTATS-UNIS

Tabouret WW

1990

DESIGNER : PHILIPPE STARCK
(NÉ EN 1949)

MATÉRIAU : ALUMINIUM LAQUÉ

FABRICANT : VITRA AG,
BÂLE, SUISSE

Philippe Starck est maintenant l'un des plus célèbres designers contemporains. Son bureau a exécuté un certain nombre de commandes très importantes, notamment la décoration de l'appartement privé de l'ancien président français François Mitterrand au Palais de l'Élysée et du très en vogue Royalton Hotel à New York, devenu un lieu de rencontre majeur.

Cependant, au début des années 80, c'est un petit café parisien près du Centre Pompidou, le Café Costes, qui l'a amené sous les feux de la rampe. Starck avait conçu tous les équipements de ce café, dont un tabouret à trois pieds, qui a remporté un succès mondial et a fini par symboliser le style moderne dans les restaurants et les lieux de rendez-vous dans le monde entier.

Depuis, il a continué à créer de nombreux objets célèbres, dont le presse-citron Juicy Salif pour Alessi et le tabouret WW, qui fait partie d'une série de designs recourant aux formes anthropomorphes. Les lettres WW se réfèrent au réalisateur allemand Wim Wenders, pour qui il a conçu ce siège de bureau, définissant le siège comme une forme sculpturale, en pleine croissance, ressemblant aux racines d'une plante vivante.

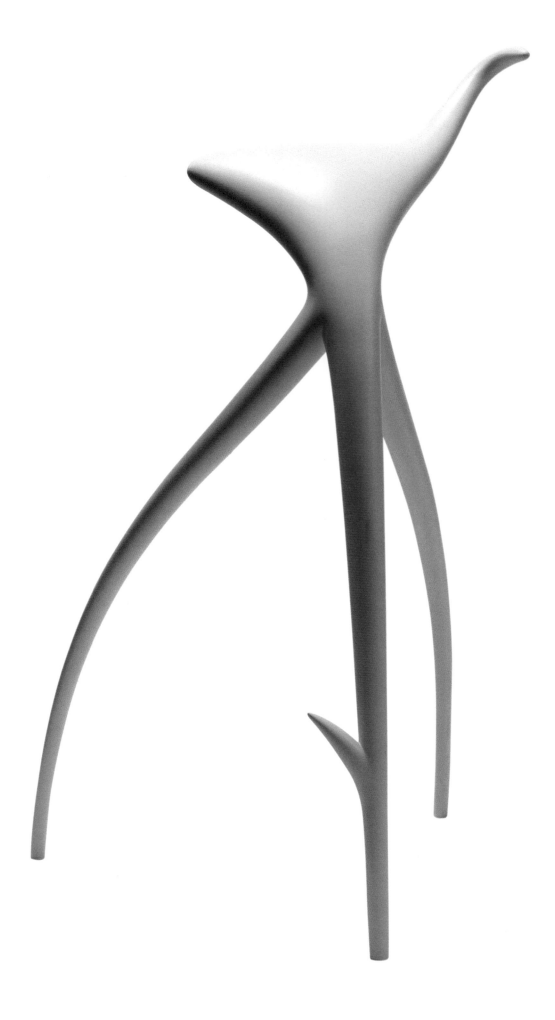

140 MOBILIER

Meuble à tiroir Sardine Collector's

1995
DESIGNER : MICHAEL MARRIOTT (NÉ EN 1963)
MATÉRIAUX : MDF, BOÎTES DE SARDINES, PAPILLONS
FABRICANT : SPACE UK, LONDRES, ANGLETERRE

En 1996, le Craft Council de Londres a organisé une exposition intitulée « Recyclage : Formes pour le Siècle Prochain ». L'exposition explorait l'intérêt nouveau suscité par la création alternative, la réutilisation de matériaux et la recherche d'un style futur qui tiendrait compte des problèmes environnementaux et prônerait une utilisation moins agressive des matières premières. Cette exposition mettait en lumière l'œuvre de Michael Marriott, diplômé de la section mobilier du Royal College of Art. Ses objets originaux et amusants ont beaucoup surpris. Son coffret est constitué d'une structure de panneaux fibreux de densité moyenne, et les tiroirs sont des boîtes de sardine usagées. Cette solution imaginative laisse entrevoir un retour à la tradition alternative des années 60 de Victor Papanek et du Whole Earth Catalogue.

Marriott a travaillé avec des matériaux trouvés. Pour lui, ils produisent de superbes effets et instaurent une certaine familiarité avec l'objet fini. On compte parmi ses créations une table élaborée à partir d'un ancien bidon à pétrole, de roulettes et d'un panneau de particules, et une applique fabriquée à partir d'un presse-citron en verre, de contre-plaqué et d'équerres.

MOBILIER 141

CHAPITRE 5
éclairage

LUSTRE

AVANT L'INVENTION DE L'ÉLECTRICITÉ, LE MONDE industrialisé utilisait des lampes à huile ou à gaz. Au XXe siècle, l'électricité, énergie instantanée et propre, a changé la face du monde et l'éclairage est entré dans l'univers du design.

Au XXe siècle, le design des luminaires est étroitement lié au développement de la technologie des ampoules. Les lampes au tungstène, que certains utilisent encore, sont pratiquement identiques à celles qu'Edison et Swan ont inventées en 1879 : un filament de tungstène sert de source lumineuse. Il est entouré d'un mélange de gaz ralentissant le processus d'oxydation, qui finira par entraîner la mort de l'ampoule. On trouve des ampoules au tungstène claires, en forme de bougies ou munies d'un réflecteur argenté. Elles sont bon marché, simples à utiliser, et leur autonomie est d'environ 1000 heures. Mais 6 % de leur énergie seulement produit de la lumière, le reste n'est que chaleur.

Vers 1880, lord Armstrong, à Cragside au nord de l'Angleterre, introduisit l'un des premiers systèmes électriques à usage domestique. En 1900, la lumière électrique avait déjà une telle ampleur que l'industrie des appareils d'éclairage commença à se développer un peu partout avec un objectif commun : atténuer la lumière émise tout en cachant l'ampoule. L'une des entreprises de production de lampes les plus connues est Tiffany. En 1905, elle employait déjà plus de 200 artisans pour produire des luminaires en verre coloré. Leurs abat-jour et leurs lampes sont considérés comme des éléments majeurs de l'Art Nouveau. William Arthur Smith Benson est un autre pionnier important, premier créateur moderne de luminaires. Dans son magasin de Londres et par catalogue, il vendait des luminaires qui n'étaient plus faits à la main mais produits industriellement.

Au début des années 20 et 30, le mouvement moderne apporta de nouvelles tendances aux luminaires, dont Peter Behrens, chez AEG, fut le précurseur. Les premières créations de Behrens rejettent le naturalisme de l'Art Nouveau : des formes simples produites en série et des matériaux industriels. Les designers du Bauhaus commencèrent à considérer les ampoules non plus comme de simples accessoires conducteurs de lumière, mais comme des objets ayant leur propre attrait esthétique.

Ils ne veulent plus cacher l'ampoule. Elle va au contraire guider le dessin du modèle. Ils produisent des luminaires tubulaires, organisés comme des sculptures dépouillées. Ils introduisent dans les foyers les progrès les plus novateurs, notamment par l'utilisation du verre dépoli pour les globes, l'intégration d'interrupteurs et l'utilisation d'aluminium pour les réflecteurs. À cette époque, ils se basaient sur le développement des luminaires dans les usines et les bureaux pour les adapter ensuite aux intérieurs domestiques. Les néons, que l'on trouve maintenant partout, font partie des développements techniques de l'après-guerre. Apparus en 1938, ils proviennent des résultats d'une recherche menée au XIXe

LAMPE DE TABLE TIZIO

siècle par le scientifique allemand Heinrich Gessler. Ils furent rapidement adoptés dans les magasins et les bureaux. Le principe de la fluorescence est complètement différent de celui de l'incandescence : il repose sur l'émission d'une décharge électrique. À l'extrémité de chaque tube, des électrodes émettent des électrons qui réagissent au contact d'une vapeur de mercure, créant ainsi une lumière ultraviolette. Cette dernière est transformée en lumière blanche par la couche de phosphore qui se trouve à l'intérieur du tube de verre. Les néons ont pour avantage d'être bon marché à l'achat, de consommer peu d'énergie, d'avoir un rendement élevé, de fournir des installations faciles à entretenir, et d'être disponibles en diverses tailles et formes. Toutefois, ils ont aussi leurs inconvénients : à cause des matières toxiques qu'ils renferment, ils nécessitent des précautions particulières. À l'origine, les ampoules halogènes au tungstène étaient utilisées dans les phares des voitures, puis dans les vitrines de magasins. Elles existaient en voltage secteur puis en faible voltage dès les années 80.

Les ampoules halogènes fonctionnent selon le même principe que les ampoules conventionnelles, mais elles contiennent un gaz qui permet de régénérer le tungstène. Le designer peut utiliser des ampoules plus petites qui

LAMPE DE TABLE BAY

lui permettent d'avoir une plus grande liberté dans ses créations. Mais ces ampoules sont délicates, sensibles, et leur faible durée de vie, due à la trop forte émission de chaleur, amoindrit leur efficacité énergétique.

Pendant les années 60 et 70, les fabricants de luminaires ont utilisédes nouvelles ampoules à réflecteur pour développer des systèmes à spot unique ou d'éclairage multiple. Le succès commercial fut immédiat, et ces systèmes ont dominé certains secteurs du marché jusque dans les années 80. Les années 90 connaissent de nouveaux développements avec l'avènement de l'halogène et des mini-fluorescentes. Ces deux technologies ont inspiré Ingo Maurer, et ont stimulé l'imagination du public ; elles induisent de nouvelles possibilités en matière de design. Les versions halogènes de faible voltage, de petite taille, sont populaires car elles dispensent un puissant éclairage directionnel, et leur faible voltage permet de les manipuler en toute sécurité. Elles sont faciles à contrôler et ont un bon rendement énergétique, mais elles nécessitent un transformateur qui doit être incorporé dans la lampe ou dans la prise. Les nouvelles tendances du marché voient apparaître une gamme d'ampoules à faible voltage, en réponse à la demande d'un nouveau public, plus sensible aux économies d'énergie.

COLONNE DE LUMIÈRE

LAMPE TREFORCHETTE

ÉCLAIRAGE 143

Lampe Tiffany

| ANNÉES **1910** |
| DESIGNER : LOUIS COMFORT TIFFANY (1848-1933) |
| MATÉRIAUX : VITRAIL, PLOMB ET BRONZE |
| FABRICANT : TIFFANY GLASS COMPANY, NEW YORK, ÉTATS-UNIS |

Fondé en 1837, Tiffany & Company était un magasin new-yorkais très en vogue, spécialisé dans l'argenterie. Ayant rapidement acquis une réputation internationale pour la qualité de ses produits, la société ouvrit des filiales à Londres et à Paris. En 1885, Louis Comfort Tiffany, le fils du fondateur, ouvrit sa propre firme, Tiffany Glass Company, à New York : un atelier qui connut un grand succès en commercialisant des vitraux et d'autres objets décoratifs pour la maison.

En 1900, Tiffany a déjà développé ce qui allait devenir l'un des produits les plus fameux de l'Art Nouveau : une gamme de lampes, d'abord à huile puis électriques. À l'origine, ces lampes ont été créées par souci d'économie, pour pouvoir réutiliser les chutes de verre coloré de l'atelier de vitrail. Le verre coloré produit une lumière à la fois chaude et brillante, et transforme les lampes Tiffany en objets d'art à part entière. Malgré leur prix élevé, elles devinrent rapidement populaires. De couleurs riches et chatoyantes, la décoration s'inspire des motifs typiques de l'Art Nouveau : formes naturalistes, insectes et fleurs, lignes galbées et abstraites du corps. La verrerie de chez Tiffany s'intégrait parfaitement dans l'architecture et le design d'intérieur du siècle naissant.

144 ÉCLAIRAGE

Plafonnier

ANNÉES 1890

DESIGNER : WILLIAM ARTHUR SMITH BENSON (1854-1924)

MATÉRIAUX : CUIVRE ET VERRE

FABRICANT : BENSON & COMPANY, LONDRES, ANGLETERRE

William Arthur Smith Benson fut indéniablement le premier designer de luminaires électriques modernes pour l'intérieur. Au début des années 1900, le célèbre critique Hermann Muthesius a publié *Das Englische Haus*, une étude sur le design anglais d'avant-garde, et a groupé, à la fin de son livre, des photos de luminaires créés par Benson. À partir de 1870, Benson fut au centre du mouvement Arts and Crafts anglais. Étudiant à Oxford, il rencontra des membres du cercle de William Morris, et notamment le peintre Burne-Jones. Benson réalisait des papiers peints, des meubles et des luminaires pour l'entreprise de William Morris puis, à la mort de ce dernier, en 1896, il entra à la direction de la société. Grâce à Morris, il eut l'idée d'ouvrir, à Hammersmith, un quartier de Londres, un atelier de transformation du métal. Plus tard, il fonda une grande usine à Chiswick où il créa également des meubles.

Benson innova, en matière de marketing, en éditant son propre catalogue et en ouvrant, dans Bond Street, un magasin, Benson & Co, pour commercialiser ses luminaires. C'était un inventeur né, brevetant ses idées et travaillant sur plusieurs produits comme le Thermos. En 1914, il devint membre fondateur de l'Association des Industries et du Design, créée pour instaurer de nouvelles normes stylistiques dans l'industrie britannique.

ÉCLAIRAGE 145

Lampe du Bauhaus

1923-1924

DESIGNER : Karl J. Jucker et Wilhelm Wagenfeld (1900-1990)

MATÉRIAUX : verre opalescent, cuivre et acier

FABRICANT : Atelier d'élaboration du métal du Bauhaus, Dessau, Allemagne

Cette lampe, issue de l'atelier de façonnage du métal du Bauhaus, dirigé alors par Laszlo Moholy-Nagy, est l'une des créations qui remporta le plus de succès. Elle a été dessinée par deux étudiants, Karl Jucker et Wilhelm Wagenfeld. Ce dernier est devenu l'un des designers industriels allemands les plus connus en créant des luminaires et de la verrerie domestique obéissant aux principes modernistes – appris au Bauhaus – concernant les formes et les matériaux. Quant à Jucker, on ne sait rien de sa carrière après 1925. Il ne reste de son travail que les dessins de luminaires qu'il a réalisés alors qu'il était encore étudiant, entre 1922 et 1925. Cependant, la lampe que tous deux créèrent en collaboration attira très vite l'attention. En 1924, elle fut exposée à la foire de Leipzig et présentée l'année suivante dans le livre des nouvelles réalisations de l'école. Cette lampe est incroyablement moderne et industrielle : l'abat-jour est inspiré de luminaires qu'on trouvait dans l'industrie, et le tube en acier permet de cacher les fils électriques. Ce n'est toutefois qu'une miniature des formes classiques de l'Art Nouveau. Réalisée à la main, elle n'a jamais eu la disponibilité d'un produit de série pour la maison, moderne et bon marché.

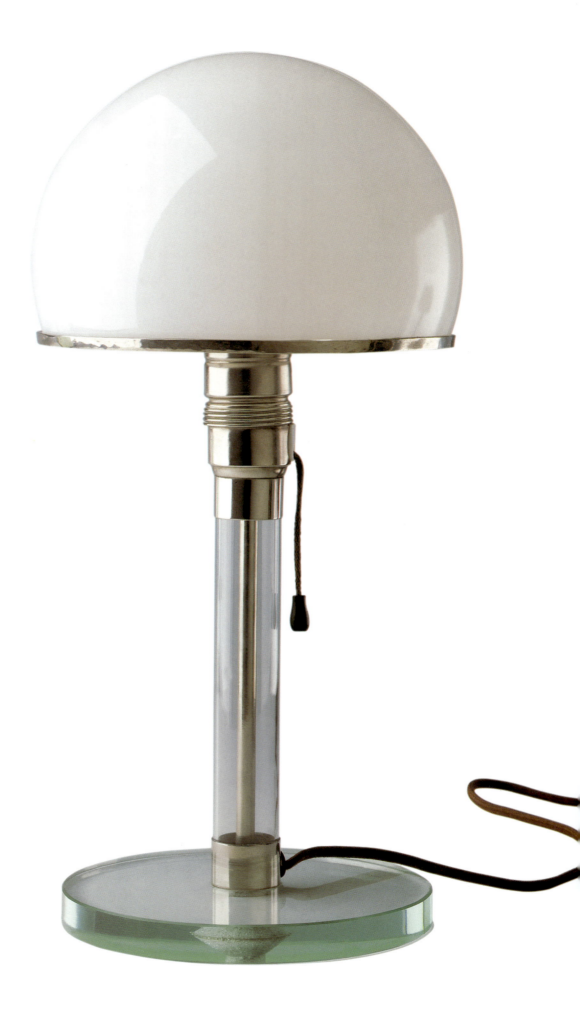

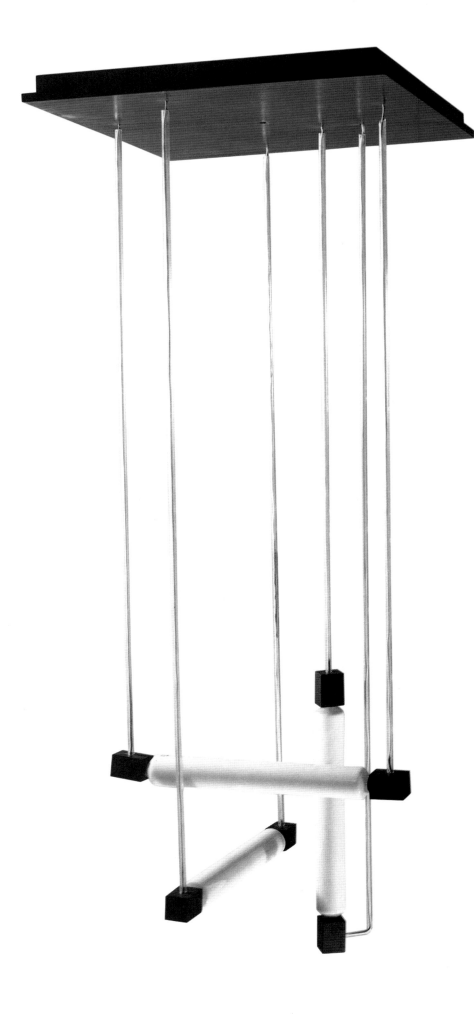

Lustre

1920-1924

**DESIGNER : GERRIT RIETVELD
(1888-1964)**

MATÉRIAUX : VERRE ET BOIS

En 1920, Rietveld expérimenta un de ses lustres à la clinique d'un médecin à Maarsen, dont l'intérieur était l'un des premiers à s'inspirer des principes de De Stijl. Différentes déclinaisons de ce design minimaliste apparurent, faites d'ampoules classiques et de fil électrique. Des versions composées de trois ou quatre sources lumineuses ont été installées dans la maison Schröder (voir p. 48) et dans le bureau de Walter Gropius, à l'école Bauhaus (voir p. 51).

Les luminaires créés par le Bauhaus aux alentours de 1920 ne cachaient pas la technologie mais l'incorporaient dans le design. Avec ses ampoules au tungstène et ses formes radicales, le lustre existait en différents modèles, mais ses éléments de base étaient toujours les mêmes : l'ampoule et deux fixations carrées en bois.

D'autres designers ont aussi été séduits par l'esthétique des néons au tungstène : l'installation de Max Krajewski au Bauhaus en 1927 et, la même année, le néon d'Eileen Gray, parlent un langage formel identique.

ÉCLAIRAGE

Lampe de chevet Kandem

1927

DESIGNER : MARIANNE BRANDT (1893-1983)

MATÉRIAUX : MÉTAL NICKELÉ ET LAQUÉ

FABRICANT : KORTING ET MATTHIESON, LEIPZIG, ALLEMAGNE

La lampe Kandem, au design simple et radical, fut réalisée par Marianne Brandt. C'est la lampe de chevet la plus commercialisée dans le monde : entre 1928 et 1932, cinquante mille exemplaires furent vendus.

Walter Gropius, directeur du Bauhaus, voulait que son établissement soit le principal foyer des idées modernistes. L'atelier de transformation du métal (*Metallwerkstatt*) était donc d'une importance cruciale. Voué à la recherche et à l'élaboration de prototypes pour l'industrie, il était considéré comme « un laboratoire pour la production de masse ». Cette stratégie consistait, en partie, à construire des projets dynamiques en partenariat avec l'industrie, le plus réussi d'entre eux étant une série de luminaires réalisés pour la grande production.

Marianne Brandt fut une personnalité de premier plan : non seulement elle était l'une des rares femmes à travailler dans l'atelier de transformation du métal entre 1923 et 1932, année de sa fermeture (en 1928, elle dirigea provisoirement le service), mais ce fut elle qui créa la plus grande partie du luminaire. Elle reste un des rares exemples de femme designer industriel.

Le succès de la lampe Kandem repose sur son abat-jour fonctionnel et réglable, ainsi que sur l'invention ingénieuse de l'interrupteur poussoir, qui permet d'allumer et d'éteindre plus facilement, surtout lorsqu'on est mal réveillé. Depuis, sa forme n'a cessé d'influencer les lignes des luminaires.

Dans les années 30, l'Angleterre créa une lampe rationnelle et moderne pour la production en série, destinée à être utilisée aussi bien au bureau qu'à la maison. La lampe Anglepoise a été dessinée par George Carwardine, un des directeurs de Carwardine Associates et ingénieur automobile, à Bath, pour l'entreprise Herbert Terry. Sa formation d'origine transparaît dans la lampe Anglepoise, qui devint l'une des lampes de bureau les plus populaires au monde. Elle s'inspire de l'ergonomie du bras humain, les ressorts permettent de maintenir les segments en position et remplacent les contrepoids.
En Angleterre, la lampe s'est vendue en très grande quantité pendant plus de soixante ans, et elle incarne à merveille cette tradition anglaise, très indépendante, d'un design rationnel.

Lampe Anglepoise

1932

DESIGNER : GEORGE CARWARDINE (1887-1948)

MATÉRIAUX : MÉTAL LAQUÉ ET BAKÉLITE

FABRICANT : HERBERT TERRY & SONS, REDDITCH, ANGLETERRE

ÉCLAIRAGE 149

Lustre

1926

DESIGNER : POUL HENNINGSEN (1894-1967)

MATÉRIAUX : VERRE OPALESCENT ET LAITON

FABRICANT : LOUIS POULSEN & COMPAGNIE, COPENHAGUE, DANEMARK

À la fin des années 20, en Scandinavie, un nouveau type de luminaire fit son apparition. Les créations expérimentales s'attachaient davantage à améliorer la qualité de la lumière qu'à habiller simplement l'ampoule. Poul Henningsen, architecte de formation, attira rapidement l'attention internationale avec sa nouvelle gamme de luminaires. Des réflecteurs de différentes tailles étaient installés de façon à produire simultanément des éclairages directs et indirects sans toutefois éblouir. Ces qualités ergonomiques firent leur succès en tant que lustres de salle à manger. En 1925, ces lustres furent présentés dans le pavillon danois lors de l'Exposition des arts décoratifs de Paris et remportèrent plusieurs prix. Les architectes et les designers modernistes du monde entier ne tardèrent pas à les utiliser et à en recommander l'usage. Ils séduisirent également les consommateurs scandinaves. Produits en série, ils restent un classique moderne du design.

La lampe Arco, réalisée au début des années 60, est l'un des fruits de la collaboration entre les deux frères Castiglioni, Achille et Pier Giacomo. Conçue pour éclairer la table de salle à manger, elle est réglable à trois hauteurs différentes. En fait, elle sera plus souvent utilisée comme lampadaire, et deviendra très populaire. Elle est maintenant devenue un classique de son époque, et définit le style radical, audacieux et plein d'esprit des frères Castiglioni.

Alors qu'ils étaient étudiants, les deux hommes ont été influencés par le travail de Marcel Duchamp et la tradition de l'« objet trouvé » – un thème qu'Achille explorera tout au long de sa carrière. Les ampoules, les transformateurs et – pour son fameux fauteuil – les sièges de tracteurs constituaient ses sources d'inspiration.

Achille expliquait que son approche du design donnait à son travail « la consonance d'objets déjà fabriqués ; l'utilisateur et l'objet ont ainsi une relation pratiquement préétablie ».

Les frères Castiglioni ont eu la chance de voir leur approche soutenue par de nombreux fabricants italiens prêts à investir leur temps et leur argent dans le développement des produits.

Lampadaire Arco

1962

DESIGNER : ACHILLE (NÉ EN 1918) ET PIER GIACOMO CASTIGLIONI (1913-1968)

MATÉRIAUX : BASE EN MARBRE BLANC, TIGE EN ACIER INOXYDABLE, RÉFLECTEUR EN ALUMINIUM POLI

FABRICANT : FLOS, BRESCIA, ITALIE

Lampe Boalum

1969

DESIGNER : LIVIO CASTIGLIONI (1911-1979) ET GIANFRANCO FRATTINI (NÉ EN 1926)

MATÉRIAUX : PLASTIQUE PVC ET MÉTAL

FABRICANT : ARTEMIDE, MILAN, ITALIE

Avec son tube translucide en plastique industriel maintenu par une série d'anneaux métalliques dans lesquels sont ajustées des ampoules, la lampe Boalum est typique du design pop. Son aspect est radicalement nouveau puisque, grâce à sa conformation, elle laisse au consommateur le soin de définir sa forme. Elle peut s'accrocher verticalement ou encore être posée comme une sculpture sur une table ou sur le sol. En théorie, l'utilisateur pouvait acheter plusieurs modules de 2 mètres chacun et définir ainsi la longueur de sa lampe.

Boalum montre que les modèles fabriqués à partir de composants industriels ne sont pas forcément durs ou agressifs : brillante, cette lampe ressemble à un animal. Elle diffuse une lumière douce et tamisée qui rappelle les lanternes japonaises. Ce modèle est le résultat des talents combinés de deux célèbres designers italiens. Même si Livio Castiglioni a travaillé seul, il fait partie du fameux trio avec Achille, bien connu aussi pour ses créations de luminaires. C'est le seul objet issu de la collaboration entre Livio et Gianfranco Frattini.

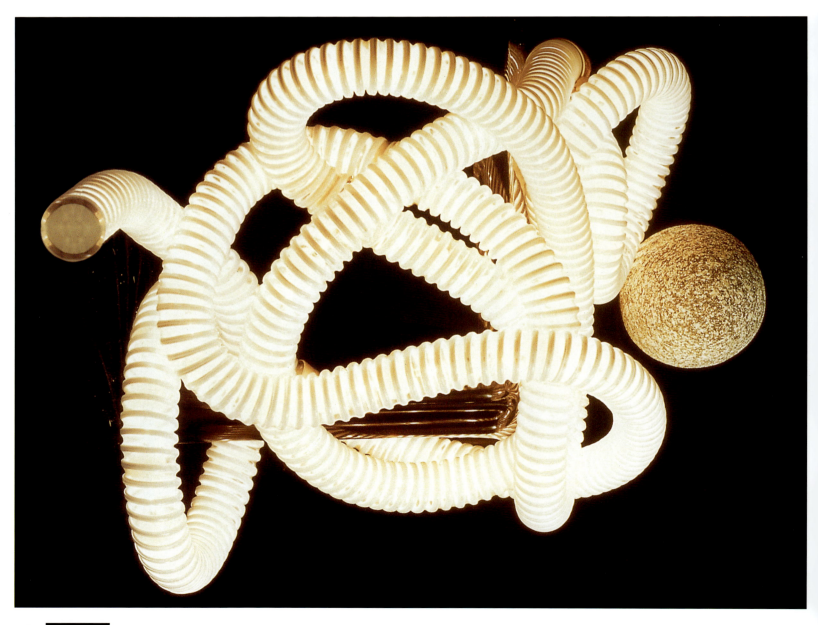

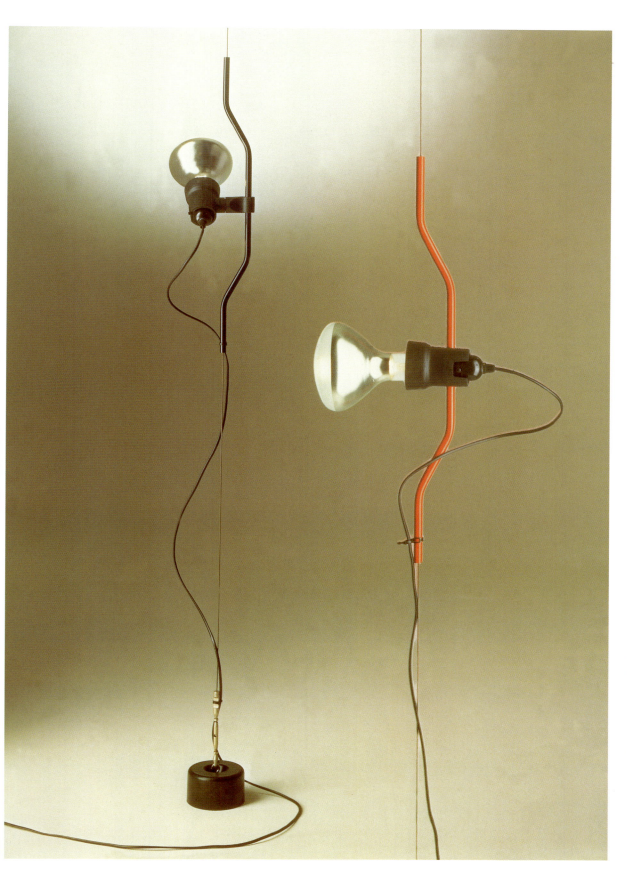

Lampe Parentesi

1970
Designer : Achille Castiglioni (né en 1918) et Pio Manzù (1939-1969)
Matériaux : acier inoxydable avec spots
Fabricant : Flos, Brescia, Italie

Les idées fraîches et novatrices d'Achille Castiglioni s'expriment à travers une série de luminaires qui ont fait école et ont été produits jusque dans les années 90. Parentesi, réalisée en 1970, est l'une de ses lampes les plus connues. Pour créer ce modèle, Castiglioni a travaillé avec Pio Manzù. Ce dernier a été formé dans la célèbre école d'Ulm, et a ensuite travaillé pour le Centre de design Fiat où il a réalisé les dessins originaux de la Fiat 127. En 1969, il décède tragiquement dans un accident de voiture et la lampe Parentesi est achevée par Castiglioni. Mais les ampoules à réflecteur qui la composent sont certainement une idée de Manzù, car jusque-là ce type d'ampoule n'était utilisé que dans l'industrie automobile.

Jusqu'ici, les fabricants de luminaires avaient exploité ces nouveaux réflecteurs dans des installations à spot unique ou dans les rampes lumineuses, toutes récentes.

Particulièrement simple dans son style, Parentesi utilise un fil tendu, suspendu au plafond. Cette lampe à éclairage direct est orientable, et possède un rhéostat.

ÉCLAIRAGE 153

Luminator

1955

DESIGNERS : ACHILLE CASTIGLIONI (NÉ EN 1918) ET PIER GIACOMO CASTIGLIONI (1913-1968)

MATÉRIAUX : ACIER

FABRICANT : GILARDI ET BARZAGHI, MILAN, ITALIE

Les frères Castiglioni ont dessiné plusieurs luminaires de ce genre. Ils sont issus d'une famille d'artistes : leur père était sculpteur et les trois frères, Pier Giacomo, Achille et Livio, ont tous étudié l'architecture à l'institut technologique de Milan. Leur contribution au design italien est très large, mais c'est dans la création de luminaires qu'elle est la plus caractéristique. À partir de 1945, la collaboration entre Achille et Pier Giacomo s'avéra particulièrement fructueuse.

Après la guerre, au cours de la *ricostruzione* des années 50, les luminaires prirent une place de premier plan dans l'économie italienne, car ils représentaient la solution idéale. Pour relever l'industrie, il fallait exporter des produits à faible coût de fabrication, mais auxquels le design conférait une forte valeur ajoutée, permettant de les vendre à des prix élevés. Le Luminator a connu un succès immédiat. Cette élégante lampe halogène, largement exportée, avait un coût de production très modique. Elle comportait un simple tube d'acier, reposant sur un trépied et dissimulant le fil électrique, une ampoule, et un interrupteur.

Cette ligne dépouillée dénote l'inspiration technique. Le Luminator fut le premier luminaire domestique à utiliser les nouvelles ampoules au tungstène avec un réflecteur intégré au sommet. Cet objet, bien plus qu'une innovation technologique, a contribué à définir les qualités du design italien d'après-guerre, avec sa forme sculpturale, élégante et expressive.

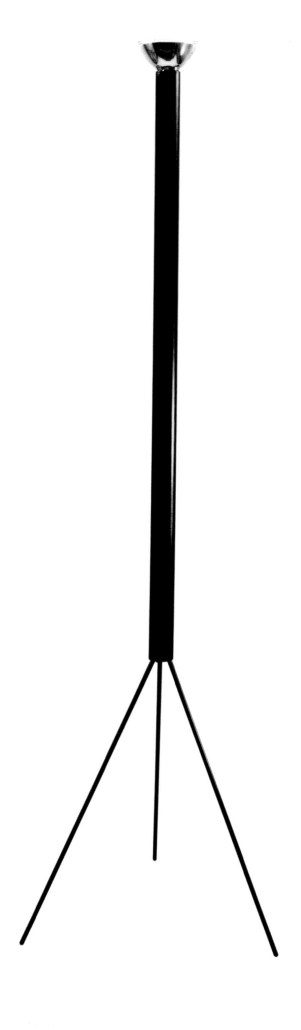

Modèle H

ABAT-JOUR : 1954, BASE : 1962

DESIGNER : ISAMU NOGUCHI (1904-1988)

MATÉRIAUX : PAPIER À BASE D'ÉCORCES DE MÛRIER, BAMBOU ET ACIER

FABRICANT : OZWEKI & COMPAGNIE, GIFU, JAPON

La formation d'architecte d'Isamu Noguchi transparaît dans le design de ses meubles et de ses luminaires. L'abat-jour de cette lampe est à la fois une forme sculpturale et une réinterprétation moderne de la traditionnelle lanterne japonaise en papier. En 1951, Noguchi voyagea au Japon et étudia ces lanternes dont l'ossature de bambou est recouverte de papier. Appelées *chochins*, ces lanternes sont, par tradition, sobres et diffusent la lumière des bougies. Leur simplicité inspira Noguchi qui trouva un moyen de les utiliser dans un contexte contemporain et de les adapter à la lumière électrique. Comme les *chochins* d'origine, les luminaires de Noguchi, à base de papier issu de l'écorce de mûrier, sont pliants et reflètent la grande tendance de l'époque, qui consistait à acheter des biens de consommation réduits à des emballages plats. Pendant plus de vingt-cinq ans, il produisit toute une gamme de modèles avec des abat-jour en papier, qu'il appelait Akaris. Dans les années 60, il créa des modèles avec des lumières fluorescentes et imagina une lampe dont l'abat-jour était supporté par une base métallique plate.

    Son idéal était de créer des formes sculpturales flottantes dont les lignes modernes s'inspiraient des traditions artisanales japonaises. Même si ses modèles étaient étonnants pour leur simplicité et leur beauté, ils étaient toujours produits en série limitée et à un prix élevé. Dans les années 60, des imitations d'un prix abordable apparurent, revêtant d'innombrables formes.

ÉCLAIRAGE 155

Lampe Gibigiana

1981

DESIGNER : ACHILLE CASTIGLIONI (NÉ EN 1918)

MATÉRIAUX : RÉFLECTEUR MÉTALLIQUE AVEC SURFACE MIROIR, SUPPORT EN ALUMINIUM ET MÉTAL ÉMAILLÉ

FABRICANT : FLOS, BRESCIA, ITALIE

Esprit et humour sont les principales caractéristiques des créations de Castiglioni, dont l'approche du design s'exprime ici à travers une forme évoquant un animal, peut-être un oiseau. Le luminaire Gibigiana est une lampe de table orientable. Dotée d'un rhéostat, elle émet une lumière indirecte. Elle témoigne aussi d'une utilisation réussie de l'ampoule halogène, fruit d'une technologie relativement nouvelle alors : la lumière émise est reflétée sur un miroir et concentrée sur un point précis – une fonction que traduit le nom inhabituel de cette lampe, qui est l'expression italienne désignant la lumière réfléchie sur une surface.

L'angle de réflexion est contrôlé par un cadran circulaire situé sur la « tête » de la lampe, alors que l'intensité de la lumière est réglée par une manette qui se déplace de bas en haut, le long de la base. Le modèle Gibigiana associe une apparence originale à une finition de qualité, ce qui est remarquable pour un objet de ce genre.

156 ÉCLAIRAGE

Lampe de table Tizio

1972

DESIGNER : RICHARD SAPPER (NÉ EN 1932)

MATÉRIAUX : PLASTIQUE ABS ET ALUMINIUM

FABRICANT : ARTEMIDE, MILAN, ITALIE

Richard Sapper a fait ses études d'ingénieur à Munich et a débuté sa carrière chez Daimler. Appliquant ses connaissances techniques à des produits de consommation, il travailla pour plusieurs entreprises de renom telles qu'Artemide et, depuis 1980, IBM. Sapper est à l'origine de plusieurs classiques du design du XXᵉ siècle. Dans les années 60, il travailla sur des produits novateurs pour le fabricant de matériel audiovisuel Brionvega, lesquels firent la célébrité de l'entreprise dans le monde entier. Selon Sapper, la fonction technique d'un objet doit déterminer son apparence, et la lampe Tizio obéit à ce principe. Elle est une création typique de Sapper : la beauté sobre de cette lampe lui vient à la fois de sa finition en aluminium mat noir et de ses formes techniques, légères et équilibrées, qui lui confèrent une ligne élégante. Ses segments se meuvent en douceur et permettent d'obtenir des positions stables. Du point de vue technique, c'est également un succès car ce modèle, doté d'une ampoule halogène de faible voltage, diffuse une lumière concentrée.

La lampe Tizio est devenue un « best-seller » parmi les designs d'Artemide et a obtenu le prix *Compasso d'Oro* en 1979.

Lampe de table Bay

1983

DESIGNER : ETTORE SOTTSASS (NÉ EN 1917)

FABRICANT : MEMPHIS, MILAN, ITALIE

Depuis la guerre, le génie d'Ettore Sottsass s'est manifesté pratiquement à chaque décennie. La variété de ses talents, et sa capacité à explorer avec un regard neuf la plupart des secteurs du design sont maintenant légendaires. Au début des années 80, il prit la tête de Memphis, un groupe milanais de designers qui a réorganisé l'approche des couleurs, des matériaux et de la décoration. Memphis est plus connu pour ses meubles et ses motifs décoratifs, mais Sottsass a également exploité le savoir-faire des Italiens en matière de verrerie colorée. L'île de Murano, dans la lagune de Venise, est célèbre pour l'élaboration du verre, la qualité de ses artisans et leur utilisation de verres d'un bleu vif et d'un rouge caractéristiques.

Dans les années 50 et 60, cette tradition a inspiré de nombreux designers, mais à partir des années 80, le verre coloré passa de mode. Sottsass focalisa de nouveau son attention sur les verres de couleur en tant que matériau moderne. Il créa tout d'abord une série d'objets en travaillant le verre comme de la pâte à modeler, puis il dessina des luminaires comme la lampe Bay, explorant ainsi les potentialités du verre pour élaborer des luminaires domestiques décoratifs. Cette lampe aux qualités sculpturales sobres, aux formes géométriques simples reste un objet clé des années 80.

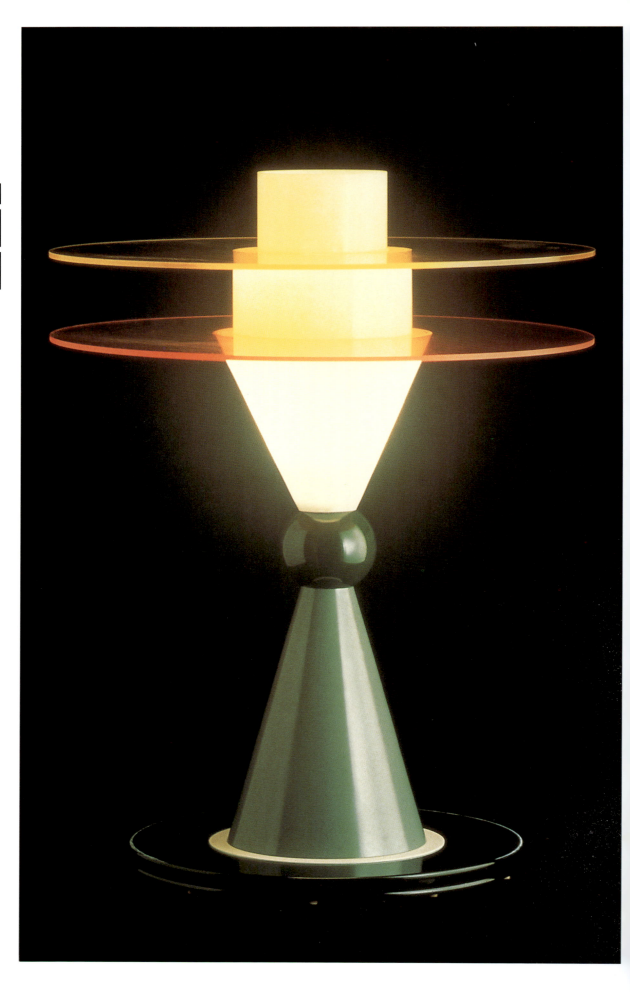

Lampe Miss Sissi

1991

DESIGNER : PHILIPPE STARCK (NÉ EN 1949)

MATÉRIAU : PLASTIQUE TECHNOPOLYMÈRE COLORÉ

FABRICANT : FLOS, BRESCIA, ITALIE

Cette lampe au nom mystérieux est un modèle estampillé Starck : un design classique judicieusement remanié. Starck a le chic pour s'emparer d'un objet de tous les jours et lui insuffler esprit et ironie.

Cette lampe minuscule – seulement 28 centimètres de hauteur – émet une lumière directe et diffuse, elle est disponible en blanc ou dans une gamme de couleurs vives. Ayant connu un succès commercial immédiat, elle est devenue un des accessoires d'intérieur les plus célèbres des années 90.

ÉCLAIRAGE 159

Système d'éclairage Ya Ya Ho

1984

DESIGNER : INGO MAURER
(NÉ EN 1932)

MATÉRIAUX : VERRE, CÉRAMIQUE, MÉTAL ET PLASTIQUE

FABRICANT : DESIGN M INGO MAURER, MUNICH, ALLEMAGNE

L'originalité de Ya Ya Ho est telle que son créateur, le designer allemand Ingo Maurer, est devenu célèbre du jour au lendemain. Ce luminaire est devenu sa signature et a été salué comme l'un des modèles les plus frais et les plus originaux de la décennie. Ya Ya Ho est composé d'un jeu de câbles à basse tension, sur lesquels sont placées des lampes halogènes, le tout donnant l'effet d'un mobile sculptural. Les petites ampoules à clip permettent au consommateur de les arranger comme il le souhaite, trait qui rappelle le caractère modulable des luminaires des années 60, telle la lampe Boalum (voir p. 152).

Dans les années 80, Maurer a tiré parti du développement des ampoules halogènes et des nouvelles mini-ampoules fluorescentes. Au départ, la technologie halogène était quelque peu primitive, voire dangereuse, jusqu'à l'introduction des transformateurs. Maurer a voulu promouvoir des luminaires modulables : réduits à une série d'éléments simples utilisant des sources lumineuses à faible voltage – on peut ainsi saisir et déplacer les ampoules librement – ils offrent une grande variété de configurations et de jeux lumineux.

Oiseaux, Oiseaux, Oiseaux

1992

DESIGNER : INGO MAURER
(NÉ EN 1932)

FABRICANT : DESIGN M INGO MAURER, MUNICH, ALLEMAGNE

Pendant les années 80, Ingo Maurer a fait sensation avec sa gamme de luminaires associant une technologie de pointe à une conception relevant davantage de l'art de l'installation que du design. Allemand d'origine, Maurer a travaillé aux États-Unis pendant plusieurs années et commença sa carrière en tant que designer de luminaires dans les années 60. Pendant cette décennie, il explora les thèmes du Pop Art, en réduisant à l'échelle la décoration et le recyclage des objets trouvés. Les idées et les théories de cette fructueuse décennie devaient éclore sous une forme différente vingt ans plus tard, quand ses projets des années 80 l'élevèrent au rang de designer international. Lors de l'exposition Arteluce à Milan, les critiques commencèrent à comparer ses travaux à ceux effectués par d'autres designers originaux tels que les frères Castiglioni. Ils apprécièrent notamment la manière enjouée, presque indifférente, dont Maurer envisage le design, en utilisant une technologie de pointe sans la laisser s'imposer dans le résultat final.

Maurer travaille avec une équipe de designers qui compte des ingénieurs en électronique, et il s'est consacré à une gamme de luminaires domestiques.

Lampe Treforchette

1997

DESIGNER : MICHELE DE LUCCHI (NÉ EN 1951)

MATÉRIAUX : ABAT-JOUR EN PVC ET FOURCHETTES DE TABLE

FABRICANT : PRODUZIONE PRIVATA, ITALIE

Produzione Privata est une chaîne expérimentale qui fabrique des objets à partir d'assemblages et de combinaisons d'éléments simples déjà existants. C'est une nouvelle série limitée d'objets qui proviennent de l'atelier d'un des designers italiens les plus connus, Michele de Lucchi.

Dans les années 80, de Lucchi accéda au statut de designer d'envergure internationale grâce aux travaux qu'il effectua pour le Studio Alchimia et plus particulièrement pour le groupe Memphis, dirigé par Ettore Sottsass. Pendant cette période, son travail sur des pièces expérimentales mais essentiellement uniques est contrebalancé par sa carrière de designer industriel pour des entreprises italiennes connues comme Kartell, Artemide et Olivetti. Produzione Privata est un retour à des expériences plus intimes et à plus petite échelle, reflétant l'intérêt que porte de Lucchi à la manière dont on conçoit l'objet trouvé au XXe siècle.

Ce concept s'était développé dans les années 20, avec Marcel Duchamp qui avait exposé comme objets d'art des casiers à bouteilles de vin et des urinoirs. Dans son modèle Treforchette, de Lucchi est à la recherche d'une nouvelle orientation, où des objets ordinaires sont assemblés de façon inattendue. Pour l'abat-jour, il a utilisé un simple cylindre en PVC supporté par deux fourchettes « déjà faites ». Il essaie ainsi de redécouvrir les richesses de l'ordinaire et du quotidien.

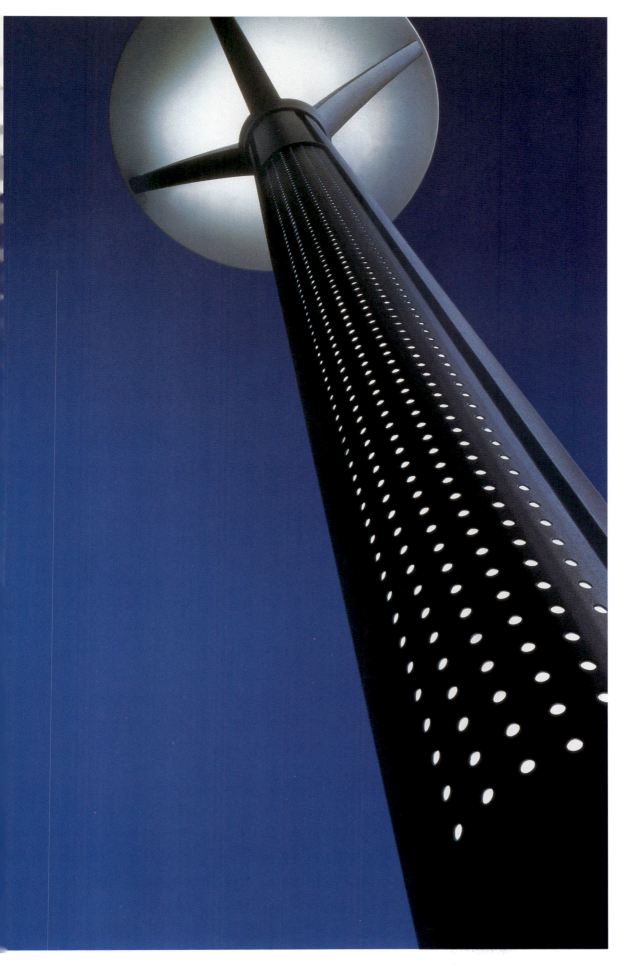

Colonne de lumière

1995
DESIGNERS : PHILIPS CORPORATE DESIGN
FABRICANT : PHILIPS, EINDHOVEN, PAYS-BAS

En 1891, Philips & Compagnie était une usine d'ampoules à Eindhoven, aux Pays-Bas. Rapidement, la compagnie diversifia ses activités à travers d'autres produits comme les radios, mais son domaine principal était celui de la technologie de l'éclairage. La Colonne de lumière met en œuvre une technologie éprouvée permettant de disperser et d'ajuster l'intensité de la source lumineuse, et de créer une lumière à l'aspect le plus naturel possible. Développé par Philips comme un ensemble d'éléments décoratifs, ce luminaire utilise des structures organiques et sculpturales pour qu'elles s'intègrent dans l'environnement. L'effet lumineux varie en fonction des éléments choisis. Le but est de permettre à l'urbaniste de créer un environnement plus moderne mais pourvu d'un éclairage « naturel ».

CHAPITRE 6
objets pour la ma

LOUCHE

THÉIÈRE EN VERRE

SERVICE À PÂTES 9092

TOUT AU LONG DE L'HISTOIRE, LES OBJETS pour la maison ont reflété la culture d'une société et la technologie d'une époque. Les développements sociaux et technologiques, provoqués par exemple par la Révolution industrielle, ont eu un effet considérable sur la fabrication et l'utilisation de la vaisselle. L'expansion de la classe moyenne entraîna une hausse de la demande en articles de bonne qualité, tandis que l'avènement des techniques de production en série permettait aux fabricants de réaliser des produits aux qualités et au style normalisés.

Au XIXe siècle, les valeurs victoriennes qui exigeaient que l'on montre tout ce que l'on possédait et la possibilité d'employer du personnel de maison à moindres frais ont permis de ritualiser les repas et d'organiser des loisirs au sein même du foyer. Chaque activité, chaque pièce était parfaitement séparée, comme par exemple la cuisine et le salon ; les objets étaient donc dessinés en fonction de leur utilisation et de leur place. Les nécessités du XXe siècle vinrent briser ces traditions.

Au XXe siècle, les développements technologiques et les mutations des comportements sociaux ont profondément modifié l'aspect des objets.

Des repas moins ritualisés, une demande croissante de commodité et de fonctionnalité, l'avènement de nouveaux matériaux tels que l'acier inoxydable, le verre résistant à la chaleur et les plastiques, tout cela a conduit à la fabrication d'articles fonctionnels, durables, plus faciles à nettoyer, parfois même jetables.

Un autre changement important fut provoqué par la modification de la configuration de la cuisine. Celle-ci faisait désormais l'objet d'une étude précise, comme s'il s'agissait d'un laboratoire scientifique. Les principes d'organisation de l'usine pouvaient s'appliquer aux domiciles privés. Cela impliquait, pour la cuisine, des plans de travail bien séparés, mais tous à la même hauteur pour préparer, nettoyer et cuisiner. Le modèle « Frankfurt Kitchen » est un des plus connus ; il a été utilisé, après la Grande Guerre, dans les maisons construites en série pour remplacer les quartiers insalubres. Ce modèle a été conçu pour améliorer l'hygiène et faciliter le travail de la ménagère ; elle n'était plus une domestique, mais la directrice de sa cuisine.

Les créateurs du mouvement moderne comptaient sur la production de masse pour améliorer le design et la qualité des articles d'intérieur. Les designers principaux comprirent que leurs réalisations seraient plus appréciées si elles étaient fabriquées avec des matériaux industriels plus économiques et dont il fallait tirer le meilleur parti. La vaisselle en verre réalisée par le couple Alvar Aalto et Aino Marsio-Aalto en est un exemple. Aino Marsio-Aalto a utilisé le verre embouti : elle a su associer les imperfections inhérentes à l'élaboration de ce matériau avec des formes simples et basiques qui facilitent le

son

BOUILLOIRE SIFFLANTE 9093

lavage. Chaque élément de la gamme pouvait être acheté séparément, nouveauté qui rompait avec le traditionnel service complet en céramique. Le Bauhaus a joué un rôle important dans ce contexte. Les étudiants étaient encouragés à réaliser des articles modernes, toujours susceptibles d'être produits en série.

C'est ainsi que presque tous les objets d'intérieur ont été redessinés. En Italie par exemple, la cafetière Moka pouvait passer de la plaque de cuisson à la table, les couverts Caccia étaient une alternative aux couteaux et fourchettes en argent. Les nouveaux matériaux ont également joué un rôle dans ces changements : dans les années 20, on utilisait le verre résistant à la chaleur pour cuisiner et stocker, les ustensiles pouvant ainsi aller directement du four ou du réfrigérateur à la table. Le plastique est un autre élément clé : après la guerre, il commença à remplacer le verre. Tupperware est la plus fameuse compagnie productrice de récipients en plastique. La céramique fut aussi très utilisée pour les bols, et le métal pour les services à salade et les cuillères.

Tandis que certains designers de premier plan réalisent des objets rationnels et fonctionnels destinés à la production en série, d'autres continuent à travailler dans les domaines plus traditionnels de l'artisanat et de la décoration. C'est le cas de Marion Dorn qui, dans les années 30, réalisa des tapis aux motifs géométriques, et d'Eric Ravilious et Susie Cooper dont les motifs ornementaux rendent la céramique Wedgwood si particulière. Les pays scandinaves ont ouvert la voie en créant des objets d'intérieur particulièrement bien conçus. La qualité des verres et de la vaisselle scandinaves ont suscité l'admiration internationale durant l'après-guerre, notamment les créations de l'architecte Arne Jacobsen, qui allaient des cafetières aux simples robinets.

L'avènement de la décennie du designer, dans les années 80, a donné un relief supplémentaire aux objets pour la maison. Ceux produits par la firme italienne Alessi l'illustrent à merveille. On comprit vite que les consommateurs actuels souhaitaient des objets aptes à remplir plusieurs fonctions, des produits signés par des designers tels que Michael Graves et Philippe Starck, et des articles qui, en plus de leur fonctionnalité, soient aussi des sculptures. Les objets pour la maison sont ainsi devenus peu à peu de véritables objets de désir. Une grande partie de la population attend désormais un marché qui lui propose, en même temps, les casiers à bouteilles en plastique vivement coloré de Jasper Morrison, les verres à vin d'Ettore Sottsass, et un choix de plus en plus étendu de vaisselle, de couverts et d'ustensiles bon marché, disponibles dans des magasins comme Ikea. Les consommateurs ont appris à concilier, dans leur maison, l'ancien et le nouveau.

COUVERTS ODÉON

CARAFE GINEVRA

OBJETS POUR LA MAISON

Louche

1879

DESIGNER : DR CHRISTOPHER DRESSER (1834-1904)

MATÉRIAUX : ACIER PLAQUÉ ARGENT ET BOIS TRAITÉ (ÉBÈNE)

FABRICANT : HUKIN & HEATH, BIRMINGHAM, ANGLETERRE

Christopher Dresser, unique parmi les designers du XIXe siècle, est considéré comme un pionnier du design industriel moderne. En effet, il a réalisé des articles simples et fonctionnels destinés à la production en série, à une époque où des contemporains comme William Morris et John Ruskin prônaient un retour à la production artisanale, se référant au modèle du compagnonnage médiéval.

Botaniste de formation, il a étudié à la South Kensington School of Design, où il fut un élève prestigieux, et où il enseigna ensuite. Sa conception du design lui était inspirée par la nature ; il créa ainsi un langage géométrique de la forme et du motif, susceptible d'être appliqué au design industriel. L'intérêt qu'il portait aux motifs mauresques et à l'art japonais l'amena à développer une grammaire visuelle simplifiée et géométrique, appliquée à des pièces d'argenterie modernes et fonctionnelles comme les théières, les porte-toasts et les soupières. Il exposa ses idées, qui influencèrent le monde entier, dans divers livres sur le design.

Bien que la majeure partie de sa production corresponde aux normes conventionnelles du XIXe siècle, certains de ses ustensiles métalliques présentent des formes incroyablement originales qui précèdent l'œuvre du Bauhaus de presque trente années. Ses créations sont d'importants archétypes dans le développement du Modernisme du XXe siècle. Son travail associait les derniers progrès technologiques, comme le plaquage des métaux par galvanoplastie, aux toutes dernières techniques de fabrication. Ses designs minimalistes n'ont aucun équivalent dans l'Angleterre victorienne : beaucoup de ses formes ne seront égalées qu'à partir des années 20.

OBJETS POUR LA MAISON

Archibald Knox est probablement connu pour ses ustensiles métalliques du début du siècle, créés pour Liberty's, le célèbre magasin londonien. Mais ce sont ses talents d'architecte et de designer qui sont largement répandus et il est reconnu comme étant l'un des principaux représentants du mouvement anglais Arts and Crafts.

Comme ses contemporains, Knox étudia les traditions celtiques de l'île de Man, où il est né. Ceci se remarque notamment dans son utilisation de motifs gracieux et complexes. Son style allait bien au-delà d'un simple retour aux sources, et bien qu'il soit toujours inspiré par les couleurs rutilantes, les lignes sinueuses et gracieuses des décorations celtiques, Knox a créé un langage ornemental aux formes toujours plus simples et plus raffinées.

Dessinée en 1900, l'esquisse de tapis ci-dessous est intemporelle, encore pleine de fraîcheur. Une œuvre comme celle-ci positionna Knox comme l'un des initiateurs d'une nouvelle tendance dans le design du XXe siècle, et non plus seulement comme un chef de file du mouvement Arts and Crafts.

Dessin pour un petit tapis

1900

DESIGNER : ARCHIBALD KNOX (1864-1933)

OBJETS POUR LA MAISON 167

Couverts pour Lilly et Fritz Waerndorfer

L'architecte et designer Josef Hoffman fut un des principaux membres de la Sécession de Vienne, un groupe de designers d'avant-garde opposés aux formes académiques et établies dans le design et l'architecture. En 1903, avec Koloman Moser et Fritz Waerndorfer, Hoffman fonda le *Wiener Werkstätte* (Les ateliers de Vienne) et en resta le directeur artistique jusqu'en 1931. Le *Werkstätte* s'inspirait de la *Guild of Handicrafts*, du designer anglais C.R. Ashbee, et Hoffman était fortement influencé par le mouvement anglais Arts and Crafts, et plus précisément par Charles Rennie Mackintosh et l'école de Glasgow.

Les meubles et les ustensiles créés par Hoffman ont rigoureusement des formes géométriques et rectilignes, ce qui leur donne une simplicité à la fois austère et élégante – un contraste radical avec le style chargé de l'Art Nouveau qui dominait le design progressiste au début du siècle.

Hoffman est considéré comme un des pères fondateurs du design du XXe siècle et son œuvre reste une source d'inspiration pour les designers contemporains.

1904

DESIGNER : JOSEF HOFFMAN (1870-1956)

MATÉRIAU : ARGENT

FABRICANT : WIENER WERKSTÄTTE, VIENNE, AUTRICHE

Juste après la révolution bolchevique de 1917, de nombreux artistes russes rejetèrent les pratiques bourgeoises en matière d'art et engagèrent leurs connaissances dans le service de l'État soviétique. Leurs créations voulaient symboliser la nouvelle société soviétique et devaient encourager la transition vers une nouvelle façon de vivre.

Durant les premières années qui suivirent la révolution, l'État insista sur le besoin de créer de nouvelles images et de nouveaux produits pour transmettre au peuple l'idéologie de la révolution. La situation économique désespérée entraînait une industrie faible et des capitaux inexistants, ce qui s'opposait à la construction de grandes œuvres architecturales. Inévitablement, pour exprimer leur vision du futur, les designers Constructivistes Russes se tournèrent vers l'art graphique, les textiles et la céramique. Les principaux membres du groupe étaient El Lissitsky, Vavara Stepanova et Liubov Popova, mais il n'y a pratiquement aucune trace biographique concernant Strusevich.

Les œuvres des Constructivistes se caractérisaient par des motifs abstraits et vigoureux que l'on retrouvait dans les décors de théâtre, les tapisseries, les tapis, les papiers peints et les tissus. Le langage visuel du Constructivisme était essentiellement fondé sur l'utilisation de multiples plans plats, dérivée du Cubisme de Picasso et de Braque. Cependant, les Constructivistes insistaient presque toujours sur un emploi abstrait et logique des lignes et des couleurs. Le design était censé transmettre un message au peuple, représenté ici par le motif récurrent de l'ampoule électrique, illustrant le programme d'électrification du Plan quinquennal soviétique des années 1928 à 1932. Le recours à l'imagerie industrielle et technologique symbolisait la rupture avec les traditions ornementales bourgeoises et décadentes du XIXe siècle.

Tissu aux ampoules électriques

1928-1930

DESIGNER : S STRUSEVICH

MATÉRIAU : COTON IMPRIMÉ

FABRICANT : MANUFACTURES UNIES DE SOSNEVSK MILLS, IVANOVO, RUSSIE

OBJETS POUR LA MAISON

Théière en verre

1932

DESIGNER : WILHELM WAGENFELD (1900-1990)

MATÉRIAU : VERRE

FABRICANT : JENAER GLASWERK SCHOTT & GENOSSEN, IÉNA, ALLEMAGNE

Bien que dans les années 50, Wagenfeld ait continué à réaliser des appareils électriques pour Braun, on le connaît mieux comme designer d'ustensiles en verre et en céramique. Il a étudié au Bauhaus – où il enseigna plus tard – et toute sa vie, il est resté fidèle à la simplicité dépouillée et au fonctionnalisme que préconisait l'école. Wagenfeld enseignait à la Kunsthochschule de Berlin (école d'art) quand il a développé le service à thé, considéré comme l'une des plus pures expressions de son esthétique industrielle, où chaque aspect de la relation entre forme et fonction est métaphoriquement et littéralement transparent. En travaillant avec le même verre, résistant à la chaleur, que celui utilisé pour les éprouvettes de laboratoire, son but était de créer des ustensiles comme la théière (ci-dessous avec une tasse et une soucoupe conçues plus tard) qui pouvaient être utilisés aussi bien sur la table qu'à la cuisine. Son emploi original des nouveaux matériaux conduisit les idéaux du Bauhaus à la grande distribution. En dépit de son inébranlable dévotion pour le modernisme, Wagenfeld jouit, sous le IIIe Reich, d'une carrière empreinte de succès dans l'industrie allemande. Après la guerre, il ouvrit son propre atelier de design où, jusqu'en 1978, il continua à produire des œuvres pour d'importants clients.

La gamme Kubus de récipients en verre superposables illustre le principe du Bauhaus selon lequel le design peut être réduit à une forme purement géométrique, se prêtant à la production en série et donc à la grande distribution. Quand, en 1935, Wagenfeld fut nommé directeur artistique des *Vereinigte Lausitze Glaswerke*, il prit la responsabilité d'appliquer les idéaux modernistes à des produits bon marché en verre embouti. Ces récipients rectangulaires sont les plus célèbres des multiples autres réalisations qu'il a effectuées pour la compagnie. Ils peuvent passer aisément du réfrigérateur à la table et leur forme permet de mieux les empiler pour faciliter leur rangement. Le verre, non poreux et facile à laver, convient parfaitement pour une utilisation en cuisine. La gamme Kubus est composée de dix conteneurs destinés au stockage des aliments dans le réfrigérateur, de sept éléments rectangulaires et de trois bocaux, munis d'aérations et de couvercles interchangeables.

Récipients superposables Kubus

1938

DESIGNER : WILHELM WAGENFELD (1900-1990)

MATÉRIAU : VERRE EMBOUTI

FABRICANT : KAMENZ GLASSWORKS, VEREINIGTE LAUSITZE GLASWERKE, WEISWASSER, ALLEMAGNE

OBJETS POUR LA MAISON

Service de table Burg Giebichenstein

1930

DESIGNER : MARGUERITE FRIEDLAENDER-WILDENHAIN (1896-1985)

MATÉRIAU : PORCELAINE

FABRICANT : STAATLICHE PORZELLANMANUFAKTUR, BERLIN, ALLEMAGNE

Le nom Burg Giebichenstein provient de l'école des Arts appliqués de Halle-Saale, connue pour être le « petit Bauhaus ». Friedlaender dirigea le département céramique de 1926 à 1933. Née à Lyon de parents anglais et allemand, elle étudia dans un premier temps à Berlin et poursuivit ses études au Bauhaus, où l'un de ses professeurs fut le grand potier Gerhard Marcks.

La *Staatliche porzellanmanufaktur* de Berlin lui commanda un service de table moderne et fonctionnel adapté aux dîners de moins en moins formels. Sa gamme se composait alors d'assiettes et de bols aux formes basiques, et disponibles en des tailles variées. Les formes géométriques simplifiées sont accentuées par les rayures concentriques incorporées dans la porcelaine, ce qui donne une décoration des plus sobres.

En 1930, Friedlaender épousa le potier Franz Rudolf Wildenhain, ancien étudiant du Bauhaus. Trois ans plus tard, alors qu'elle était enseignante, les nazis la licencièrent et le couple fut obligé de fuir aux Pays-Bas, où ils fondèrent la poterie Het Kruikje (le petit pot de terre). Friedlaender réalisa également des commandes pour la fabrique Spinz, de Maastricht. En 1940, elle émigra en Californie et enseigna à l'Oakland's College of Arts and Crafts, où elle créa les ateliers Pond Farm. Ses céramiques industrielles sont considérées comme étant les plus importantes et les plus influentes du mouvement moderne.

OBJETS POUR LA MAISON

Vaisselle Praktika

1933
DESIGNER : WILHELM KÅGE (1889-1960)
MATÉRIAU : FAÏENCE
FABRICANT : GUSTAVSBERG, SUÈDE

Au début du XXe siècle, dans beaucoup de pays européens, de nombreuses organisations se développèrent afin de promouvoir un design industriel de qualité. La Société Suédoise de design industriel encourageait les fabricants à employer des artistes et designers de prestige pour qu'ils dessinent de nouveaux produits. En 1930, Gustavsberg, le plus grand fabricant de céramique du pays, demanda à Wilhelm Kåge de créer une nouvelle ligne de vaisselle obéissant à des critères radicalement différents. Praktika partait d'un nouveau concept : le consommateur, s'il le souhaitait, pouvait acheter sa vaisselle pièce par pièce au lieu d'acquérir un service complet. Les formes des ustensiles permettaient un rangement plus efficace et les pièces étaient polyvalentes : un bol pouvait, par exemple, faire office de couvercle pour les bocaux. À la base, les formes sont sobres, les décorations simples et les couleurs claires. Mais cette ligne n'eut pas tout de suite le succès escompté. Il fallut attendre l'après-guerre pour qu'elle rencontre l'adhésion des consommateurs.

OBJETS POUR LA MAISON

Vase Savoy

1936

DESIGNER : ALVAR AALTO (1898-1976)

MATÉRIAU : VERRE SOUFFLÉ

FABRICANT : KARHULA ITALIE, KARHULA, FINLANDE

En 1937, à l'occasion de l'Exposition internationale de Paris, le célèbre fabricant de verre finlandais, Karhula, lança un concours pour la création d'un modèle novateur qui serait exposé au stand finnois. Ce fut Alvar Aalto qui remporta le premier prix. Il avait proposé une série de dessins appelés *Eskimoerindens Skinnbuxa* (les pantalons de cuir des Esquimaux) dont les courbes rompaient radicalement avec la symétrie habituelle des objets en vogue.

Ces vases sont souvent connus sous le nom de Savoy, célèbre restaurant de Stockholm dont l'intérieur a été décoré par Aalto. Ils ont eu un succès immédiat et depuis, leur production n'a pas cessé. Le style architectural d'Aalto est unique, les formes sont asymétriques et les matériaux utilisés sont naturels.

La ligne organique et non rationnelle de ce vase peut être interprétée comme un rejet du formalisme géométrique adopté par la plupart des contemporains d'Aalto. Sa forme fluide est similaire à celle de la chaise de bouleau laminé que le designer a créée à la même époque, et rappelle les formes libres de la peinture surréaliste.

Verre embouti 4644

1932
DESIGNER : AINO MARSIO-AALTO (1894-1949)
MATÉRIAU : VERRE EMBOUTI
FABRICANT : KARHULA ITALIE, KARHULA, FINLANDE

Aino Marsio était l'épouse du célèbre architecte finlandais Alvar Aalto. Comme ce fut le cas pour beaucoup de femmes de designers célèbres, son travail est resté dans l'ombre de celui de son mari. Mais Aino Marsio était un designer à part entière et elle a joué un rôle clé dans la carrière d'Alvar en travaillant dans son bureau de 1924 jusqu'à sa mort, en 1949. Ensemble, ils fondèrent Artek, une société destinée à la vente de leurs créations. En 1932, Aino Marsio gagna le concours organisé par le fabricant de verre Karhula pour créer une gamme de produits en verre embouti, économique et vouée à la production en série. Ce fut le début d'une longue collaboration très réussie. Cette gamme s'appela d'abord Bölgeblick, d'après le nom d'un café de l'Exposition de Stockholm, en 1930, et se composait d'un pichet, d'un crémier, de verres, de bols et de plats. Elle est faite avec du verre transparent épais, coulé dans un moule en trois parties qui laisse des marques apparentes sur les côtés. Les « anneaux superposés » n'étaient pas une nouveauté, car le designer suédois Edvard Hald avait utilisé une technique similaire en 1930 lors de la création de ses bols Orrefos Glass Works.

En 1934, la production des verres d'Aino Aalto est lancée, et deux ans plus tard le designer gagna la médaille d'or à la Triennale de Milan. La gamme, toujours admirée pour sa simplicité, connut un succès durable.

OBJETS POUR LA MAISON 175

Tapis

1932

DESIGNER : MARION DORN (1896-1964)

MATÉRIAU : LAINE

FABRICANT : WILTON ROYAL CARPET FACTORY LIMITED, ROYAUME-UNI

Pendant les années 30, les tapis et les textiles de Marion Dorn étaient les objets décoratifs préférés des architectes modernistes anglais, qui souhaitaient que la décoration intérieure s'harmonise avec leur travail. Les tapis de Dorn figuraient dans la fameuse chambre blanche de Syrie Maughan à l'hôtel Savoy, et dans le foyer de l'hôtel Claridges, réaménagé par Oswald P. Milne, deux endroits situés à Londres.

Dorn, peintre d'origine, eut une production prolifique. Elle réalisa toutes sortes de tissus, même ceux utilisés pour les sièges du métro londonien, ainsi que des papiers peints et des meubles. Elle réalisa aussi des produits pour les transatlantiques de l'époque tels que le *Queen Mary*. Pendant les années 30, elle créa au moins une centaine de tapis pour Wilton Royal, c'est pourquoi le magazine *Architectural Review*, la qualifia d'« architecte des sols ». Sa longue et fructueuse collaboration avec Wilton s'est concentrée sur la production en série limitée de tapis faits main. Les tapis de Dorn étaient généralement utilisés dans des intérieurs modernistes pour définir certains espaces, placés dans des endroits stratégiques avec les meubles disposés autour, ou bien posés isolément en guise de décoration. Les motifs sont souvent de grandes formes géométriques tandis que les couleurs sont toujours limitées aux tons blanc, crème, noir ou marron.

Vaisselle de voyage

1938

DESIGNER : ERIC WILLIAM RAVILIOUS (1903-1942)

MATÉRIAU : FAÏENCE

FABRICANT : JOSIAH WEDGWOOD & SONS LIMITED, ETRURIA, STOKE ON TRENT, ANGLETERRE

Eric Ravilious mourut très jeune alors qu'il effectuait une mission en tant qu'artiste de guerre pendant la Deuxième Guerre mondiale. Son style graphique resta cependant très influent durant l'après-guerre.

Ravilious était un décorateur et un graveur sur bois. Il étudia au Royal College of Art de Londres et eut comme professeur le célèbre artiste Paul Nash. Comme son compatriote Edward Bawden (avec lequel il décora le réfectoire du Morley College à Londres), Ravilious réalisa, dans les années 30, des illustrations pour de nombreuses maisons d'édition, dont Jonathan Cape. Durant cette période, son style décoratif, très simple, convenait tout à fait aux industries britanniques qui essayaient de promouvoir le design moderne.

En 1936, Ravilious dessina une table et des chaises Regency Revival pour Dunbar Hay & Company, magasin spécialisé dans la distribution d'objets d'art appliqué, fondé par Athole Hay et Cecilia Dunbar Kilburn (lady Semphill). Ce fut par l'intermédiaire de cette dernière que Ravilious rencontra Tom Wedgwood en 1935. Par la suite, Ravilious créera pour lui des céramiques imprimées qui auront beaucoup de succès, dont certaines resteront populaires jusque dans le courant des années 50.

Service de table américain moderne

1937
DESIGNER : RUSSEL WRIGHT (1904-1976)
MATÉRIAU : FAÏENCE VERNIE
FABRICANT : STEUBENVILLE POTTERY, EAST LIVERPOOL, OHIO, ÉTATS-UNIS

Pendant les années 40, ce fut peut-être le travail de Russel Wright qui correspondait le mieux à l'image d'un mode de vie décontracté. Il commença sa carrière en tant qu'apprenti chez Norman Bel Geddes, et se concentra sur la création d'ustensiles d'intérieur, en particulier la vaisselle, alors que ses contemporains étaient plus attirés par les transports et les appareils ménagers.

Ce service, réalisé en 1937 et produit de 1939 à 1959, fut un très grand succès commercial. Plus de quatre-vingts millions de pièces ont été vendues, et c'est l'un des services de table les plus populaires jamais réalisés.

Il marqua aussi un grand changement dans le design américain. Wright rejetait l'esthétique de la machine, alors en vogue, au profit de formes sculpturales, organiques. Dans les années 30, les œuvres de peintres surréalistes comme Salvador Dali et les sculptures de Jean Arp étaient souvent exposées à New York. Petit à petit, les formes biomorphiques dont ils usaient influencèrent le design. En même temps, l'architecte américain Franck Lloyd Wright recherchait, pour ses constructions, des formes plus naturelles, et explorait les traditions et les racines de la culture visuelle américaine. Ce service transmit ces nouvelles idées au public : on compara ainsi la forme du pichet à celle d'un seau à charbon traditionnel du XVIIIe siècle, tandis que d'autres pièces définissaient les nouveaux coloris et le style organique du moment.

Susie Cooper est unique : c'est une des rares femmes designers à avoir eu du succès ; elle fut non seulement un potier d'« art » mais aussi un designer pour la production en série.

Elle est née à Burslem, en plein cœur des poteries du Staffordshire. Au début de sa carrière, elle fut l'assistante-designer d'A.E. Gray, mais elle créa et décora rapidement ses propres pièces. En 1929, elle ouvre la poterie Susie Cooper qui produisait des pièces décoratives très populaires, et traduisait sa vision personnelle du modernisme.

Bien que Susie Cooper a d'abord travaillé comme potier d'art, sa carrière s'orienta vers la production de masse après la guerre. Pendant les années 50, elle se consacra aux articles de table en demi-porcelaine. Le choix de couleurs modernes, ses lignes claires et ses motifs graphiques inspirés par la nature, séduisirent l'esprit de l'époque.

En 1966, elle devint partenaire du groupe Wedgwood, dont elle fut le principal designer jusqu'en 1972.

Vaisselle motif bois de hêtre

1939

DESIGNER : SUSIE COOPER (NÉE EN 1902)

MATÉRIAU : PORCELAINE

FABRICANT : CROWN WORKS, STOKE ON TRENT, ANGLETERRE

OBJETS POUR LA MAISON

Cocotte minute Prestige 65

1948

DESIGNER : INCONNU

MATÉRIAUX : POIGNÉES EN PLASTIQUE ET CORPS MÉTALLIQUE

FABRICANT : PLATERS & STAMPERS LIMITED, LONDRES, ANGLETERRE

Les lignes simples et élégantes de Prestige 65 lui valurent un grand succès lors de son arrivée sur le marché en 1949. Faite en acier poli, munie de deux poignées en plastique noir et d'un couvercle comportant un dispositif pour l'évacuation de la vapeur, cette cocotte minute semblait moderne, pratique et solide. Les autocuiseurs permettaient à la ménagère de préparer une cuisine variée, rapide et économique, un peu à la manière des fours à micro-ondes de notre époque. Utiliser l'autocuiseur signifiait qu'il n'était plus nécessaire de préchauffer le four pour cuire un seul mets, ni de recourir à plusieurs casseroles pour cuisiner : ses trois compartiments individuels permettaient la cuisson simultanée de plusieurs aliments. Avec Prestige 65, on pouvait préparer un repas familial en n'utilisant qu'un seul ustensile, et de nombreux livres édités, dans les années 50 proposaient divers menus adaptés à l'autocuiseur. La cuisson à la vapeur avait un autre avantage : les légumes cuisaient plus rapidement et leurs qualités nutritives (vitamines) étaient préservées. La cocotte minute était bien plus qu'un ustensile fonctionnel et pratique, puisqu'elle contribuait à la santé et au bien-être du consommateur – argument de vente particulièrement convaincant.

Vaisselle des Cornouailles

1927

DESIGNER : INCONNU

MATÉRIAU : FAÏENCE

FABRICANT : T.G. GREEN & COMPAGNIE, CHURCH GRESLEY, DERBYSHIRE, ANGLETERRE

La vaisselle des Cornouailles, adaptation des années 20 de la célèbre vaisselle bleue, apparut pour la première fois en 1927, dans le catalogue de T.G. Green. Faite de faïence blanche plongée dans un vernis bleuté, la gamme fut créée pour donner du travail aux tourneurs, menacés par la récession économique. T.G. Green, soucieux de garder son personnel qualifié, lança la vaisselle des Cornouailles pour utiliser leur savoir-faire.

La gamme n'offrit d'abord que des pots et des pichets, puis s'enrichit de tasses, d'assiettes et de théières. Destinée aux ménages à revenus moyens, elle offrait une vaisselle fonctionnelle et bon marché pour le petit déjeuner ou les repas décontractés. L'appellation « des Cornouailles » relevait de la stratégie commerciale et devait évoquer la campagne. La couleur bleue renforçait la fraîcheur que suggérait une laiterie.

Les bandes bleues et blanches doivent quelque chose au développement, sur le Continent, d'articles modernistes bien conçus et fabriqués en série. Ces pièces sont devenues des classiques du design anglais et les toutes premières, présentées dans les musées, sont très recherchées par les collectionneurs. En 1967, Judith Onions redessina de nombreux éléments de cette gamme, prolongeant ainsi son succès commercial.

Le V de la Victoire

1941

DESIGNER : INCONNU

MATÉRIAU : COTON IMPRIMÉ

FABRICANT : ASSOCIATION CALICO PRINTERS, ANGLETERRE

Ce nouveau tissu fait partie d'une série d'imprimés patriotiques produits durant la Deuxième Guerre mondiale dans le cadre de l'*Utility scheme*, programme instauré par le gouvernement pour produire des biens de consommation réservés à la population civile.

Au cours de cette période, tout le monde – même la reine – devait présenter un coupon de rationnement lors d'un achat. Le système était simple mais juste et permettait de lutter contre la pénurie de marchandises dans les magasins. Tout matériel importé était rationné, notamment les colorants, ce qui explique la couleur marron foncé de ce tissu. Le fameux salut de Winston Churchill, montrant le V de la victoire, est utilisé comme motif récurrent sous différentes formes : avions de combat de la RAF, bombes, mains de femmes « en négatif » – une technique d'impression qui devait probablement quelque chose aux expériences photographiques surréalistes menées par Man Ray dans les années 30.

182 OBJETS POUR LA MAISON

Motif Cristal

| 1951 |
| DESIGNER : S.M. SLADE |
| MATÉRIAU : CELANESE |
| FABRICANT : BRITISH CELANESE, ROYAUME-UNI |

Ce motif est tiré du livre *Souvenir Book of Crystal Patterns*, édité à l'occasion du Festival de Grande-Bretagne de 1951. Il est le fruit d'une expérience très intéressante en matière de design. Ce célèbre festival, qui s'est tenu sur la rive sud de Londres, avait pour but de promouvoir les réalisations anglaises et de les commercialiser au niveau national et international. L'un des sujets proposés consistait à illustrer les travaux alors menés à Cambridge sur la structure des cristaux. Une commission invita les designers à imaginer des motifs à partir de ce que le microscope révélait des formes et des lignes des cristaux, motifs qui seraient reproduits sur des articles destinés à la maison : rideaux, tapis, stratifiés, etc.

Le tissu ci-contre exploite le contour type d'un diagramme et correspond tout à fait au goût de l'époque pour les couleurs vives et les lignes libres des formes organiques.

Pendant les années 50, ces motifs furent très populaires auprès des consommateurs, et très imités sur des gammes entières de tapis et de tissus d'ameublement.

OBJETS POUR LA MAISON

Bols de table encastrables 3089 ABC

1969

DESIGNER : ENZO MARI (NÉ EN 1932)

MATÉRIAU : PLASTIQUE MÉLAMINÉ

FABRICANT : DANESE, MILAN, ITALIE

Jusqu'aux années 60, le plastique, considéré comme une matière ayant peu de valeur, avait une image négative. Cependant, les jeunes designers de la décennie voyaient en lui bien plus qu'une alternative aux matériaux plus onéreux : il représentait la possibilité de créer des objets aux formes et aux couleurs affirmées, lesquelles contribuèrent à l'émergence de l'esthétique pop. Des fabricants eurent envie d'exploiter cette nouvelle opportunité commerciale, comme par exemple la firme italienne Danese. Fondée en 1957 à Milan par Bruno Danese, elle se spécialisa dans les petits articles ménagers tels que les verres, les bols et les vases. Enzo Mari travailla pour cette compagnie dès sa création, et en 1964 il réalisa une série d'objets (accessoires de bureau, vases...) qui firent de Danese une entreprise réputée pour l'élégance et la nouveauté de ses productions en plastique.

Mari s'est aussi intéressé à la sémiologie et il est certainement le designer le plus intellectuel de son époque. Son livre *Funzione della ricerca estetica* – une analyse du design en tant que système linguistique – fut publié en 1970. Son approche, du point de vue technique, est inventive et originale. La série de bols cylindriques, avec une fontaine centrale concave et troués de chaque côté, sont représentatifs de ses conceptions. En 1972, ils furent présentés à l'exposition intitulée « Italie : le nouveau décor domestique » du Musée d'Art Moderne de New York. L'exposition reconnut en Mari l'un des plus importants designers italiens.

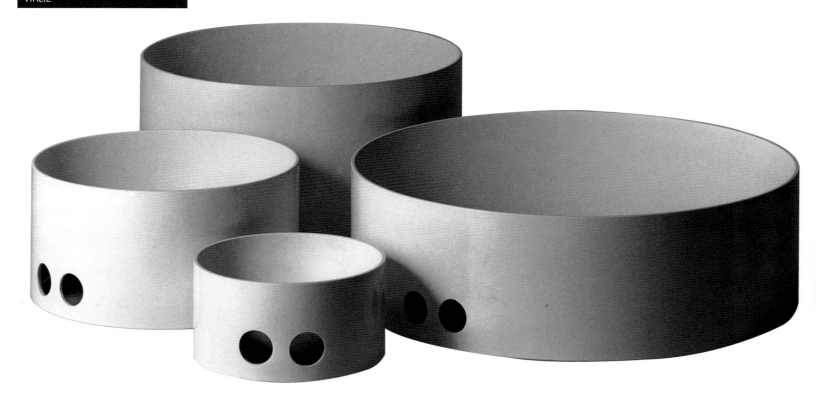

En 1945, l'Américain Earl Tupper réalisa une gamme de boîtes en polyéthylène. Avec leurs couvercles hermétiques, elles permettaient de conserver la nourriture plus longtemps, ce qui révolutionna les modes de conservation habituels. Le succès commercial de Tupperware reposait sur l'idée de la vente à domicile, par le biais de réunions organisées par les ménagères, chez elles. Inauguré en 1946, ce système fut introduit en Angleterre en 1960.

Plus tard, la gamme Tupperware fut étendue à des articles pour cuisiner, servir à table, préparer un pique-nique, et même à des articles pour enfants tels que des jouets. Les designs sont toujours réactualisés pour se conformer aux dernières tendances en matière de formes et de couleurs.

Service de pique-nique

ANNÉES 1950
DESIGNER : TUPPERWARE
MATÉRIAU : PLASTIQUE
FABRICANT : TUPPERWARE, ORLANDO, FLORIDE, ÉTATS-UNIS

OBJETS POUR LA MAISON

Tissu Terrazzo

1943

DESIGNER : JOSEF FRANK (1885-1967)

MATÉRIAU : LIN IMPRIMÉ

FABRICANT : SVENSKT TENN, STOCKHOLM, SUÈDE

Après la Première Guerre mondiale, Josef Frank était l'un des meilleurs architectes d'avant-garde d'Autriche ; il construisit des immeubles, des maisons et des bureaux en appliquant des techniques et des styles modernes. En 1927, il fut remarqué par Mies van der Rohe qui l'invita à participer à une exposition de la Deutsche Werkbund. Sa carrière fut malheureusement interrompue dans les années 30 : en tant que juif, sa situation était devenue insupportable sous la domination nazie.

En 1933, il émigra à Stockholm avec sa femme, de nationalité suédoise. Là, il travailla pour Svenskt Tenn, une entreprise suédoise qui dominait le marché du design d'intérieur. Avec ses contemporains scandinaves, il contribua à définir une approche différente du modernisme : des lignes moins dures inspirées de la nature, des traditions locales, et développant des formes sculpturales organiques.

Pendant la Seconde Guerre mondiale, Frank vécut aux États-Unis mais resta en contact avec la Suède. En 1944, Estrid Erickson, fondatrice de Svenskt Tenn, fêtait ses 50 ans et à cette occasion, Frank lui envoya cinquante nouveaux designs, parmi lesquels Terrazzo, design assez inhabituel. Ici, les motifs représentent des pierres polies, réparties sur un fond de *terrazzo*, revêtement de sol italien constitué de morceaux de marbre. Les « pierres » semblent distribuées au hasard, mais sont en fait organisées selon une géométrie répétée qui finit par former une sorte de réseau donnant son unité à l'ensemble.

OBJETS POUR LA MAISON

Arne Jacobsen fut avant tout l'un des plus importants architectes modernes danois. Cette gamme d'articles en acier inoxydable correspond tout à fait aux principes modernistes : une beauté conférée par des matériaux authentiques, des méthodes de fabrication de qualité, mais néanmoins des objets bon marché à la portée de tous.

Pendant plus de trois ans, Stelton a développé la ligne Cylinda, aux formes cylindriques. La gamme comprenait des casseroles, des pinces à glaçons, des cendriers et des cafetières.

Service à thé Cylinda

1967

DESIGNER : ARNE JACOBSEN (1902-1971)

MATÉRIAU : ACIER INOXYDABLE

FABRICANT : A. S. STELTON, DANEMARK

OBJETS POUR LA MAISON

Couverts Caccia

1938

DESIGNER : Luigi Caccia Dominioni (né en 1913), Livio (1911-1979) et Pier Giacomo Castiglioni (1913-1968)

MATÉRIAU : acier inoxydable

FABRICANT : Alessi, Crusinallo, Italie

Luigi Caccia Dominioni, architecte de formation, a donné son nom à cette ménagère. Il a travaillé sur beaucoup de projets avec les célèbres frères Castiglioni. Cette gamme est le fruit de leur collaboration, et elle fut exposée en 1940 à la Triennale de Milan. Gio Ponti, dans le magazine *Domus*, la qualifia ainsi : « La plus belle ménagère qui soit. » Lors de cette exposition, les architectes italiens soulevèrent le problème de la création d'objets destinés à la production industrielle. La vaisselle et les couverts exposés exploraient les possibilités offertes par le coulage sous pression et les nouveaux matériaux, tel l'acier. Au début, cette gamme ne fut disponible qu'en argent, mais cinquante ans plus tard, Alessi comprit à quel point elle pouvait intéresser le marché de la grande consommation, et il demanda à Dominioni de compléter la gamme d'origine à partir des dessins de l'époque.

Couverts Odéon

1992

DESIGNER : DAVID MELLOR
(NÉ EN 1930)

MATÉRIAUX : ACIER INOXYDABLE
ET PLASTIQUE

FABRICANT : DAVID MELLOR,
SHEFFIELD, ANGLETERRE

Coutelier, designer industriel et plus récemment détaillant, David Mellor a profondément influencé le design britannique de l'après-guerre. Il commença des études d'orfèvrerie à Sheffield, sa ville natale, puis les poursuivit au Royal College of Art à Londres. Dans les années 50 et 60 il réalisa des éclairages de rue, des Abribus, des panneaux de signalisation routière pour le département de l'environnement et une boîte aux lettres pour la Poste. Mais ces différents travaux furent occultés par sa renommée en tant que concepteur, fabricant et détaillant d'articles de haute qualité en argent et en acier inoxydable.

En 1970, il fonda sa propre fabrique à Broom Hall, à Sheffield, ville vouée depuis longtemps à la métallurgie et à la coutellerie. Il révolutionna le procédé de production en introduisant des machines spécialisées et forma ses couteliers de façon à ce qu'ils soient en mesure d'assumer chaque étape de la production. Dans ses magasins de Londres et de Manchester, Mellor commercialisa avec succès ses créations (coutellerie et ustensiles de cuisine) mais aussi celles d'autres designers et artisans, sélectionnées pour leur esthétique et leur fonctionnalité.

La production de Mellor est très diversifiée : elle va d'une ménagère créée en 1965 pour les ambassades britanniques du monde entier, à une gamme spécifique répondant aux besoins des handicapés.

OBJETS POUR LA MAISON

Service à pâtes 9092

1985

DESIGNER : MASSIMO MOROZZI
(NÉ EN 1941)

MATÉRIAU : ACIER INOXYDABLE

FABRICANT : ALESSI,
CRUSINALLO, ITALIE

Fondée dans les années 30, la compagnie italienne Alessi était célèbre pour la qualité de ses ustensiles métalliques jusque dans la période de l'après-guerre. En 1983, elle lança une gamme d'articles ménagers appelée Officina Alessi. Dans les années 80, elle sut saisir l'opportunité d'étendre sa gamme et d'exploiter l'intérêt suscité par le design. Alessi fit appel à des architectes et à des designers de premier plan pour produire des articles spécialement conçus, associant un design original au savoir-faire d'Alessi en matière de façonnage de l'acier inoxydable, du laiton, du cuivre et de l'argent. Avoir choisi Massimo Morozzi relève typiquement de l'approche d'Alessi. Important designer italien d'avant-garde, produisant des articles radicaux et expérimentaux, il n'était effectivement pas le candidat idéal pour la réalisation de ce service à pâtes. Cependant, Alessi a su exploiter cette créativité extrême et, surtout, a su reconnaître la révolution alimentaire qui s'annonçait dans les années 80. Partout dans le monde, les gens se mirent à essayer d'authentiques spécialités régionales, dont les pâtes qui nécessitent un équipement de spécialiste.

Le service de Morozzi est constitué d'une unité polyvalente intégrant un cuiseur à vapeur, une passoire avec poignées et un couvercle muni d'un bouton creux par lequel la vapeur peut s'échapper. Il permettait non seulement de préparer efficacement de grandes quantités de pâtes, mais il fut aussi une élégante contribution au nouveau « design culinaire » des années 80.

OBJETS POUR LA MAISON

Bouilloire sifflante 9093

Michael Graves est à la fois un théoricien majeur et un architecte de premier plan du postmodernisme, mouvement esthétique qui cherchait à investir objets et édifices d'un contenu narratif. Les idées postmodernistes contiennent une critique implicite du style international et du caractère sobre, prétendument impersonnel du modernisme.

Graves étudia l'architecture à l'université d'Harvard et, à partir de 1962, il enseigna à Princeton. Ses réalisations restent peu nombreuses mais il devint néanmoins un porte-parole influent en matière de design : il préconise une utilisation audacieuse des couleurs et des motifs, ainsi que des références humoristiques à la culture populaire. C'est en cela qu'il rompit avec son adhésion originelle au modernisme. Et il est significatif que le groupe italien Memphis, quand il produisit sa première collection en 1982, ait présenté le travail d'un seul Américain : Graves. C'est à ce moment-là qu'il fut remarqué par Alessi.

La bouilloire de Graves est l'un des premiers et des plus importants succès qu'Alessi obtiendra en expérimentant des articles postmodernistes. La simplicité de ses formes et l'utilisation restreinte de matériaux font de cette bouilloire une pièce de design moderne. Mais Graves y a ajouté une touche humoristique, avec cet oiseau de plastique bleu qui, placé sur le bec, chante quand l'eau bout.

1985

DESIGNER : MICHAEL GRAVES (NÉ EN 1934)

MATÉRIAUX : ACIER INOXYDABLE, POIGNÉE EN POLYAMIDE

FABRICANT : ALESSI, CRUSINALLO, ITALIE

OBJETS POUR LA MAISON 191

Tapis Arizona

1984

DESIGNER : Nathalie du Pasquier (née en 1957)

MATÉRIAU : laine

FABRICANT : Memphis, Milan, Italie

Au début des années 80, Nathalie du Pasquier faisait partie du groupe Memphis, de Milan, qui contribua à changer la face du design. Le postmodernisme, qui gagnait du terrain depuis les années 70, a rétabli l'importance de la couleur et des ornements en architecture. Cependant, le monde du design reste généralement attaché aux formes simples et classiques et aux couleurs neutres. Memphis fut l'initiateur d'un changement radical qui remit à la mode les motifs et les couleurs vives, rappelant l'esthétique pop des années 60. Le tapis Arizona, ci-dessous, est un des représentants les plus significatifs de ces designs.

Peintre de formation, du Pasquier était encore une jeune femme quand elle intégra le groupe Memphis. Ses premiers dessins pour des stratifiés, des tissus et des tapis eurent un impact incroyable. Les formes audacieuses et les couleurs très vives utilisées contribuèrent à asseoir les motifs comme une priorité dans les intérieurs des années 80.

Du Pasquier travailla en collaboration avec son partenaire et ami, George Sowden, fondateur du groupe Memphis. Ensemble, ils produisirent toute une série de motifs destinés à des tapis, des papiers peints et des textiles appelés Progetto Decorazione. Les designs de stratifiés produits par la compagnie italienne Abet Laminati ont connu un grand succès commercial.

Carafe Ginevra

1997

DESIGNER : ETTORE SOTTSASS (NÉ EN 1917)

MATÉRIAU : VERRE

FABRICANT : ALESSI, CRUSINALLO, ITALIE

Ettore Sottsass est la grande figure du design italien. Son travail s'étend sur quarante ans et, à chaque décennie, il a su produire un objet frais et original représentatif de la période. La gamme Ginevra, composée de verres et d'une carafe, ne fait pas exception. Elle correspond tout à fait à l'esprit des années 90, à la recherche de formes simples et classiques auxquelles l'œil du maître a su donner équilibre et détail. Sottsass a travaillé le verre pendant plusieurs décennies. Dans les années 80, il procéda à une série d'essais pour Memphis : il s'empara d'un artisanat traditionnel italien, et utilisa le verre comme du plastique en associant des couleurs vives avec des formes simples, à la manière d'un enfant qui joue avec de la pâte à modeler. Le talent avec lequel Sottsass travaille le verre est illustré ci-contre par sa superbe redéfinition de la carafe classique.

OBJETS POUR LA MAISON

I Petali

1997

DESIGNER : MICHELE DE LUCCHI
(NÉ EN 1951)

MATÉRIAUX : CÉRAMIQUE ET POIGNÉES EN MÉTAL

FABRICANT : PRODUZIONE PRIVATA, MILAN, ITALIE

Michele de Lucchi attira d'abord l'attention du public par les travaux qu'il effectua dans les années 80 pour le groupe Memphis. Depuis, en travaillant pour des compagnies de premier plan spécialisées dans le design et l'ameublement, il est devenu l'un des designers italiens les plus importants. Produzione Privata est une nouvelle entreprise, audacieuse, qui reflète les intérêts des années 90 pour la récupération, mais qui développe le thème récurrent du XXᵉ siècle : l'objet trouvé. De Lucchi assemble des objets courants d'une façon inattendue, redécouvrant ainsi le potentiel de l'ordinaire et du quotidien. I Petali est composé d'assiettes blanches pour former un centre de table traditionnel, tandis que d'autres objets sont fabriqués à partir de verrerie industrielle, de canettes de boissons et de fourchettes (voir p. 162).

Jasper Morrison est un jeune designer britannique plutôt connu pour ses meubles élégants et minimalistes ; mais il a également produit une série d'objets pour la maison, comme cette nouvelle version de casier à bouteilles de vin. Les modèles précédents, parfois de taille réduite de manière à pouvoir être installés sur les plans de travail des cuisines, reprenaient la forme traditionnelle, en bois avec des supports métalliques. Jasper Morrison a eu l'idée simple mais évidente de réaliser le casier en plastique. En utilisant des formes géométriques simples, il en a fait un accessoire d'intérieur moderne, de forme plate, et disponible dans une variété de couleurs vives et très actuelles.

Casier à bouteilles de vin

1994
DESIGNER : JASPER MORRISON (NÉ EN 1959)
MATÉRIAU : PLASTIQUE
FABRICANT : MAGIS, TREVISE, ITALIE

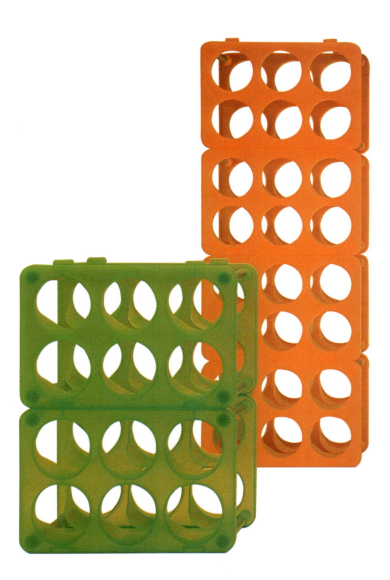

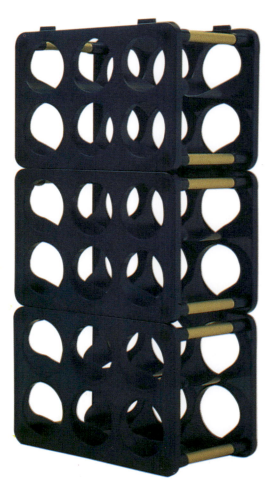

OBJETS POUR LA MAISON 195

CHAPITRE 7
équipements

COUTEAU SUISSE

RADIATEUR ÉLECTRIQUE BRUTON

CE CHAPITRE, INTITULÉ « ÉQUIPEMENTS », TRAITE DES APPAREILS pour la maison, tels que les lave-linge, les réfrigérateurs, les fers à repasser et les aspirateurs. L'industrie de l'électroménager est unique car sa croissance est moins provoquée par la demande du consommateur que par le développement des techniques. L'introduction généralisée du gaz et des installations sanitaires, au cours du XIXe siècle, puis, plus tard, de l'électricité, a radicalement changé l'aspect de la maison et des produits domestiques. La maison victorienne était dotée d'innombrables ustensiles ingénieux qui correspondaient à des tâches spécifiques, tels que la moulinette ou le hachoir à viande, mais tous fonctionnaient à la main. Au XIXe siècle, il était facile et peu onéreux d'embaucher des serviteurs, c'était donc eux qui, dans les foyers de la classe moyenne, effectuaient les tâches primordiales – lessive, repassage, cuisine et conservation des aliments. Au début de la Grande Guerre, l'emploi de domestique cessa d'être la seule option pour les hommes et les femmes des classes laborieuses, aussi l'attrait des nouveaux appareils électroménagers s'accrut-il.

Le développement des appareils électriques commença vers 1880, avec des articles simples tels que les chauffe-eau et les fers à repasser plats. Il s'accrut lors de la politique d'électrification instaurée après l'« Electricity (Supply) Act » de 1926, quand l'Office Central d'Électricité créa le premier réseau national alimentant l'ensemble du pays. L'industrie de l'électroménager évolua en fonction des procédés d'ingénierie, mais son développement vint aussi d'expérimentations individuelles et d'inventions de pionniers, que ce soient des particuliers ou des compagnies. Les fabricants furent confrontés aux nouvelles méthodes de production, qui nécessitaient des pièces standardisées et interchangeables pour les machines afin de pouvoir fabriquer en masse des biens de consommation. La politique des entreprises était guidée par le besoin de produits pratiques et fonctionnels des consommateurs. Ces produits purent se développer à grande échelle grâce à la miniaturisation croissante des moteurs électriques, ce qui permettait le fonctionnement de machines à laver, de mixers et d'éléments chauffants dans les bouilloires et les fers à repasser. Peter Behrens fut un des pionniers dans ce domaine. Le travail qu'il accomplit, à partir de 1907, pour AEG, une compagnie allemande qui était à l'époque le plus puissant fabricant d'électroménager au monde, créa un précédent. Sous Behrens, AEG lança une gamme d'appareils faciles à utiliser, simples, rationnels, et dont l'esthétique servit de modèle aux autres articles du même genre. Ce fut le travail avant-gardiste de Behrens qui inspira le mouvement moderne dans sa conception de la maison « machine à habiter ». La cuisine, par exemple, était considérée comme un laboratoire où l'on pouvait appliquer des principes scientifiques aux tâches domestiques ; elle com-

RÉFRIGÉRATEUR PYRAMIDE

prenait des plans de travail pour préparer, d'autres pour nettoyer, etc. Les murs étaient souvent carrelés, les cuisinières émaillées, donc plus faciles à entretenir, et les casseroles en aluminium remplacèrent les anciennes marmites en cuivre. Le Bauhaus et ses designers répondirent rapidement à ces changements en réalisant des récipients en verre résistant à la chaleur, comme ceux de la gamme Kubus. L'Amérique, première puissance mondiale, a ouvert la voie aux innovations. Sous de grands noms tels que Norman Bel Geddes, Raymond Loewy ou Walter Dorwin Teague, la profession de designer industriel se développa et s'orienta vers l'électroménager. Ces designers créèrent des cabinets plus proches de ceux des architectes ou des avocats que des ateliers d'artistes indépendants. Ils entreprirent de redéfinir le marché en utilisant le design. Pour eux, « design » signifiait renouveler l'aspect extérieur, remodeler les lignes des appareils dont le mode de fonctionnement était bien établi, mais dont l'apparence était souvent obsolète et dépassée. Le réfrigérateur Coldspot est un bon exemple : son concepteur, Loewy, transforma le rayonnage surmonté d'un système de refroidissement encombrant en un appareil à la ligne aérodynamique et élégante, et qui s'intégrait fièrement dans les nouvelles cuisines. Les fers à repasser, les cuisinières et les balances suivirent la même voie et furent fabriqués avec les nouveaux matériaux. Leurs formes, désormais sculpturales, apportaient à ces objets qualité et prestige.

Le raisonnement moderniste se poursuivit durant l'après-guerre avec la compagnie allemande Braun. Elle produisait des appareils électriques pour la maison aux formes simples, géométriques, sans décoration ni couleur : presque tous les articles sont blancs. À partir de 1960, l'approche de Braun domina le style international. Pendant les années 60, des compagnies pionnières telles que Brionvega, en Italie, réalisèrent des objets audacieux et pleins d'humour conforme à l'esthétique pop. Cependant, la majorité des appareils électriques appartenaient à la catégorie des « éléments blancs ».

Le début des années 80 marqua un changement dans les comportements. Le marché des produits colorés et décorés avait toujours existé, mais ils étaient souvent considérés par les puristes comme étant de mauvais goût. Maintenant, influencés par les nouvelles attitudes du postmodernisme, les fabricants ont commencé à explorer des formes organiques tandis que d'autres compagnies telles que Zanussi ont introduit des détails originaux et des couleurs dans des produits tels que les réfrigérateurs.

Dans les années 90, le designer se trouva davantage impliqué dans des produits de plus en plus pointus techniquement. La fonctionnalité reste l'élément clé, mais le design de l'appareil ménager ou de tout autre équipement pour la maison prend de plus en plus d'importance aux yeux du consommateur.

SURFLINE

MOKA EXPRESS

DOUBLE CYCLONE DYSON

Hoover Junior

1907

DESIGNER : INCONNU

MATÉRIAUX : ALLIAGE DE MÉTAUX ET PLASTIQUE

FABRICANT : HOOVER LIMITED, ROYAUME-UNI

En 1907, la compagnie Hoover lança son premier aspirateur et introduisit rapidement ses produits sur le marché international. En 1919, les premiers articles de chez Hoover arrivèrent sur le marché britannique, où ils rencontrèrent un grand succès. Hoover développa de nouvelles méthodes de vente au détail et, au milieu des années 30, leurs aspirateurs, comme le modèle présenté ici, étaient régulièrement mis en démonstration chez les particuliers par des vendeurs itinérants. La production en série permettait de réaliser l'appareil à moindre coût : en 1935, son prix était le tiers de celui appliqué dans les années 20, et en 1949, 40 % des ménages britanniques possédaient un aspirateur. Les ventes étaient telles que la compagnie décida, en 1932, d'implanter une usine sur le sol britannique, et un établissement Art déco flamboyant fut construit à Perivale, à l'ouest de Londres. Réalisé par Wallis, Gilbert et Partners, il devait affirmer la modernité de la compagnie. L'aspirateur Hoover Junior était la version économique du modèle Senior. Tous deux regroupaient les parties fonctionnelles de l'appareil sous une carrosserie, ce qui donnait une ligne plus pure, et alliait progrès et hygiène.

Aspirateur Electrolux

AUTOUR DE 1945

DESIGNER : SIXTEN SASON (1912-1969)

FABRICANT : ELECTROLUX, SUÈDE

En 1915, Electrolux, une compagnie suédoise réputée pour son design de qualité, lança le premier aspirateur traîneau. Conformément à sa politique d'embauche de designers renommés, Electrolux fit appel à Sixten Sason en tant que designer consultant, et il créa un aspirateur dont la forme est raffinée et plus aérodynamique. Bien qu'orfèvre de formation, Sixten Sason a réalisé certains des plus importants designs industriels de ce siècle, notamment les premiers appareils-photo Hasselblad, et les modèles 96 et 99 de voitures Saab.

ÉQUIPEMENTS 199

Double Cyclone Dyson

1983

DESIGNER : JAMES DYSON
(NÉ EN 1947)

MATÉRIAUX : PLASTIQUES MOULÉS

FABRICANT : DYSON APPLIANCES, ROYAUME-UNI

Lancé en 1993 sur le marché, le Double Cyclone, dont le style peu conventionnel s'allie à une technique novatrice, est devenu l'un des aspirateurs les plus vendus au Royaume-Uni. Les aspirateurs traditionnels utilisent un sac filtrant, qui recueille les saletés et la poussière tout en renvoyant l'air filtré dans la pièce. L'efficacité de ce système est limitée par le filtrage du sac, dont les pores s'obstruent peu à peu. Le système de James Dyson repose sur la force centrifuge : il aspire l'air et le fait tourner dans deux chambres à une vitesse de 1287 km/h jusqu'à ce que la poussière et les saletés retombent au fond du cylindre transparent.

Pour mettre au point son premier aspirateur, un appareil postmoderne rose et lavande appelé force-G, Dyson a réalisé plus de cinq mille prototypes en cinq ans. Ce modèle resta sans grand succès auprès des fabricants américains et européens mais, en 1984, une entreprise japonaise le lança en production limitée. En 1991, il vendit son brevet aux Japonais, et il fonda sa propre usine et son propre réseau de distribution. Désormais, il réalise le Cyclone dans son centre de recherche au Royaume-Uni et ses ventes à travers le monde représentent plusieurs millions de francs. Le dernier modèle, Absolute, possède un écran « tueur de bactéries » qui filtre les virus et le pollen en suspension dans l'air.

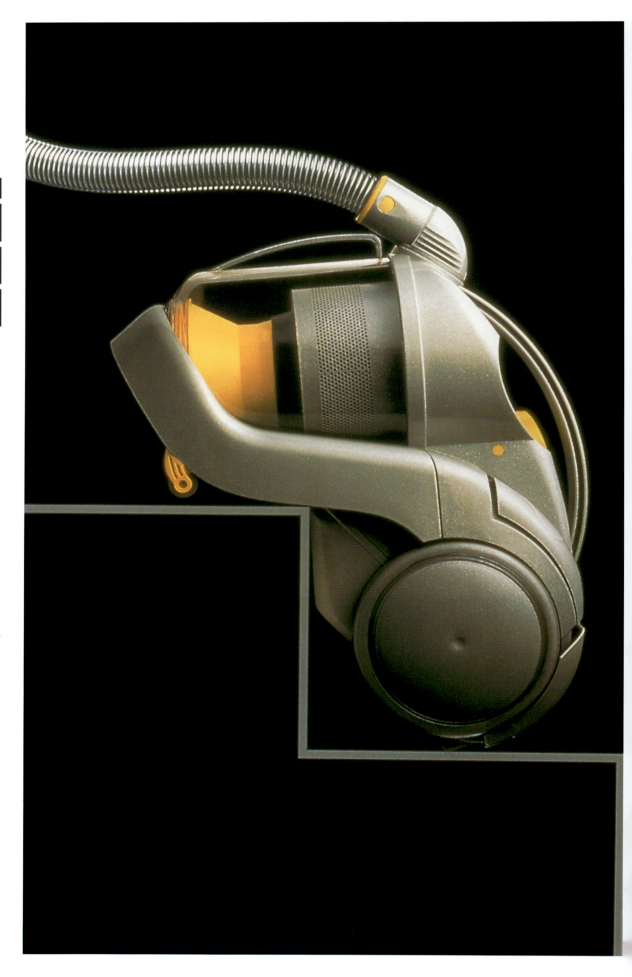

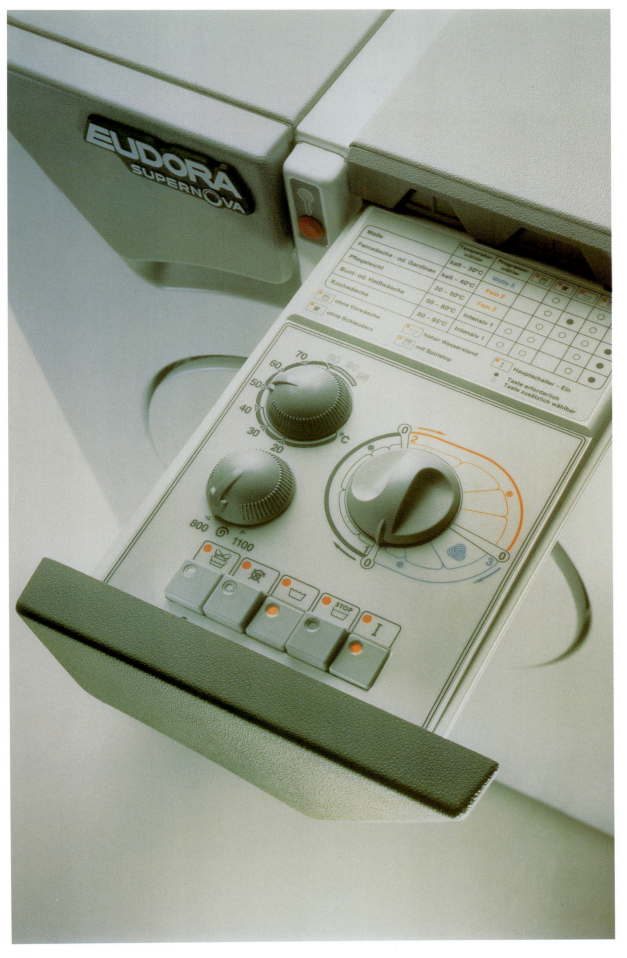

Lave-linge Supernova

1989

DESIGNER : PORSCHE DESIGN, GMBH, AUTRICHE

MATÉRIAUX : ACIER ET PLASTIQUE

FABRICANT : EUDORA, AUTRICHE

Cet article lance un défi à la forme omniprésente de la plupart des gros appareils ménagers communément surnommés « les appareils blancs ». Deux mois après son lancement, Supernova occupait la quatrième place dans l'échelle des ventes de lave-linge en Autriche. La lunette traditionnelle a été remplacée par un panneau de réglage. Les commandes sont regroupées dans le panneau droit de la machine, identique au compartiment distributeur de lessive, le principe du tiroir permettant de protéger les touches et boutons de la lessive et de l'eau. Des panneaux en plastique épais protègent le dessus de l'appareil des rayures éventuelles. Cet appareil comprend également un capteur capable d'évaluer la quantité de linge et de mesurer le volume d'eau nécessaire, ce qui permet ainsi d'économiser l'eau, l'électricité et la lessive. De tels systèmes d'économie sont désormais courants dans les années 90.

Réfrigérateur Coldspot Super Six

1934

DESIGNER : Raymond Loewy (1893-1986)

FABRICANT : Compagnie Sears Roebuck, Chicago, États-Unis

Raymond Loewy reste le designer industriel américain le plus connu. Il est légendaire pour son aptitude à se promouvoir lui-même, et pour sa définition du design : une création est bonne quand la courbe de ses ventes est ascendante. Dans les années 30, ce concept attira les fabricants, confrontés à une effroyable récession. Loewy créa des objets d'intérieur, modernes et originaux. Il était également réputé pour ses talents de transformation : il prenait un objet déjà existant et le remodelait à sa façon. Le réfrigérateur Coldspot, un exemple classique, avait été commandé par Sears Roebuck, une compagnie qui a révolutionné la vente par correspondance aux États-Unis. Les clients pouvaient commander leurs produits par la poste et bénéficier de conditions de paiement intéressantes. Le Coldspot était l'un des premiers appareils domestiques dotés de lignes sculpturales et épurées. Le réfrigérateur n'était plus seulement une machine, mais un bel objet représentatif du design moderne. Le Coldspot démontre bien l'intérêt que Loewy accordait à la ligne. Il comportait des étagères en aluminium inoxydable, une poignée répondant au moindre geste, et un logo bleu caractéristique. Ce réfrigérateur fut le précurseur des appareils domestiques « objets de désir ».

Réfrigérateur Pyramide

1987

DESIGNER : ROBERTO PEZZETTA (NÉ EN 1946)

FABRICANT : ZANUSSI, ITALIE

Dans les années 80, Zanussi lança ce réfrigérateur pour défier la prédominance du blanc, teinte typique de l'électroménager. La couleur est maintenant un thème important dans la cuisine, ce qui donne aux « appareils blancs » une place de premier ordre, les élève au rang de référence dans l'équipement de la maison, et fait d'eux les équivalents des meubles.

Ce réfrigérateur résolument postmoderne, réalisé par le designer en chef de Zanussi, n'a pas été un succès commercial, à cause de sa forme particulière qui ne se prête pas aux espaces restreints des cuisines d'aujourd'hui.

ÉQUIPEMENTS 203

Aga, nouvelle cuisinière classique

1922

DESIGNER : GUSTAF DALEN (1869-1937)

FABRICANT : AGA HEAT LIMITED, SUÈDE

Pour beaucoup, l'Aga évoque la véritable image du foyer. La cuisinière incarne des valeurs plutôt rurales : prendre le temps de cuisiner, et faire de la cuisine le cœur de la vie familiale. Pourtant, quand elle a été réalisée, l'Aga était à la pointe du style moderniste et de la technologie. Dans les années 30, elle figurait souvent dans les livres traitant du design moderne, comme celui du critique anglais Herbert Read : *Art and Industry* (1936).

L'Aga a été inventée en 1922 par Gustaf Dalen, qui avait obtenu le prix Nobel de physique en 1912 pour sa valve photosensible. Cependant, la production de l'Aga ne put commencer qu'au début des années 30, lorsque la Grande-Bretagne lui accorda une licence de fabrication. Elle était simple mais très efficace par rapport aux appareils utilisés habituellement. Le modèle se compose d'un caisson de fer isolé abritant deux fours à température constante. Il fonctionne sur le principe du stockage de chaleur, avec des plaques réglées à l'avance pour faire bouillir ou mijoter, recouvertes de caches relevables, typiques de la ligne Aga.

Au départ, le modèle n'était disponible qu'en crème, mais dans les années 60 et 70 la gamme s'est élargie aux couleurs primaires et aux bleu et vert foncés. Le design a été modifié et beaucoup de modèles fonctionnent maintenant à l'électricité, mais l'Aga n'en reste pas moins fidèle à ses principes culinaires d'origine et attire encore les clients traditionnels.

Cuisinière électrique Oriole

1931

DESIGNER : NORMAN BEL GEDDES (1893-1958)

MATÉRIAU : ÉMAIL VITRIFIÉ

FABRICANT : STANDARD GAS EQUIPMENT CORPORATION, ÉTATS-UNIS

Pendant les années 30, certains designers industriels américains publièrent des livres sur leurs réalisations, faisant ainsi leur propre publicité. En 1932, Bel Geddes publia *Horizons*, un classique de l'époque, dans lequel se trouvait la cuisinière Oriole en guise d'illustration du principe : « La forme suit la fonction. » Pour qu'elle soit plus facile à nettoyer, les brûleurs étaient recouverts de deux panneaux, les portes du four encastrées, les coins arrondis. L'ensemble était en émail vitrifié blanc. En se fondant sur les nouvelles technologies industrielles utilisées dans les constructions de gratte-ciel, Bel Geddes a réalisé un châssis en acier sur lequel les panneaux d'émail pouvaient être accrochés après l'installation. Ce principe permettait d'éviter les risques d'ébréchure de la surface émaillée. Standard Gas connut, avec ce produit, un véritable succès et doubla ses ventes. Les compagnies concurrentes l'ont très vite imité.

Oriole a permis à certaines entreprises de se reprendre, et de comprendre combien le design pouvait augmenter les ventes. Les usines d'électroménager ont rapidement suivi ce courant en lançant de nouveaux produits qui contribuèrent à changer l'apparence des intérieurs domestiques.

Radiateur à résistance électrique Bruton

1939

MATÉRIAU : CHROME

FABRICANT : HMV, LONDRES, ANGLETERRE

Dans les années 30, afin de symboliser la modernité et l'efficacité des appareils électriques, les designers s'efforçaient de leur appliquer des caractéristiques issues de l'Art déco et des lignes fuselées du design automobile. Le radiateur Bruton est représentatif de cette époque par la prédominance du chrome, qui rappelle les automobiles d'alors. Il est composé d'une double parabole, qui améliore la diffusion de la chaleur et donc l'efficacité du radiateur.

Les radiateurs électriques ont permis aux consommateurs de découvrir pour la première fois le chauffage instantané et portable. Bien que relativement chers à l'emploi, ils étaient très appréciés en tant que chauffage d'appoint. Les poêles à charbon étaient encore largement utilisés puisque le chauffage central ne s'est répandu qu'après la guerre.

Au début du XXe siècle, le fer à repasser fut l'appareil électroménager qui eut le plus de succès. C'était un article électrique simple, vite chaud, gardant bien la chaleur, propre, sans fumée et sans odeur.

Il était l'appareil le plus demandé, et par conséquent le plus vendu ; c'est lui qui a été à l'origine d'une demande croissante en équipements électriques. Après la guerre, il est devenu l'élément de base de la plupart des foyers. Son développement repose sur l'ajout de détails techniques tels que le thermostat, le vaporisateur de vapeur, et sur l'aspect extérieur de l'appareil.

La compagnie allemande Rowenta a bien étudié ce marché et, à son lancement, sa nouvelle gamme Surfline a connu un véritable succès. Ce fer associe une technologie de pointe, des alliages métalliques légers et une semelle anti-adhésive, mais il doit surtout son succès à son corps en plastique bleu turquoise. Ce design particulier donne à ce fer une image postmoderne, parfaitement en accord avec la tendance actuelle à opter pour de l'électroménager coloré. Le fer, jusqu'alors objet fonctionnel, ordinaire et terne, est devenu, grâce à Surfline, un article de design d'intérieur. De plus, sa couleur évoque la fraîcheur et la propreté de l'océan, et la ménagère (des statistiques démontrent que les femmes continuent à faire le plus gros du repassage domestique), grâce à sa transparence, peut aisément vérifier le niveau de l'eau.

Surfline

1994

MATÉRIAUX : MÉTAL ET PLASTIQUE

FABRICANT : ROWENTA, ALLEMAGNE

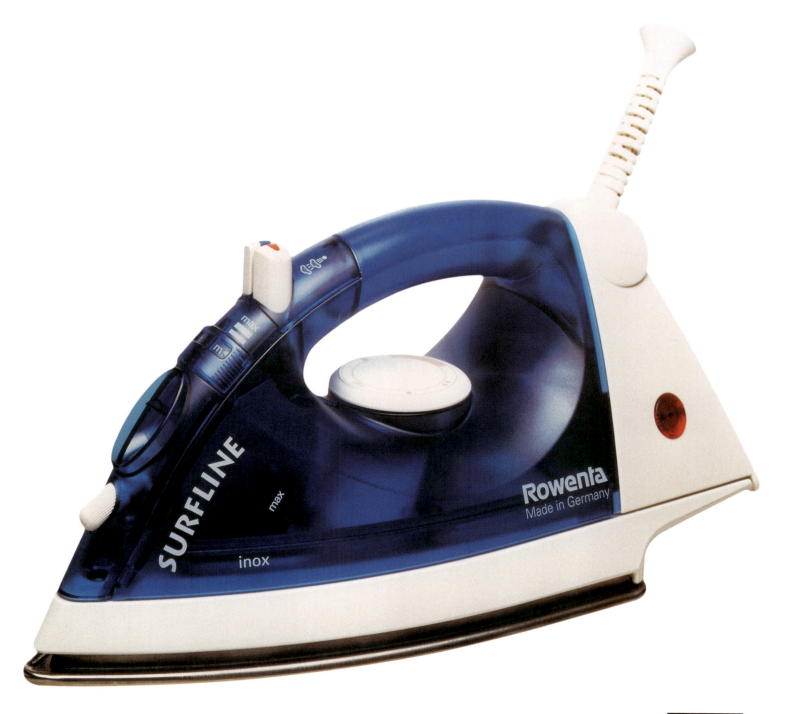

ÉQUIPEMENTS 207

Grille-pain Philips

1996

DESIGNER : PHILIPS CORPORATE DESIGN AVEC ALESSANDRO BONDINI (NÉ EN 1931) / ALESSI

FABRICANT : PHILIPS, EINDHOVEN, PAYS-BAS

Philips est le producteur mondial d'électroménager et d'articles électroniques le plus important. En 1995, Philips lança une série de produits élaborés en collaboration avec Alessi, petite entreprise italienne qui fabrique des cuisines et de l'électroménager. La gamme est composée d'une machine à café, d'un presse-fruits, d'une bouilloire et d'un grille-pain. Tous ces ustensiles ont des formes fluentes et sculpturales très particulières, et sont proposés dans une gamme de couleurs allant du vert au rose et crème. Ce grille-pain est doté d'un capteur capable de contrôler avec précision le degré de grillage du pain. Le porte-pain peut être suffisamment remonté, afin de pouvoir attraper les tranches les plus petites.

Couverts Combination

1978

DESIGNER : ERGONOMI DESIGN GRUPPEN

FABRICANT : RFSU REHAB AB, STOCKHOLM, SUÈDE

Le design destiné aux handicapés n'a pas souvent été une priorité pour les fabricants et les designers. Et lorsque les problèmes de ceux, jeunes ou vieux, qui ne peuvent pas se servir de matériel ou de produits ordinaires ont été abordés, le résultat a souvent été peu attrayant.

La compagnie suédoise RFSU Rehab, avec les designers Maria Benktzon et Sven-Eric Juhlin, du groupe Ergonomi Design, a réussi à créer des produits spécialement adaptés aux handicapés mais qui, sur le plan esthétique ou en matière de finition, n'ont rien à envier aux objets courants. La Suède jouit d'une réputation à toute épreuve pour ce qui est de la prise en compte des besoins spécifiques de certains groupes de population.

Cette gamme de couverts est destinée aux personnes dont les capacités manuelles sont limitées. Chaque couvert combine deux fonctions : couteau et fourchette, ou bien couteau et cuillère. Une surface d'appui permet une prise ferme pour couper les aliments, action facilitée par la lame de couteau droite et placée parallèlement au manche. La cuillère combinée est conçue pour les personnes affligées d'infirmités plus graves et pour qui il est plus facile de prendre les aliments avec une cuillère. Le cuilleron est plus profond que la normale, et dentelé des deux côtés.

Moka Express

1930

DESIGNER : ALFONSO BIALETTI

FABRICANT : MOKA, ITALIE

Moka Express est une simple cafetière adaptée à la cuisinière. Elle se dévisse au centre et se divise en trois parties : on met de l'eau dans celle du bas, du café moulu dans le compartiment du milieu, et quand l'eau bout, la vapeur passe à travers la mouture et le café remonte dans la partie supérieure. Réalisée en 1930, ses facettes géométriques, son métal brillant et ses parties en Bakélite correspondent tout à fait au style Art déco. La cafetière Moka était suffisamment jolie pour être présentée directement sur la table. Dans les années 30, c'était un objet d'avant-garde, produit en série limitée et relativement cher. Après la Seconde Guerre mondiale, elle est produite en série et devient un best-seller. Facile à utiliser et économique, elle a été exportée dans le monde entier, et représente l'élégance et le style italiens.

Machine à café La Pavoni

1947

DESIGNER : GIO PONTI (1891-1979)

FABRICANT : LA PAVONI, SAN GIULIANO, ITALIE

Pour la génération du baby boom des années 50, deux objets symbolisent la nouvelle esthétique du design italien d'après-guerre : le scooter Vespa et la célèbre machine à espresso chromée réalisée en 1947, par Gio Ponti pour le compte de la Pavoni. Sa ligne pure, mécanique, n'a pas été imaginée par hasard. Durant les années 30, Ponti était l'un des rares designers travaillant pour l'industrie. En 1921, il obtint son diplôme d'architecte à Milan. Ses premiers travaux subirent les contraintes du fascisme, mais après la guerre, Ponti devint l'une des figures les plus respectées d'Italie : non seulement ses réalisations étaient originales, mais il joua aussi un rôle clé dans l'affirmation du design italien. Il a fortement contribué à l'instauration de la Triennale de Milan, et fut aussi un écrivain et un enseignant influent. En 1928, il devint rédacteur en chef de *Domus*, qu'il édita pendant cinquante ans, et auquel il donna une envergure internationale.

Pendant de nombreuses années Ponti enseigna à l'institut technologique de Milan et contribua à modeler les idées intellectuelles qui sous-tendent le meilleur design italien. Il était respecté par plusieurs générations de jeunes designers, auxquels il apporta beaucoup.

La Pavoni a exporté sa machine à café à travers le monde entier et plus particulièrement à Londres, où elle s'associe à jamais au mode de vie des adolescents d'alors, qui fréquentaient les cafés. Elle a représenté un changement de style important, loin de la prédominance américaine. L'accent était désormais mis sur des valeurs européennes qui se traduisaient dans des films comme *The Ipcress File* et des romans tels que *Absolute Beginners*.

ÉQUIPEMENTS 211

Machine à coudre Mirella

1956

DESIGNER : Marcello Nizzoli (1895-1969)

MATÉRIAUX : Acier, aluminium

FABRICANT : Necchi, Pavie, Italie

Tout au long de sa carrière, Marcello Nizzoli travailla dans différents domaines du design, plus particulièrement dans l'équipement de bureau et les machines à écrire Olivetti.

Dans les années 50, Necchi procédait comme de nombreux fabricants italiens : des designers étaient engagés pour travailler sur ses produits et apposer leur signature, afin d'accroître la compétitivité de l'entreprise sur les marchés national et international.

L'Italie, aidée par les financements américains, connaissait alors une explosion économique due à la demande considérable en électroménager (réfrigérateurs, machines à laver et machines à coudre). L'industrie de l'acier était florissante, et de nouvelles techniques telles que le coulage sous pression se développaient, ce qui permettait d'obtenir des modèles très sophistiqués comme celui présenté ci-dessous.

Comme beaucoup d'autres produits italiens de cette époque, la machine à coudre Mirella montre l'importance de la forme. Les machines Necchi dessinées par Nizzoli ont de puissantes lignes organiques, étudiées pour abriter et dissimuler tout le système mécanique. La machine Mirella est également importante en termes de design pour ses finitions soignées et la position judicieuse de ses commandes.

Rasoir Braun

1951

DESIGNER : DIETER RAMS
(NÉ EN 1932)

FABRICANT : MAX BRAUN,
FRANCFORT, ALLEMAGNE

Grâce au travail qu'il a effectué pour la compagnie allemande Braun, Dieter Rams fait partie des designers les plus influents de l'après-guerre. Son approche du design obéit au principe du fonctionnalisme : les formes dénudées traduisent la fonction de l'objet. Les produits Braun sont célèbres pour être soit blancs, soit noirs. Rams représente une ligne moderniste continue qui va du Bauhaus à l'enseignement qu'il a reçu à l'école d'Ulm. L'esthétique de la maison Braun était si puissante que même la vague postmoderniste n'a en rien altéré sa philosophie du design. Chaque article Braun traduit le concept de la maison : simplicité et fonctionnalité, comme le démontre le rasoir ci-contre.

Le rasoir électrique dispense de l'utilisation de crème et de savon. Les premiers prototypes ont été dessinés dans les années 30, mais la production n'a été lancée qu'après la Seconde Guerre mondiale. Braun est le premier à lancer le rasoir électrique et, en 1951, son prototype est composé d'un corps simple et d'un moteur à oscillations qui utilise des batteries rechargeables. Des critères de design pour le rasoir étaient posés, et ils n'ont guère changé depuis.

ÉQUIPEMENTS

Robot de cuisine

1957

DESIGNER : GERD ALFRED MULLER (NÉ EN 1932)

MATÉRIAUX : MÉTAL ET PLASTIQUE POLYSTRYOL

FABRICANT : MAX BRAUN, FRANCFORT, ALLEMAGNE

Avant les années 20, les gadgets de cuisine pour la préparation des plats fonctionnaient manuellement. L'invention du moteur électrique changea cette situation, et marqua l'avènement des robots et des mixers. Mais il a fallu attendre les années 30 avant que ces moteurs soient suffisamment petits pour pouvoir être opérationnels dans une cuisine. Les premiers mixers ressemblaient à des outils d'atelier plutôt qu'à des ustensiles de cuisine. Les Américains ont alors été les premiers à créer un modèle plus attrayant, où le corps de l'appareil dissimulait le moteur. Cependant, c'est une compagnie allemande qui a lancé et développé un nouveau produit : le robot de cuisine Braun.

Depuis sa création dans les années 50, Braun a toujours été fidèle à une certaine idéologie en matière de design : le produit doit être fonctionnel, élégant, simple et de couleur neutre. Cette esthétique dérivait du Bauhaus et de la nouvelle école allemande, à Ulm. Braun a travaillé avec des enseignants et designers d'Ulm tels que Hans Gugelot, un professeur de design industriel. Muller, qui rejoignit l'équipe de designers de Braun à la fin des années 50, est aussi inspiré par l'image de pureté formelle, l'utilisation de formes géométriques et l'authenticité des matériaux. Son mixer est un des premiers à comporter autant de plastique, et ses lignes de raccord sont nettes et noires.

Le robot de cuisine a certes posé des critères de design pour Braun, mais bien d'autres compagnies de par le monde l'ont imité au cours des vingt années qui ont suivi.

En 1960, Kenneth Grange redessina le fameux Chef Kenwood, qui avait été mis sur le marché en 1950. Grange était très influencé par le style discret et doux de la compagnie allemande Braun. Il réalisa le design de cet appareil électroménager archétype en quatre jours seulement. Durant les quarante dernières années, il a travaillé pour Kenwood en tant que conseiller externe en design. Il a réactualisé régulièrement l'appareil, qui reste la fierté de beaucoup de cuisines.

Kenwood Chef

1960

DESIGNER : KENNETH GRANGE (NÉ EN 1929)

FABRICANT : KENWOOD, ROYAUME-UNI

Bouilloire K2

1959

DESIGNER : W.M. RUSSELL

FABRICANT : RUSSELL HOBBS, ROYAUME-UNI

Réalisée en 1959, la K2 était une version améliorée de la K1, dessinée cinq ans plus tôt, et faisait partie d'une gamme que Russel Hobbs appellera plus tard *forgettable* (que l'on peut oublier), car elle était munie d'un système d'arrêt automatique. Cette particularité a son importance car avant son apparition, si l'utilisateur ne surveillait pas sa bouilloire, il risquait de retrouver sa pièce pleine de vapeur et l'appareil brûlé. D'autres innovations techniques ont complété la bouilloire : une résistance électrique puissante qui permet de porter l'eau à ébullition en quelques secondes, un indicateur incorporé dans l'anse qui se désamorce quand la bouilloire s'arrête. L'anse et le bouchon du couvercle étaient toujours frais au toucher. La K2 existait en plusieurs modèles, allant de ceux en acier inoxydable poli et brossé aux modèles en cuivre ou chromés. De nos jours, le marché est dominé par la bouilloire électrique haute en plastique, mais la bouilloire métallique de Russel Hobbs est considérée comme le modèle classique.

Bouilloire électrique AEG

1908-1909

DESIGNER : PETER BEHRENS (1869-1940)

FABRICANT : AEG, BERLIN, ALLEMAGNE

Parmi les designers qui fondèrent, en 1906, la Deutsche Werkbund, une organisation qui voulait promouvoir un design de qualité, Peter Behrens est le plus connu. Ils avaient foi en la standardisation, et pensaient que le design des produits devait refléter les formes abstraites. Behrens introduisit ces notions dans l'industrie quand, en 1906, on lui demnda de réaliser la publicité pour l'AEG (Allgemeine Elektrizitäts-Gesellschaft, la Compagnie Générale Électrique) dont fait partie la page publicitaire reproduite ci-dessous.

En 1907, il est nommé architecte coordonnateur de l'AEG et à ce titre, il dessina non seulement des usines et des vitrines, mais il composa des publicités, créa des systèmes d'éclairage électrique, des ventilateurs, des bouilloires, des fours, des horloges et des plombs d'imprimerie. Ce travail se poursuivra jusqu'à la Seconde Guerre mondiale.

La large gamme de produits électriques que Behrens a dessinés comprenait trois modèles différents de bouilloires, dont un comportait le premier élément immergé. L'élément était intégré dans le corps de la bouilloire au lieu d'être placé dans un compartiment extérieur ; de plus, le modèle était composé de parties interchangeables. Les nouvelles techniques de standardisation facilitèrent la production et réduisirent les coûts. Chaque bouilloire était disponible en différents matériaux, différentes tailles, et diverses finitions.

Couteau suisse

1891

DESIGNERS: CARL ET VICTORIA ELSENER

FABRICANT : FAMILLE ELSENER, SUISSE

Tout écolier rêve de posséder ce canif, dont la production a été lancée à la fin du XIXe siècle. Avec son manche caractéristique rouge vif et son logo blanc en forme de croix, ce n'est pas un simple couteau de poche : c'est une boîte à outils miniature qui se plie et tient au creux de la main. Carl et Victoria Elsener produisaient leur propre coutellerie, de très bonne qualité, dans leur petite usine des Alpes Suisses. Leur réputation s'est vite répandue et en 1891, l'armée suisse leur demanda de réaliser un couteau de poche, solide, pour ses soldats. Le design en fut très apprécié et l'année suivante, ils décrochèrent un second contrat. Ils conçurent alors l'élégant couteau de poche multifonctions : « le canif d'officier », première version du couteau suisse vendue à des millions d'exemplaires. Depuis, quatre générations ont produit ce canif légendaire reposant sur trois principes : bonne qualité, polyvalence et excellent design. Bien que produit sous différentes formes, le canif de base reste toujours le même et se limite à une série de lames pliables alors que des modèles comme le « SwissChamp » (Champion Suisse) sont composés d'un tire-bouchon, d'un décapsuleur-ouvre-boîte, d'une lime à ongles, de tournevis, d'un cure-dent, d'une scie à bois, de pinces et de ciseaux. Ce canif a beaucoup de succès auprès des scouts, campeurs, voyageurs, explorateurs et de tous ceux qui aiment les gadgets.

Swatch

1983

FABRICANT : SWATCH, SUISSE

Pendant les deux dernières décennies, Swatch a provoqué une mutation sur le marché des montres. La technologie suisse, alliée au design et à un prix abordable, a fait de la Swatch l'accessoire de mode des années 80. La première montre, composée d'un bracelet en plastique noir et d'un cadran simple, est aujourd'hui le modèle classique. Suivant les principes de marketing de l'industrie de la mode, la compagnie produit des collections à chaque saison, des séries limitées pour les collectionneurs et une gamme de modèles classiques qui sont toujours produits. Au cours du XXe siècle, le design des montres a toujours suivi la mode, mais durant les quinze dernières années, la compagnie a produit une gamme de styles et de couleurs qui l'ont propulsée au rang de leader mondial. Les premiers prototypes ont été réalisés par trois ingénieurs, Ernst Thonke, Jacques Muller et Elmar Mock. Ils ont créé la première montre intégrée, dans laquelle le mécanisme n'était pas un élément séparé. Puis vint la Swatch à quartz, qui offrait au consommateur une technologie de pointe et remettait en cause l'idée que le plastique manque de fiabilité. Les montres Swatch sont composées de cinquante et une pièces, contrairement aux montres traditionnelles qui en comptent quatre-vingt-dix. Swatch tira avantage de ces mécanismes en réalisant un modèle transparent, où tous les composants étaient visibles.

ÉQUIPEMENTS

Radiateur mural Corinthien 180 U

1963

DESIGNER : D. M. R. BRUTON
(NÉ EN 1938)

FABRICANT : BELLING ET
COMPANY LIMITED, ROYAUME-UNI

Belling était une entreprise familiale fondée en 1913, qui produisit les premiers appareils électriques en Angleterre. Ce radiateur mural, d'une puissance de trois kilowatts, gagna en 1963 le British Design Council Award pour sa ligne simple, fonctionnelle et rationnelle. Afin de permettre l'installation du radiateur sur les murs de cheminée, les fabricants proposaient des modèles encastrables munis d'un panneau de montage. Au cours des années 60, la tendance était à la suppression des anciennes cheminées victoriennes : on voulait les remplacer par des modes de chauffage plus modernes. Cependant, le modèle Corinthien, avec ses pièces peu nombreuses et sa gamme de couleurs restreinte, était plus apprécié des architectes que du public.

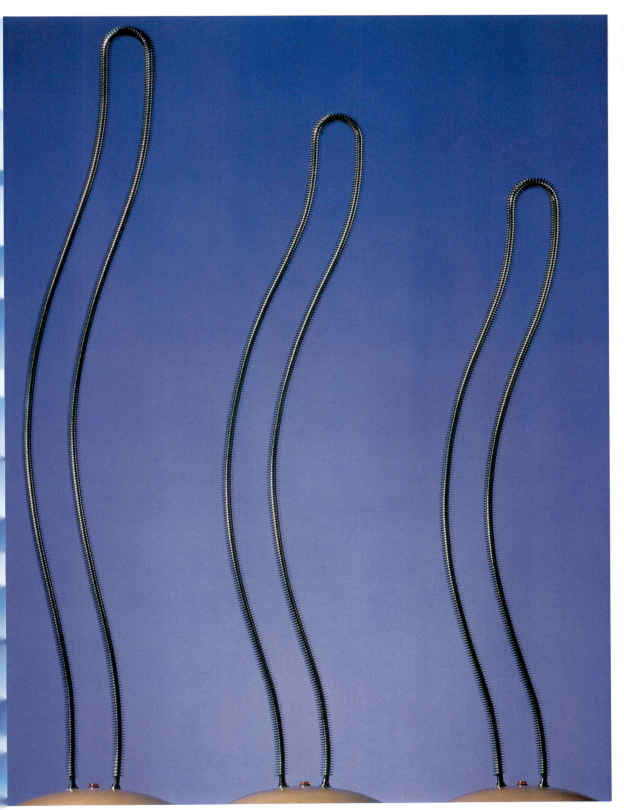

Radiateur Cactus

1994

DESIGNER : PAUL PRIESTMAN (NÉ EN 1961)

FABRICANT : PRIESTMAN GOODE, LONDRES, ANGLETERRE

Paul Priestman, diplômé du Royal College of Art de Londres, devint célèbre en 1985, grâce à son système de radiateur portable. Depuis, il a créé sa propre agence de design avec Nigel Goode. Ils ont travaillé sur une série de radiateurs tels que le Belling Stove et, en 1994, le radiateur Cactus. Priestman avait noté un manque sur le marché du design : depuis les années 60, les radiateurs de chauffage central n'avaient guère changé, et leurs lignes plates ne correspondaient plus aux intérieurs des années 80. Priestman songea qu'il fallait tout reprendre à zéro. Il a certes rencontré les problèmes habituels pour convaincre les fabricants de produire ses créations en série, mais il ne faudra sans doute pas longtemps aux modèles alternatifs pour s'imposer dans l'industrie du bâtiment et auprès des consommateurs. En 1996, l'humble classeur à anneaux lui inspira un autre modèle, « Hot Springs » (ressorts chauds). Il est formé d'un anneau en spirale rigidifié par un tuyau qui le maintient en même temps au mur ; cette économie de moyens donnait un radiateur tubulaire, disponible en plusieurs couleurs vives et fraîches.

ÉQUIPEMENTS 221

Salle de bains Série B

| 1953 |
| DESIGNER : GIO PONTI (1891-1979) |
| MATÉRIAU : PORCELAINE |
| FABRICANT : IDEAL STANDARD, MILAN, ITALIE |

Que Gio Ponti, un des plus grands designers de l'après-guerre, se soit intéressé à des articles essentiels pour la maison tels que les accessoires sanitaires, cela est typique de la manière dont les Italiens appréhendent le design. Avant les années 50, ces produits ne suscitaient pas un grand intérêt commercial même si, dans les années 30, les couleurs et les motifs architecturaux Art déco avaient fait une incursion dans les maisons. Ponti transforma ces éléments en des formes sculpturales d'une originalité frappante, mais il n'obtint pas le succès escompté et l'année suivante, Ideal Standard lancera la gamme Zeta, plus commerciale, autre fruit du talent de Ponti.

Salle de bains Kyomi

1997

DESIGNER : ROBIN LEVIEN (NÉ EN 1952)

FABRICANT : IDEAL STANDARD, HULL, ANGLETERRE

La salle de bains Kyomi, d'Ideal Standard, se situe dans la continuité de l'engagement de l'entreprise dans le domaine du design sanitaire. Le talent qui s'exprime ici est celui de Robin Levien, Designer Industriel Royal, et membre de la célèbre association Queenberry Hunt Levien qui réalisa, au début des années 80, la gamme Studio pour Ideal Standard. Celle-ci fut un des plus grands succès de la compagnie.

La philosophie de Kyomi est d'associer un design de qualité à la fonctionnalité ; l'élément qui la reflète le mieux est le lavabo, dont le rebord élégant évite que les éclaboussures ne giclent en dehors de la cuvette ; la chasse d'eau est également facile à utiliser, le porte-papier toilette mural et le porte-serviette en forme d'anneau sont tous deux dotés d'une petite étagère.

Kyomi est composée de onze éléments en porcelaine vitreuse, parmi lesquels des toilettes murales ou sur pied, et quatre modèles de lavabos, sur pied indépendant ou muraux avec demi-pied qui facilitent le nettoyage et donnent également une sensation de légèreté. La baignoire ovale est faite en « Idealcast », un matériau moderne qui remplace la fonte, épais, solide, et chaud au toucher.

La baignoire Arc Kyomi, faite d'une matière acrylique très rigide (l'« Idealform »), se place facilement dans une alcôve classique et reste tout de même très spacieuse grâce à sa ligne frontale bien balancée. Les robinets d'un vert mat translucide ressemblent aux fragments de bouteilles de verre que l'on peut trouver sur les plages.

Ensemble de cuisine A7-1700

1996

DESIGNER : ÉQUIPE DE DESIGN DE BULTHAUP

MATÉRIAUX : ALUMINIUM ET ACIER

FABRICANT : BULTHAUP GMBH, AICH, ALLEMAGNE

Bulthaup est une compagnie allemande fondée en 1949 par Martin Bulthaup. La compagnie a commencé par fabriquer des buffets de cuisine et s'est diversifiée en produisant des ensembles mobiliers pour cuisines, salles de bains et laboratoires. Depuis les années 80, la compagnie s'est spécialisée dans les cuisines. En 1982, elle demanda au designer allemand Otl Aicher (né en 1922) d'écrire un livre intitulé *The kitchen as a Place to Cook* (La cuisine pour y cuisiner). Aicher avait été au cœur du design moderne de l'après-guerre. Il étudia à Ulm, avec Max Bill comme professeur, puis travailla pour Braun, une compagnie dont le design est basé sur la fonctionnalité et les formes simples. L'esthétique qu'Aicher mettait au service de Bulthaup s'est d'abord exprimée à travers le « billot de boucher », une table solide en bois massif, placée au milieu de la pièce. Cet article est devenu une caractéristique des cuisines Bulthaup, de même qu'un simple plan de travail en acier inoxydable qui peut être utilisé seul ou intégré dans une gamme d'éléments-placards ou appareils électroménagers fournis par Bulthaup. En 1989, ce design fonctionnel et simple gagna de nombreux prix et la compagnie développa de nouveaux produits tels qu'un nouvel extracteur de cuisine en 1991. Le design, les matériaux et les installations de très haute qualité de cette entreprise ont fait d'elle le *nec plus ultra* en matière de mobilier de cuisine.

En 1992, sa gamme System 25 comprenait une série de postes de travail composée d'éléments en bois, aluminium ou acier inoxydable. Bulthaup est le premier à avoir lancé l'idée que la cuisine était l'endroit le plus important de la maison ; l'argent, le temps et les efforts que l'on y investit doivent refléter cela. Bulthaup est toujours à la pointe des technologies et des techniques de fabrication. En 1994, son département Recherche et produits a développé des enduits à base d'eau très pointus pour les surfaces en bois de l'industrie du meuble.

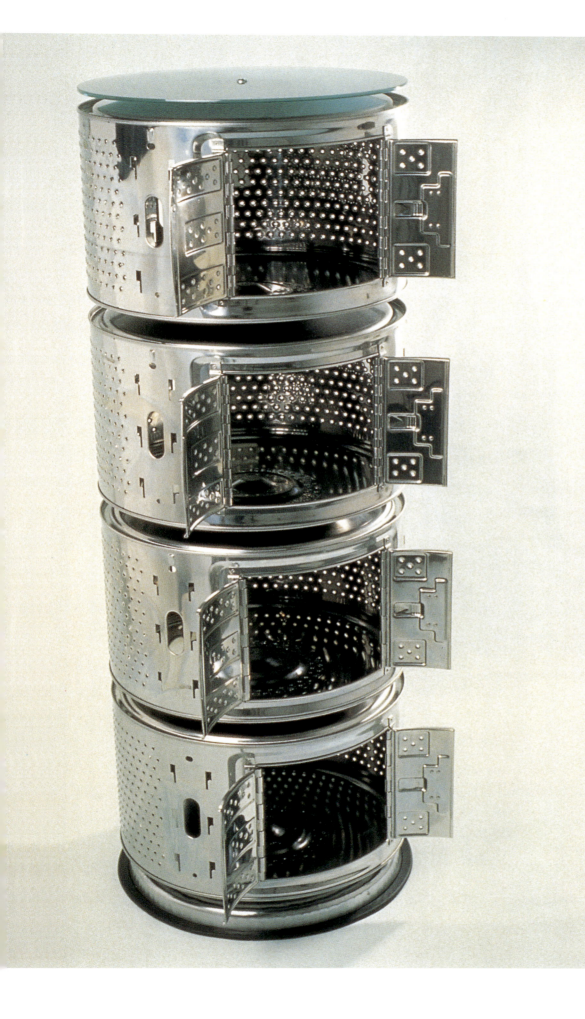

Robo-Stacker

1994

MATÉRIAUX : TAMBOURS DE MACHINES À LAVER RECYCLÉS, VERRE

FABRICANT : JAM, LONDRES, ANGLETERRE

Jam fut créée à Londres en 1994 par Astrid Zala, Jamie Ankey et Matthieu Paillard, trois jeunes designers formés en architecture et ayant étudié les beaux-arts. La nature et le résultat de cette collaboration ont été variés et ils décrivent leur mission comme étant « centrée sur l'utilisation créative de matériaux et d'innovations technologiques de notre temps ». En termes de design, cela signifie récupération et réutilisation. Le Robo-Stacker est constitué de tambours de machines à laver fournis par Whirlpool, et devient un rangement attrayant pour la maison. Jam collabore avec de grandes compagnies. Whirlpool leur fournit des tambours refusés lors du contrôle qualité tandis que Sony leur procure des projecteurs et des systèmes audio dont ils ont fait un lit, présenté à une récente exposition du Crafts Council appelée « mobilier polyvalent ». Ces entreprises aiment s'associer avec de jeunes talents et apprécient les implications d'une réutilisation de leurs produits dans un domaine complètement différent du leur. Ces expériences ont entraîné d'autres commandes, par exemple une installation à base de vieux téléviseurs pour le foyer de l'Independent Advertising Association à Londres, et un bar Chelsea pour la compagnie Évian, où la surface décorative de la salle des clients est faite de bouchons de bouteilles.

ÉQUIPEMENTS

CHAPITRE 8
transport

PAQUEBOT QUEEN MARY

HUDSON J-3A

VESPA

LE XIXᵉ SIÈCLE FUT CELUI DE LA BICYCLETTE, de la locomotive et du bateau à vapeur, le XXᵉ siècle celui du transport, de la voiture particulière, des avions supersoniques et des voyages dans l'espace. Depuis l'inauguration à Londres, en 1863, de l'*underground train line*, le système des transports urbains n'a cessé de se développer. Le « métro » annonça l'avènement d'une nouvelle classe de travailleurs : les banlieusards.

Les moyens de transport collectifs se sont beaucoup développés au début du siècle, et surtout dans les villes industrielles. Le siècle s'achève sur un accroissement considérable du transport de masse, et l'on voit naître une nouvelle génération de « jumbo » jets – notamment le Boeing 777 – ainsi que de gigantesques aéroports à Chek Lap Kok, sur l'île Lantau à Hong Kong et à Kansai au Japon.

En 1883, Gottlieb Daimler adapta un moteur monocylindrique sur un vélo. En 1903, les frères Wright entreprirent le premier vol. Ces deux événements, avec le brevet du moteur à réaction déposé par Franck Whittle en 1930, ont ouvert la voie aux développements les plus significatifs dans les transports du XXᵉ siècle : la production en masse des automobiles, et l'aviation civile.

Après la création par Daimler de la bicyclette motorisée en 1883, l'Allemand Karl Benz acheva en 1885 la construction d'un véhicule à trois roues équipé d'un moteur à quatre cylindres. Celui-ci, ainsi que les autres moyens de locomotion « sans chevaux » étaient avant tout des jouets destinés à une élite fortunée. L'intérieur était somptueusement tapissé, et les voitures étaient construites suivant des techniques et un style empruntés aux constructeurs de carrosses. Progressivement, le désir d'élargir le marché de la voiture s'imposa. L'on s'efforça alors de parvenir à un niveau suffisant de normalisation dans les méthodes de production afin de pouvoir proposer au consommateur un prix moins élevé. Avant la Première Guerre mondiale, une révolution dans la métallurgie ouvrait de nouvelles perspectives dans la production automobile. Mais ce sont les projets ambitieux d'un homme en particulier qui vont changer non seulement le système de fabrication des automobiles, mais les fondements mêmes du design industriel et de la production de masse. Dans son usine de Détroit, Henry Ford développa un ingénieux système d'assemblage à la chaîne : le Fordisme.

Le succès de ce système reposait en partie sur la manière dont des opérations distinctes étaient organisées tout au long de la chaîne d'assemblage. Chaque voiture comprenait plusieurs centaines de pièces que les ouvriers devaient assembler selon un ordre strictement contrôlé, afin d'atteindre une productivité élevée, et un contrôle qualitatif de haut niveau. Ces techniques permirent à Ford de produire trois mille véhicules du Modèle T par jour, et son prix de vente passa de plus de 1 000 dollars en 1908 à moins de 300 dollars dès 1928.

Le Modèle T posa des normes de production interna

226 TRANSPORT

tionale à l'industrie du moteur. En 1919, la première voiture européenne produite en série, la Citroën A, était fabriquée en France. À partir de 1920, de nouvelles formes de transport captèrent l'imagination des concepteurs autant que celle du public. À partir de 1930, des précurseurs comme Ferdinand Porsche en Autriche et en Allemagne, Dante Giacosa en Italie, Pierre Boulanger en France et Alec Issigonis en Angleterre allaient créer les « successeurs » du Modèle T : des « voitures du peuple », qui allaient de la Volkswagen de 1937 à la fameuse Mini de 1959. Ces véhicules étaient tous conçus pour répondre à la demande d'une Europe en pleine évolution. Il s'agissait essentiellement de produits utilitaires, visant à répondre aux énormes besoins de l'après-guerre.

Outre-Atlantique, le marché de l'automobile avait atteint une plus grande maturité, et il était surtout plus large. Les designers industriels se concentrèrent donc sur l'« habillage » des voitures ou des trains. En 1930, Harley Earl établit le premier centre de recherche de style à la General Motors. Avec ses compatriotes Raymond Loewy et Henry Dreyfuss, il continua à transformer le système des transports américains, depuis les stations-service aux autobus Greyhound, en passant par les locomotives et les automobiles, changements qui atteignirent des sommets avec les excès notoires de « l'obsolescence planifiée », à la fin des années 50.

Les voyages par route ou par avion ont révolutionné nos habitudes sociales, professionnelles et bouleversé à jamais le paysage, tant dans les zones urbaines que rurales. La liberté de déplacement offerte par la voiture et l'avion se paie cher : pollution de l'environnement, exode rural, terres cultivables et sites sauvages perdus. Les conséquences de l'industrialisation avaient déjà été pressenties au siècle dernier par John Ruskin ou William Morris, mais personne n'avait pu prévoir la rapidité et l'ampleur d'une telle évolution.

Les années 80 et 90 ont connu une crise pétrolière majeure, et les gouvernements ont cherché à réduire le nombre des propriétaires de voitures. Les producteurs d'automobiles se sont donc orientés vers la création de moteurs moins polluants, afin de se conformer aux nouvelles normes très strictes instaurées aux États-Unis et en Europe. Les designers ont réduit le poids des voitures en utilisant davantage de plastiques et en expérimentant certains alliages tels que l'aluminium. Les fabricants, y compris la General Motors, ont testé des véhicules électriques en guise d'alternative à l'essence et au diesel. Tous les analystes pensent que le transport de masse aura atteint son point de saturation à la fin de ce siècle si le nombre de voitures continue d'augmenter au rythme actuel.

Les économies occidentales devront, une fois de plus, trouver des nouvelles solutions pour le transport de masse. Ironiquement, les gouvernements occidentaux envisagent un retour au réseau ferroviaire, au vélo ou au tramway, moyens de transport du XIXe siècle.

LAND ROVER SÉRIES II

CAPSULE SPATIALE APOLLO

NAVETTE SPATIALE AMÉRICAINE

Ford Modèle T

1908

DESIGNER : HENRY FORD (1863-1947)

FABRICANT : COMPAGNIE FORD MOTOR, DETROIT, ÉTATS-UNIS

Quand, en 1893, Henry Ford commença à construire de ses propres mains sa première voiture, il n'y avait aux États-Unis que quatre voitures qui fonctionnaient à essence.

Lorsqu'il mourut, en 1947, plus de 60 % des ménages américains possédaient une automobile. Cette croissance du nombre de propriétaires de voitures est en grande partie due aux techniques de fabrication en série du Modèle T mises au point par Ford en 1913.

La Ford Motor Company fut créée en 1903, et en 1908 Henry Ford lançait une petite voiture d'un prix abordable appelée le Modèle T. En 1913, Ford créa la première chaîne de montage pour la construction d'automobiles. La standardisation radicale des pièces détachées permit à Ford de réduire ses coûts de fabrication de façon significative en commandant son matériel à grande échelle.

Dès 1915, l'usine Ford, à Detroit, pouvait construire mille véhicules par jour. Grâce à cette productivité, le prix du Modèle T passa de 950 dollars en 1908 à 360 dollars en 1915, et Ford put doubler le salaire de ses employés et raccourcir leurs journées de travail. Il utilisa la standardisation complète de ses voitures pour lancer une campagne publicitaire qui annonçait avec humour : « Vous pouvez acheter une Ford de n'importe quelle couleur, à condition qu'elle soit noire. »

Au début des années 20, lorsque cette photo fut prise, Ford s'était approprié la moitié du marché automobile américain, et en 1925 il commença l'assemblage du Modèle T à Berlin. Lorsqu'en 1927, après dix-neuf ans de production, le Modèle T cessa de sortir des chaînes, quinze millions de voitures avaient été fabriquées. Jusqu'en 1972, cela représentait le plus grand nombre de voitures de série produites, sur un laps de temps aussi long, mais la Coccinelle de Volkswagen viendra battre ce record.

En Amérique, la voiture a conditionné le commerce et la culture. Elle a influé sur les projets urbains, l'architecture et le style de vie des Américains de façon beaucoup plus importante que dans d'autres pays. L'impact qu'a eu Henry Ford sur la vie américaine n'a pu être égalé par aucune autre industrie du XXe siècle.

Citroën 2 CV

1939

DESIGNER : PIERRE BOULANGER
(1886-1950)

FABRICANT : CITROËN, FRANCE

Lorsque la 2CV fut présentée au Salon de l'Automobile en 1948 à Paris, elle fut accueillie avec un immense mépris. Créée pour rivaliser avec la Coccinelle de Volkswagen et sa rivale française, « l'auto du peuple », la Renault 4CV, elle se contenta plutôt de remplacer les chevaux et les charrettes qui demeuraient les moyens de transport les plus courants dans une France encore largement rurale.

Boulanger s'attela à une rude tâche quand, en 1939, il entreprit de créer une voiture destinée aux agriculteurs. La 2CV devait être capable de circuler à travers champs avec, comme conducteur, un homme portant un chapeau et un panier rempli d'œufs, et ce sans la moindre casse. En langage moins imagé, cette voiture devait avoir une hauteur conséquente, une excellente suspension, et être confortable, peu encombrante, peu onéreuse à construire et à entretenir.

La forme simplifiée et géométrique de la carcasse était bien adaptée à la période de pénurie de l'après-guerre : elle permettait une utilisation minimale de matières premières, et facilitait l'assemblage. Les fauteuils légers, en forme de hamac, pouvaient s'enlever et offrir plus d'espace à la cargaison, et la toiture en toile se rétracter pour le transport d'objets longs ou volumineux.

En dépit des critiques et des nombreuses injures dont elle a fait l'objet, la 2CV est devenue un véhicule culte, et sa production, entre 1948 et 1990, dépassa les cinq millions d'exemplaires. Elle est restée l'une des voitures françaises les plus couronnées de succès.

Paquebot Queen Mary

1934

CONSTRUIT PAR : JOHN BROWN & COMPAGNIE, CLYDEBANK, ÉCOSSE

Le Queen Mary est l'un des plus grands bâtiments flottants jamais construits, auréolé d'une histoire illustre et romantique. Ce fut à John Brown & Company que fut confiée la tâche formidable de construire ce qui devait devenir l'un des plus gigantesques et des plus luxueux paquebots de ligne. La construction commença en 1931 ; le projet s'appelait, à l'origine, « travail n° 534 ». Plus tard, dans la même année, la construction fut arrêtée à cause de la récession, et ne reprit qu'en mars 1934. Ce nouveau paquebot de Cunard est finalement baptisé en septembre 1934 par Sa Majesté la reine Mary, qui lui donna son nom.

Lorsque la Seconde Guerre mondiale éclata, le Queen Mary fut forcé d'interrompre son service pour la Cunard Streamship Company. Il cessa d'être un paquebot de ligne transatlantique, et fut basé à Sydney, en Australie, comme navire de guerre. Il prit alors le nom de *Grey Ghost*, et fut affecté au transport des troupes. En 1943, il transporta seize mille six cent quatre-vingt-trois passagers en un seul voyage, nombre qui ne sera jamais égalé. Le Queen Mary est aujourd'hui un hôtel flottant et une attraction touristique à Long Beach, Los Angeles, où il est ancré depuis trente ans.

Pendant l'entre-deux-guerres, les constructeurs, en Europe et aux États-Unis, furent séduits par les perspectives de vitesse et de puissance offertes par la technologie moderne. Voitures, avions et locomotives se muèrent en symboles puissants de l'ère des machines et du rythme effréné de la vie urbaine.

Atteindre une vitesse toujours plus élevée devint un but en soi, et les concepteurs s'intéressèrent aux principes de l'aérodynamique afin d'amoindrir la résistance à l'air et d'améliorer l'efficacité des véhicules. Le *streamlining*, pratique qui consiste à donner à un objet une forme qui réduit sa résistance à l'air, a trouvé sa meilleure expression dans la locomotive d'Henry Dreyfuss pour la New York Central Railroad.

Dreyfuss débuta comme décorateur et dessinateur de costumes de théâtre, et il ouvrit son propre bureau de design industriel en 1929. Il devint vite l'un des chefs de file d'une approche rationnelle et fonctionnelle du design, caractérisée par des lignes nettes et des formes sobres et épurées.

Pendant les années 30, le *streamlining* se développa comme une sorte de style superficiel : les formes lisses, arrondies, qui servaient l'aérodynamique des véhicules à grande vitesse furent appliquées à des objets domestiques aussi divers que les appareils-photo, les aspirateurs, ou les réfrigérateurs. Cette nouvelle esthétique ne visait souvent qu'à déguiser de vieux produits en nouveautés.

Contrairement à ses contemporains tels que Raymond Loewy et Walter Dorwin Teague, Dreyfuss était profondément opposé à cela. Son approche mesurée mais globale a donné naissance à des classiques du XXe siècle, comme par exemple le téléphone de l'American Bell Company, créé en 1933 et qui a défini la forme basique du téléphone moderne pendant plus de cinquante ans.

Hudson J-3a

1938

DESIGNER : HENRY DREYFUSS (1903-1972)

FABRICANT : NEW YORK CENTRAL RAILROAD, ÉTATS-UNIS

TRANSPORT

Bus Greyhound

1940

DESIGNER : RAYMOND LOEWY
(1893-1986)

FABRICANT : GREYHOUND
CORPORATION, ÉTATS-UNIS

Au pays de l'individualisme et de la voiture particulière, le bus Greyhound est un symbole puissant de démocratisation du transport public, abordable et accessible à tous. Dans les romans, les films et les publicités, il est vite devenu synonyme de liberté ; un moyen de s'évader et de rechercher l'aventure à travers les grands espaces américains.

La compagnie débuta modestement dans le Minnesota, en 1914, lorsqu'un immigrant suédois appelé Carl Wickmann organisa un service de transport bon marché pour les ouvriers des mines. Vers 1921, le service offrait des connexions interurbaines, et disposait de son propre parc de bus, lesquels prirent le nom de Greyhound à cause de leur forme arrondie et de leur couleur grise caractéristique.

Wickmann s'associa avec Orville Swan Caesar en 1926 et racheta des petites compagnies de bus pour devenir la Greyhound Corporation en 1930. Le symbole familier du chien qui court devint le logo de la compagnie, et il le reste toujours aujourd'hui.

Dans les années 40, Greyhound fit appel à l'un des plus grands pionniers du design industriel en Amérique, Raymond Loewy, pour redessiner ses bus. Celui-ci conçut un véhicule dont la carrosserie en aluminium strié restera l'un des grands fleurons du *streamlining* américain.

Bus Routemaster

1954

DESIGNERS : A.A.M. DURRANT (1898-1984) ET DOUGLAS SCOTT (1913-1990)

FABRICANT : LONDON TRANSPORT, LONDRES, ANGLETERRE

Le Routemaster, le classique bus londonien rouge, est devenu le symbole de la capitale anglaise dans le monde entier, en même temps que le taxi noir et la cabine téléphonique K2 de Giles Gilbert-Scott.

Conçu en 1954 pour remplacer les trolleybus de l'époque, le Routemaster est un élément familier des rues londoniennes. Son apparence disgracieuse a attiré les critiques de nombreux sceptiques, et peu de temps après sa mise en service en 1959, son design était déjà périmé puisque la nouvelle législation de 1961 limitait la longueur des autobus à 10 mètres.

Cependant, le design de base du Routemaster se montra capable de s'adapter à tout et devint très populaire auprès des Londoniens. Très tôt dans son histoire, le Routemaster fut menacé par des projets visant à le remplacer par un bus sans coéquipier, et dans les années 70 un plan de réforme est préparé par la Compagnie de Transports de Londres, qui prévoit d'éliminer tous les bus nécessitant d'autres employés que le conducteur. Mais le projet s'avéra à la fois inefficace et impopulaire, grâce à quoi le Routemaster fait toujours partie du paysage londonien, même après quarante ans de service.

Bicyclette Dursley-Pedersen

1893

DESIGNER : MIKAEL PEDERSEN (1855-1929)

La fin du XIXᵉ siècle connut les plus grandes innovations dans le design des bicyclettes, qui devenaient peu à peu un moyen de transport individuel universel. C'est Mikael Pedersen, un Danois vivant à Dursley, en Angleterre, qui fut à la tête de ces développements.

Le vélo de Pedersen était un chef-d'œuvre d'ingénierie sophistiquée, constitué d'un cadre astucieux, comme le montre la bicyclette tenue par la cycliste sur la photo ci-dessous. Ce cadre était composé de quatorze tubes minces et creux, connectés en cinquante-sept points pour produire vingt et un triangles. Cette structure, appelée *space frame*, offrait une grande solidité pour un poids relativement léger. La selle est composée d'un « hamac » en cuir situé entre le guidon et le haut du cadre, ce qui donnait une bonne suspension, facteur de confort sur les routes et les allées accidentées de cette fin de siècle.

Parmi les idées novatrices de Pedersen, beaucoup ont été reprises récemment, en particulier pour le design des cadres.

Moto Harley-Davidson

1903

DESIGNERS :
WILLIAM HARLEY (1871-1937),
ARTHUR DAVIDSON (1881-1950),
WALTER DAVIDSON (1876-1942),
WILLIAM DAVIDSON (1880-1943)

FABRICANT : COMPAGNIE HARLEY-DAVIDSON MOTOR, ÉTATS-UNIS

Tout comme le blouson de cuir noir, la moto Harley-Davidson est synonyme d'anticonformisme, de rébellion et de danger. Plus que n'importe quelle autre moto, la Harley symbolise la vitesse et la puissance associées à l'indépendance et aux prouesses sexuelles.

La première Harley-Davidson est née au tournant du siècle, lorsque deux amis d'enfance, William Harley et Arthur Davidson, essayèrent de construire un vélo motorisé. Travaillant à leur projet pendant leur temps libre, ils furent bientôt rejoints par les frères de Davidson, Walter et William, ce dernier étant doué pour la fabrication des outils. En 1903, les quatre hommes construisirent leur première moto monocylindrique, d'une puissance libre de trois chevaux et, contents de leur création, ils décidèrent d'en construire deux autres. En 1904, ils en construisirent encore trois. La Harley-Davidson Motor Company était née.

Leur réputation pour la construction de véhicules solides s'élargit rapidement, et en 1910 leurs ventes étaient assurées par un réseau de succursales. Le succès de leurs motos était dû, au départ, à leur fiabilité. Vers 1913, leur première moto avait parcouru l'incroyable distance de 16 990 km sans qu'il ait été nécessaire de remplacer aucune des pièces principales.

Le développement des courses de motos, dans les années 20 et 30 (le modèle photographié ici date de 1930), et l'utilisation de leurs véhicules par les forces militaires dans presque tous les continents pendant la Seconde Guerre mondiale, ont rendu familier le nom de Harley-Davidson.

TRANSPORT

Vespa

1945

DESIGNER : CORRADINO D'ASCANIO (1891-1981)

FABRICANT : PIAGGIO, ITALIE

La Vespa est devenue l'un des plus grands symboles de la reconstruction italienne. À la fin de la Seconde Guerre mondiale, l'Italie, comme tous les autres pays européens, fut confrontée à une crise du transport. Pendant la guerre, la totalité de l'industrie du transport avait été reconvertie dans la production militaire, et donc réduite en cendres par les Alliés. Les matières premières manquaient, et le niveau de vie avait nettement diminué ; il fallait donc imaginer un moyen de transport individuel moderne et bon marché.

La compagnie Piaggio avait commencé par construire des avions en 1915. Mais l'usine fut détruite par une bombe pendant la Seconde Guerre mondiale. Le président de la compagnie, Enrico Piaggio, décida alors de renoncer à l'aéronautique et de construire un véhicule bon marché, solide, facile à entretenir et à conduire, afin de remettre la nation italienne au travail. L'ingénieur en chef de Piaggio, Corradino d'Ascanio, mit au point un scooter qui sera lancé en 1946 sous le nom de Vespa, mot italien signifiant « guêpe ».

D'Ascanio mit toutes ses connaissances au service du développement de la Vespa. Ce sccoter était construit grâce à une technologie unique alors pour les véhicules civils – « stress-skin » – qui consiste à intégrer carrosserie et châssis dans un même ensemble. Ce design monocoque, utilisé maintenant dans l'industrie automobile, était unique dans les véhicules civils en 1945.

Cette photo des années 60, montre le style et l'allure de la Vespa.

Moto Ducati

1993

DESIGNER : FABIO TAGLIONI
(NÉ EN 1920)

FABRICANT : DUCATI MOTOR
S.P.A., ITALIE

Renommée dans le monde entier pour avoir construit des motos comptant parmi les plus performantes, l'entreprise familiale Ducati débuta à Bologne en 1926, avec la fabrication de pièces pour l'industrie de la radio, encore balbutiante. Grâce aux brevets déposés par Adriano Ducati dans ce domaine, la compagnie gagna rapidement une réputation internationale.

Comme tant d'autres compagnies italiennes, l'usine Ducati fut détruite pendant la Seconde Guerre mondiale et, lors de la reconstruction qui suivit, l'entreprise se vit obligée d'élargir sa gamme de produits. Lors d'une foire, à Milan, Ducati présenta un petit moteur auxiliaire qui se montait sur les bicyclettes. Cette création fut à la base de la reconversion de la compagnie dans la production de motos, et c'est avec le lancement de la 175 cc Cruiser, en 1952, que Ducati s'imposa comme l'un des meilleurs fabricants du monde dans son domaine.

En 1955, Fabio Taglioni rejoignit la compagnie, et continua à produire quelques modèles légendaires, poussés à l'extrême dans des courses d'endurance. Depuis, Ducati n'a cessé d'utiliser l'expérience technique acquise lors de ses succès en compétition pour améliorer ses motos.

Le monstre M900, conçu en 1993 par le designer argentin Fabio Taglioni, inaugure une nouvelle ère pour les Ducati, motos haut de gamme. Sa remarquable carrosserie minimaliste met en évidence son moteur puissant et son châssis léger en treillage tubulaire.

TRANSPORT 237

Porsche 356

1948

DESIGNERS : FERDINAND PORSCHE (1875-1951)
FERRY PORSCHE (1909-1998)
ERWIN KOMENDA (1904-66)

FABRICANT : PORSCHE, GMUND/STUTTGART, ALLEMAGNE

Ferdinand Porsche fut l'un des plus grands pionniers de l'ingénierie et du design automobiles. Sa première voiture, conçue en 1900 pour le fabricant autrichien Lohner, était un véhicule électrique qui fonctionnait grâce à des moteurs montés en pivot. Ses plus importantes innovations sont la suspension par barres de tension, et le moteur à refroidissement par air monté à l'arrière.

Avant d'ouvrir son propre cabinet de consultant en design automobile à Stuttgart, en 1930, Porsche fut ingénieur en chef et designer pour Austro-Daimler, Mercedes-Benz et Steyr, pour lesquels il produisit quelques-unes des voitures les plus célèbres de l'avant-guerre. Pendant les années 30, il partageait son temps entre le développement de la Volkswagen, et le design de voitures de course révolutionnaires pour Auto Union.

La Seconde Guerre mondiale amena Porsche et son fils Ferry à mettre au point des véhicules militaires, y compris une version amphibie de la Volkswagen et des chars tels que le Tiger et le Maus.

La 356 fut la première voiture construite par la famille Porsche sous leur propre nom. C'était l'aboutissement du rêve de Porsche, qui voulait construire une version sport de la Volkswagen. En utilisant beaucoup de pièces appartenant à la « voiture du peuple », y compris le moteur à refroidissement par air placé à l'arrière développé par Franz Xavier Reimspiess, la 356 a établi des critères d'excellence en matière d'ingénierie et d'esthétique auxquels la compagnie Porsche se conforme encore aujourd'hui.

En 1951, la 356 remporta la première place de sa catégorie aux Vingt-quatre Heures du Mans ; ce fut le début d'une série de victoires spectaculaires avec lesquelles peu d'autres marques ont pu rivaliser. La production de la 356 cessa en 1965 après l'introduction, en 1963, de la Porsche 911, mise au point par le petit-fils de Porsche, Butzi, et considérée par beaucoup comme l'ultime expression du génie Porsche.

From Great Achievements... An Inspiring Tradition !

Cadillac's many and varied contributions to the cause of automotive progress have, over the years, represented one of the most important and inspiring traditions in all motordom. And certainly, that list of Cadillac's achievements has become all the more meaningful in the light of the current year. For in styling, in design and in engineering, this latest "car of cars" has added dramatic emphasis to the fact of Cadillac leadership. If you have not yet inspected its magnificent new Fleetwood coachcrafting—or experienced its brilliant new performance—you should do so soon. Your dealer will be happy to introduce you to all the new models, including the distinguished Eldorado Brougham.

CADILLAC MOTOR CAR DIVISION • GENERAL MOTORS CORPORATION
Every Window of Every Cadillac is Safety Plate Glass

Standard of the World for more than half a century

Cadillac

1959

DESIGNER : HARLEY EARL (1893-1969)

FABRICANT : GENERAL MOTORS, ÉTATS-UNIS

Peu d'articles ont cristallisé autant de rêves et d'aspirations de la part d'une nation que la Cadillac des années 50, et peu de concepteurs se sont pliés aussi volontiers que Harley Earl aux exigences d'une génération assoiffée d'extravagance et de superficialité.

Earl naquit dans une famille de carrossiers californiens spécialisés dans l'aménagement de voitures personnalisées pour les premières stars hollywoodiennes. Très tôt, Earl imagina de modeler dans l'argile la forme extérieure d'une voiture, technique aujourd'hui largement répandue, et qui offre une grande liberté sculpturale.

Vers la fin des années 20, lorsque Henry Ford eut offert son modèle à la majorité des Américains, la différence de style entre les modèles devint un moyen déterminant d'attirer de nouveaux clients. En 1928, Earl fut invité à diriger le nouveau département Art et Couleur de la General Motors. L'ère de la voiture de rêve était née, et le succès des Buick, des Cadillac, des Chevrolet, des Oldsmobile et des Pontiac l'eut vite établi comme le concepteur le plus influent de l'industrie automobile américaine.

Lors de sa retraite, en 1959, plus de cinquante millions de voitures conçues par lui avaient été produites. À travers la Cadillac, on devine sa fascination pour le design aéronautique. Avec sa forme allongée, ses ailettes, ses feux arrière ressemblant à des fusées et ses chromes, elle est l'expression ultime de la confiance en soi et de la puissance de l'Amérique dans les années 50.

TRANSPORT

Land Rover Séries II

1955

**DESIGNER : DAVID BACHE
(NÉ EN 1926)**

**FABRICANT : ROVER,
COVENTRY, ANGLETERRE**

La Land Rover était une réponse à la Jeep de Willys-Overland qui, depuis son lancement en 1940, a connu un succès considérable à travers le monde. Elle fut montrée au public pour la première fois au Salon de l'Automobile d'Amsterdam en 1948. Avec une stabilité assurée par ses quatre roues motrices, ce véhicule fut initialement considéré comme le remplaçant des chevaux et des charrettes, mais la Land Rover s'est vite adaptée aux terrains extrêmes.

Le véhicule est équipé d'un châssis et d'une carcasse en acier sur lesquels se fixent diverses plaques en aluminium, de manière à obtenir une voiture en fonction des conditions. La carrosserie a une forme simplifiée et peut se démonter en un tour de main avec un simple tournevis.

Après avoir rejoint Rover en 1954, David Bache entreprit de renouveler le design de la Land Rover. Avec la Range Rover, dessinée en 1970, il fit évoluer l'imposant véhicule à quatre roues motrices en ajoutant à sa rude solidité des éléments de luxe et d'élégance.

David Bache et Alec Issigonis comptent parmi les rares designers anglais qui ont influencé une génération de designers automobile. La Rover P10 de Bache, en 1975, semble préfigurer le design de la Ford Sierra, créée en 1982 par Uwe Bahnsen.

240 TRANSPORT

Mini

1959

DESIGNER : ALEC ISSIGONIS (1906-1988)

FABRICANT : MORRIS (BRITISH MOTOR CORPORATION), ROYAUME-UNI

Comme la jupe du même nom, la Mini peut être considérée comme l'icône culturelle des années 60, une décennie au cours de laquelle la vie sociale des Anglais se démocratisa radicalement. Une nouvelle classe de jeunes, financièrement indépendants, émergea, ce qui représenta une énorme masse de clients potentiels pour le marché automobile. D'où le besoin d'une petite voiture fiable et moderne, à l'allure jeune et citadine.

Avec sa Morris Minor de 1948, Alec Issigonis s'avançait vers une révolution dans les voitures anglaises, mais cette voiture était encore très marquée par le style des années 30, et ressemblait par bien des points à la Coccinelle de Volkswagen et à la Renault 4CV.

Le design de la Mini représentait une déviation radicale par rapport aux modèles précédents, et n'était redevable en rien aux conceptions qui prévalaient alors, que ce soit aux États-Unis ou en Europe. Issigonis produisit une voiture extrêmement petite dans laquelle quatre adultes pouvaient s'asseoir confortablement, et qui était idéale pour la circulation urbaine. Issigonis obtint un habitacle spacieux dans un véhicule aussi petit grâce à l'installation latérale du moteur, une innovation qui influencera le design automobile des années 60 et 70.

Avec différentes modifications, et des modèles nouveaux, comme par exemple la Mini Cooper, vue ici dans le film *The Italien Job* (sur le toit de l'usine Fiat), la Mini est fabriquée depuis plus de trente-cinq ans. C'est la voiture préférée des Anglais, celle qui a eu le plus de succès grâce à sa fiabilité et à sa forme classique, hors des modes.

TRANSPORT 241

Douglas DC-3

1935

DESIGNER : DONALD WILLS DOUGLAS (1892-1981)

Le DC-3, apparu dans l'ère moderne des voyages aériens de masse, reste à ce jour l'un des avions commerciaux les plus appréciés. L'une des premières compagnies à utiliser l'appareil fut American Airlines, et cinq ans après son lancement, en 1935, plus de quatre cents DC-3 étaient au service d'une bonne centaine de compagnies aériennes, réparties dans le monde entier. En 1939, il représentait 90 % du parc aérien.

Pendant la Seconde Guerre mondiale, les avions furent utilisés par l'American Air Force. Les versions militaires du DC-3 – le C-47 et le Dakota – représentaient dix mille cent vingt-trois appareils, sur les dix mille neuf cent vingt-neuf avions militaires construits pendant cette période. Après la guerre, beaucoup d'avions furent réaménagés pour le transport civil. La production de l'appareil cessa en 1946, mais le DC-3 est resté en service au sein de petites compagnies aériennes jusqu'en 1970.

Le concepteur du DC-3, D. Douglas, avait reçu sa formation technique à la US Naval Academy et avait été ingénieur civil en chef au US Signal Corps, avant de fonder, en 1920, la Douglas Company. Ses idées d'avant-garde ont établi les bases du design des avions civils.

Concorde

1967

DESIGNERS : SIR ARCHIBALD RUSSELL (1904-1995) DR WILLIAM J. STRANG (NÉ EN 1921), PIERRE SATRE (NÉ EN 1909) ET LUCIEN SERVANTY (NÉ EN 1909)

Réalisé conjointement par Air France et British Airways, Concorde est le premier, et pour l'instant le seul, avion civil supersonique utilisé comme avion de ligne. Pour mettre au point un avion capable de propulser des passagers à des vitesses supérieures à celle du son, il a fallu surmonter simultanément des centaines de problèmes, aussi bien techniques que physiques, aboutissant à un appareil qui ressemble davantage à un avion militaire qu'à un avion civil.

L'originalité du Concorde tient à son nez pointu et à ses ailes « en delta ». Ces deux caractéristiques répondent aux problèmes aérodynamiques posés par des vols à de telles vitesses. La forme particulière de ses ailes combine une grande longueur avec un minimum d'épaisseur, pour s'adapter aussi bien aux vitesses supersoniques qu'aux vitesses modérées au décollage et à l'atterrissage. Cela confère également une bonne rigidité au fuselage fin, et permet au Concorde d'être le seul avion commercial qui n'a pas besoin de gouvernail de stabilisation. Son long nez pointu assure une pénétration optimale dans l'air. Pendant le décollage et l'atterrissage, le Concorde a un angle beaucoup plus prononcé par rapport au sol que les autres avions. Pour offrir une plus grande visibilité au pilote, le nez peut être abaissé.

Les premiers vols d'essai des prototypes français et anglais commencèrent en 1969, mais ce n'est qu'en 1976 que les premiers vols commerciaux eurent lieu. En 1972, une étude réalisée par les Américains suggérait que la durée de vie du Concorde ne dépasserait pas sept ans, à cause des tensions imposées au fuselage par les variations extrêmes de température. Le Concorde s'est avéré être bien plus résistant, mais cessera probablement ses vols en 2005. On a prévu de le remplacer par un avion nommé Alliance.

TRANSPORT

Capsule spatiale Apollo

1961

DESIGNER : NASA / WERNER VON BRAUN (1912-1977)

En 1961, John Fitzgerald Kennedy, alors président des USA, déclare qu'avant la fin de la décennie, les États-Unis auront atteint leur objectif : « Faire atterrir un homme sur la Lune et le ramener sain et sauf sur la Terre. » Le 20 juillet 1969, l'équipe d'Apollo 11 avait accompli cet exploit. Ce fut l'apogée de la conquête spatiale, une bataille technologique à l'image de la guerre froide qui opposait les USA et l'URSS.

La capsule Apollo était lancée par l'imposante fusée Saturne V, de 111 mètres de hauteur, qui était à l'époque la plus grande fusée jamais construite. La capsule Apollo elle-même se composait d'un minuscule poste de commande et d'un module de service qui abritait les instruments de bord et les équipements avec lesquels les astronautes contrôlaient l'engin. Le module de service contenait aussi le module lunaire, semblable à un insecte, conçu pour être utilisé exclusivement sur la Lune. Contrairement aux autres éléments de la capsule spatiale Apollo, le module lunaire avait une apparence incroyablement fragile ; n'ayant pas été conçu selon des critères aérodynamiques, il avait une silhouette fort singulière.

Dans les missions Apollo ultérieures, on a utilisé le « vagabond lunaire ». Ce véhicule, doté de quatre roues, se détache du module lunaire et peut atteindre une vitesse de croisière de 11 kilomètres/heure.

Navette spatiale américaine

1981

DESIGNER : NASA

Composée de trois sections principales – l'orbiteur, les fusées compactes et le réservoir externe – cette navette est le seul engin spatial réutilisable actuellement en service. Elle est propulsée par une force de 2,7 millions de kilogrammes. Deux minutes après le lancement, ses deux fusées compactes une fois consumées, tombent loin de la capsule, suivies six minutes plus tard par l'énorme réservoir externe. Une fois en orbite, la navette est contrôlée au moyen du Système de Manœuvre Orbital. La navette peut loger jusqu'à dix personnes ; on l'utilise pour des expériences scientifiques et pour lancer des satellites.

Lorsqu'une mission est terminée, la navette retourne dans l'atmosphère. La partie inférieure de l'appareil, soumise à des chaleurs extrêmes, est recouverte d'environ vingt-trois mille tuiles plaquées de céramique résistante à la chaleur, afin de protéger l'engin lors du retour. C'est avec ses moteurs éteints que la navette glisse sur l'air pour atterrir comme un avion.

TRANSPORT

Specialized Stumpjumper

1981

DESIGNER : MIKE SINYARD (NÉ EN 1949)

FABRICANT : SPECIALIZED, MORGAN HILL, CALIFORNIE, ÉTATS-UNIS

C'est sans doute l'apparition des vélos tous terrains et des mountain bikes qui, depuis le milieu des années 70, a entraîné le plus d'innovations techniques dans le cyclisme. Les recherches visant à produire des vélos plus rapides, mais aussi plus robustes et plus légers, ont donné naissance à une multitude d'entreprises spécialisées dans la production d'éléments hautement sophistiqués : dérailleurs, pédales, pneus et, surtout, les cadres. La conception de ces derniers a bénéficié de progrès considérables, tant au niveau des matériaux que des technologies mises en œuvre : les concepteurs ont eu recours aux fibres de carbone, à des alliages ultra-légers, et à des métaux tels que l'aluminium ou le titane.

La compagnie Specialized fut fondée en 1974 par Mike Sinyard, et vers la fin des années 70, elle avait acquis la réputation d'être un des producteurs les plus novateurs dans le mountain bike. En 1981, Specialized lance le Stumpjumper, premier mountain bike au monde produit en série.

En 1983, Specialized créa la première équipe professionnelle de mountain bike de compétition, laquelle remporta de grands succès. Specialized retira des compétitions une grande expérience qui fut mise au service de ses vélos et de ses accessoires, dont casques et bouteilles d'eau.

Voiture électrique

1994

FABRICANT : KEWET INDUSTRI, HADSUND, DANEMARK

Les préoccupations écologiques se focalisent chaque jour davantage sur l'usage de la voiture. Le mélange de gaz émis par les véhicules diesel ou à essence contribue à la détérioration de l'atmosphère, c'est pourquoi de plus en plus de constructeurs sont à la recherche d'une alternative efficace et économique aux carburants traditionnels.

La voiture électrique est une option parmi d'autres. Le modèle montré ici, le Kewet El-Jet, réalisé au Danemark, permet une conduite non polluante pendant 65 kilomètres, avec une simple batterie dont la charge représente six heures d'autonomie. Sa vitesse maximale est de 70 kilomètres/heure et son coût kilométrique est minime comparé à celui des voitures à essence. La El-Jet mesure seulement 2,50 mètres de long et la puissance de son moteur est de 7,5 kilowatts, avec une boîte de vitesses contrôlée électroniquement. Elle peut être équipée de batteries nickel-cadmium de grande capacité ou bien de panneaux solaires. La cabine est en acier galvanisé et la carrosserie en fibre de verre. L'on peut enlever le siège du passager pour disposer d'un espace bagages supplémentaire.

CHAPITRE 9
typographie

MAGAZINE MERZ

MAGAZINE EMIGRÉ

GRÂCE À LA TECHNOLOGIE NUMÉRIQUE ASSISTÉE par ordinateur, la typographie, est la première discipline de design à avoir été révolutionnée par l'informatique. La typographie est maintenant au cœur de l'avenir du design, et soulève des problèmes de créativité, de survie des techniques artisanales et d'originalité. De nos jours, les designers-typographes ne sont plus des techniciens anonymes mais des créateurs réputés à part entière. Et ils ne sont pas les seuls à avoir redécouvert la typographie ; la plupart des gens l'explorent chez eux grâce à leur ordinateur, et notamment grâce au Macintosh d'Apple qui a ouvert au grand public toutes les ressources du design typographique.

Au cours du XXe siècle, les styles de caractères se sont maintes fois modifiés, allant de la clarté du style international à l'expressionnisme de l'univers psychédélique. Mais l'on a toujours cherché à articuler de nouvelles idées aux typographies, chacune ayant son identité et son caractère propres. Dans les premières années du siècle, le design typographique, tout comme l'architecture et le mobilier, a cherché à se libérer des formes ornementées du XIXe siècle. Dans le domaine des beaux-arts, la typographie a souvent été utilisée dans les peintures cubistes ou les expériences poétiques des Dadaïstes. Dans les années 20, les designers du Bauhaus comme Herbert Bayer ont créé de nouveaux caractères simples, sans serif, qui expriment l'âge nouveau. Cette tendance se généralisa à travers les travaux d'Edward Johnston en Angleterre, de Paul Rand aux États-Unis et d'Adrian Frutiger en Suisse.

Durant l'après-guerre, une nouvelle orientation européenne partit de Bâle, d'où son nom d'École suisse. Les membres de cette école regardèrent à nouveau vers le Bauhaus, et envisagèrent d'une manière rationnelle le développement de la typographie. Peut-être était-ce là une recherche d'ordre, de rationalité et de paix, peu surprenante après le chaos engendré par la guerre. Ces designers ont véritablement cru qu'ils fixaient des normes typographiques universelles et immuables. D'autres pays sont également partis en quête de nouveauté. L'Amérique a vécu une période qui a établi une nouvelle et puissante identité créatrice, manifeste dans les designs typographiques de Herb Lubalin et de Saul Bass.

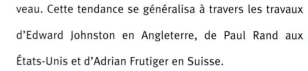

AFFICHE DE MUSÉE

En fait, le design typographique a fini par refléter les mouvements technologiques clés. Il a contribué à définir la révolution culturelle de l'après-guerre et a subi un nouveau changement dans les années 60 avec l'arrivée de l'esthétique pop, qui défiait les traditions modernistes. Le design pop, plein d'esprit et d'ironie, chargé d'instantanéité, s'exprima à travers les essais typographiques du début de la décennie. En Californie, un certain nombre de gens, souvent sans formation de designer, ont créé des affiches pour des groupes de musiciens en rup-

THE FACE

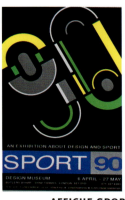

AFFICHE SPORT 90

ture consciente avec le design « ennuyeux » d'influence suisse qui les entourait. Basés dans le quartier de Haight Ashbury à San Francisco, et participants actifs de la contre-culture naissante, des designers tels que Stanley Mouse, Rick Griffin, Victor Moscoso et Alton Kelley, inspirés par les drogues psychédéliques et le mysticisme indien, ont créé des affiches aux couleurs vives et discordantes. Ils étaient libres de transgresser toutes les règles de lisibilité, de clarté et de communication. Influencés par les lettrages décoratifs des sécessionnistes viennois, ils ont créé des caractères complexes, organiques, dont la lisibilité avait moins d'importance que la forme d'ensemble du mot.

Le courant général américain était dominé par des designers-typographes comme Aaron Burns et Herb Lubalin, dont la société International Type Company était connue sous les initiales ITC. Ils ont été les premiers à utiliser des caractères rapprochés, des compositions tassées, des œils hautement condensés et des serifs lourds, des caractéristiques dont se sont emparés les styles américain et international que l'on retrouvait un peu partout au milieu des années 70. Inévitablement, de nouveaux défis furent lancés vers la fin des années 70 par des designers venus de Grande-Bretagne, de la côte Ouest américaine et de Hollande. Au sein du climat postmoderniste, ils commencèrent à renverser les règles traditionnelles en mélangeant, en superposant les styles de caractères, et en introduisant des images issues de n'importe quelle source. Mais c'est par la technologie que le design typographique fut le plus affecté.

Au milieu des années 80, l'industrie typographique a été bouleversé par PostScript, un logiciel indépendant de composition. Cette invention, de la compagnie californienne Adobe Systems signifiait que des pages de caractères typographiques pouvaient dorénavant être imprimées à l'aide de n'importe quelle imprimante capable de lire ce langage. L'influence de PostScript a grandi en même temps que le rôle traditionnel du designer-typographe était renversé à jamais. Dans la dernière décennie du siècle, la typographie s'apprête à subir son bouleversement le plus profond depuis l'invention de la presse d'imprimerie. L'informatique a profondément modifié la façon dont nous concevons, utilisons et pensons l'expression visuelle du langage. Aujourd'hui, la culture typographique traditionnelle est menacée, et les designers doivent chercher des solutions différentes pour évoluer. Ils redoutent une chute des normes et la disparition de règles typographiques acquises depuis longtemps. Un grand nombre de designers-typographes sont plus proches des beaux-arts que du design ; ils mêlent la typographie, la composition des caractères et la création d'images. Leur travail nous rappelle l'importance de la cohabitation entre les techniques traditionnelles et les nouvelles, mais personne ne peut arrêter la nouvelle révolution informatique.

CARACTÈRE DRONE

TYPOGRAPHIE 249

Le cri du cerf

1916

DESIGNER : ARCHIBALD KNOX (1864-1933)

Il n'est pas difficile d'établir un lien entre les caractères vivement colorés, dessinés à la main de Knox et les expériences fantaisistes de lettrages issues de l'univers psychédélique des années 60. Ce travail est aussi extraordinaire par la manière dont Knox aborde la forme des lettres, qui va à l'encontre de la tendance à la simplification des années 20.

Archibald Knox est un architecte et designer du mouvement Arts and Crafts, plus connu par son travail pour le magasin Liberty's de Londres, pour lequel il a créé une gamme caractéristique d'objets métalliques. Son travail en tant qu'illustrateur et calligraphe est moins familier. La plus belle collection de ses œuvres se trouve au musée de Douglas, sa ville natale, dans l'île de Man. Tous les designs de Knox ont été inspirés par l'art celte et la nature, comme on peut le voir sur cette illustration pour le cri du cerf de 1916. Dans sa calligraphie, cela a produit des motifs linéaires entrelacés et une riche ornementation. Dans les années 20, Knox a beaucoup travaillé comme graphiste, notamment pour des livres illustrés et des cartes de vœux. Sa production reposait essentiellement sur ses connaissances approfondies et de première main de la décoration celte. Une de ses techniques consistait à tracer le contour des lettres au crayon, puis de remplir les formes à l'aquarelle.

Vers 1910, les nouvelles idées issues de l'art et l'architecture commencèrent à influer sur la typographie et le design. Tandis que l'architecture remettait en cause l'idée selon laquelle les bâtiments devaient s'inspirer de sources historiques, les designers en typographie essayaient aussi de nouvelles formes. Les futuristes italiens, pour qui le nouveau design typographique était un moyen de « redoubler l'impact des mots expressifs », furent particulièrement importants. Kurt Schwitters était une force majeure derrière un autre mouvement artistique : le dadaïsme. Il réalisa une série de collages célèbres à base de caractères typographiques, choisis au hasard. En procédant ainsi, Schwitters plaçait la typographie au sein d'un contexte artistique, et laissait entrevoir que celle-ci pouvait ne pas être uniquement fonctionnelle et lisible.

Magazine Merz

1920

DESIGNER : KURT SCHWITTERS (1887-1948)

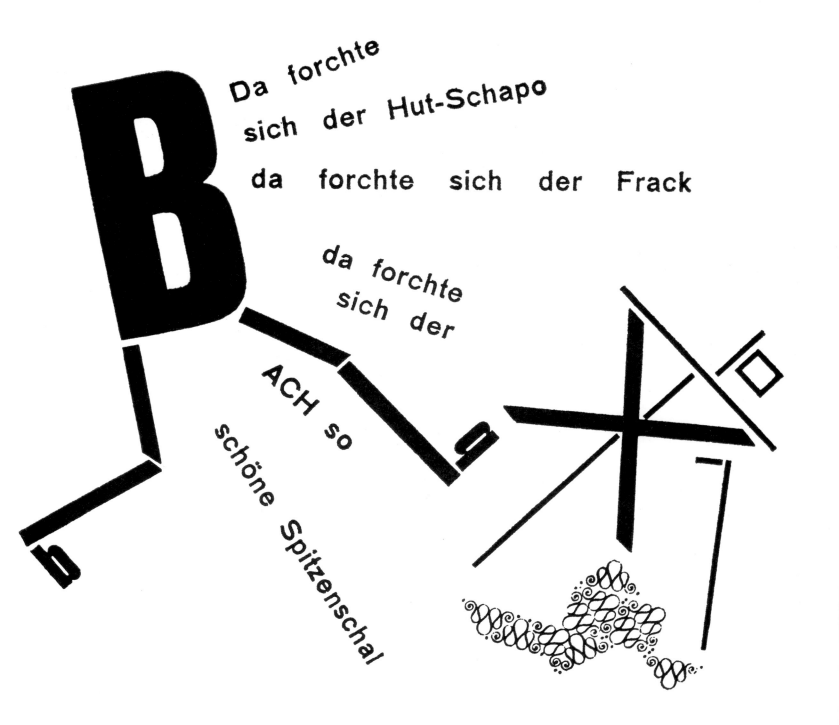

TYPOGRAPHIE 251

Billet d'un million de marks

1923

DESIGNER : HERBERT BAYER (1900-1985)

Le Bauhaus est devenu l'école de design la plus célèbre du XXe siècle. Elle a toujours été une petite école, et durant ses quatorze années d'existence, n'a formé que mille deux cent cinquante étudiants. Elle est toutefois parvenue à symboliser la nouvelle approche moderniste du design et de l'industrie. En 1923, l'un de ses succès fut de remporter une commande de la banque d'État de Thuringe pour la conception d'une série de billets de banque d'urgence. Suite à un taux d'inflation galopant, la production de billets est alors une industrie en plein essor dans la République de Weimar. On demanda à Herbert Bayer, alors jeune étudiant, de concevoir des billets d'un million, de deux millions et de deux milliards. Au moment de leur émission, le 1er septembre 1923, l'économie allemande était dans un tel état d'effondrement que des billets de valeur encore supérieure sont requis. Les designs de Bayer reflètent l'idéologie des graphismes stricts du mouvement moderne : une typographie directe et simple, dénuée de décoration, et des lignes verticales et horizontales très prononcées. Pour des billets de banque, ils sont extrêmement personnels, et marquent une approche expérimentale rendue possible par les circonstances économiques uniques de l'époque.

Typographie ferroviaire

1916

DESIGNER : EDWARD JOHNSTON (1872-1944)

Edward Johnston est à l'origine d'un des programmes d'identité d'entreprise les plus célèbres au monde : celui du métro de Londres. Basés sur une fonte qu'il avait conçue en 1916 pour Franck Pick, directeur de design des Transports de Londres, c'étaient aussi les premiers caractères modernistes d'Angleterre, aux formes nettes et géométriques faciles à lire, et immensément populaires auprès du public. C'étaient sans doute les premiers caractères sans serif du siècle, et ils eurent une forte influence sur le design graphique britannique en général, en particulier sur l'élève de Johnston, le célèbre sculpteur et designer-typographe Eric Gill (1882-1940). Le réseau du métro de Londres s'est rapidement étendu après la Première Guerre mondiale, et a permis au public britannique de rencontrer sa première, et peut-être unique occasion de découvrir l'architecture et le design modernes. Dans les années 80, la typographie ferroviaire a été redessinée par Banks et Miles, afin de s'adapter aux applications plus complexes des années 90.

Couvertures des livres Penguin

1946-1949

DESIGNER : EDWARD YOUNG / JAN TSCHICHOLD (1902-1974)

Jan Tschichold est né à Leipzig, en Allemagne, mais émigra en Suisse en 1933 et obtint la citoyenneté suisse en 1942. Il est devenu l'un des typographes les plus réputés du XXe siècle, et réussit à être à la tête des nouveaux développements d'après-guerre tout en restant fermement fidèle aux principes modernistes traditionnels. C'est en 1923 que Tschichold se convertit aux principes du mouvement moderne, à la suite d'une exposition du Bauhaus de Weimar.

Les couvertures des livres Penguin, y compris le logo Penguin, ont été conçus à l'origine, dans les années 30, par le directeur de production de chez Penguin, Edward Young. En 1946, Tschichold fut embauché par sir Allen Lane, président des livres Penguin. Il ne travailla que trois ans pour cette maison, mais il y introduisit de nouvelles normes de composition de texte et de design qui influencèrent tout le design graphique britannique de l'après-guerre. Il réussit à appliquer les théories du modernisme aux besoins de l'édition, avec la création des « Règles de Composition Penguin ». Tschichold était également historien et écrivain, et écrivit plus de vingt livres dont les sujets allaient de la calligraphie chinoise aux polémiques touchant le design. Dans les années 60, il travailla en tant que consultant indépendant pour de nombreux éditeurs suisses et allemands. En 1968, Tschichold s'est retiré à Locarno où il est décédé six ans plus tard.

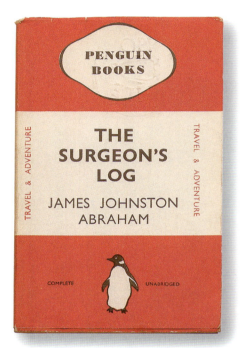
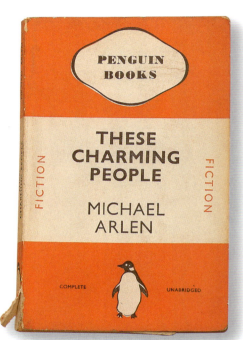
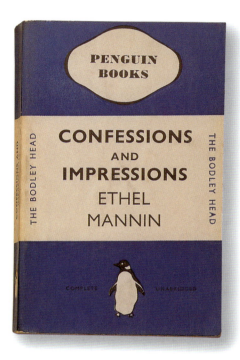
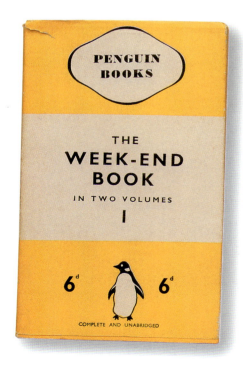
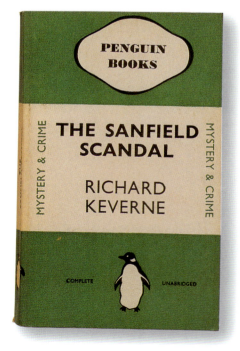

Univers

1954–1955

DESIGNER : ADRIAN FRUTIGER
(NÉ EN 1928)

Univers Medium

ABCDEFGHIJKLMNOPQRSTUV
WXYZ 1234567890
abcdefghijklmnopqrstuvwxyz
(&:;!?"%£)

Univers Medium Italic

*ABCDEFGHIJKLMNOPQRSTUV
WXYZ 1234567890
abcdefghijklmnopqrstuvwxyz
(&:;!?"%£)*

Univers Bold

**ABCDEFGHIJKLMNOPQRSTU
VWXYZ 1234567890
abcdefghijklmnopqrstuvwxyz
(&:;!?"%£)**

Univers Bold Italic

***ABCDEFGHIJKLMNOPQRSTU
VWXYZ 1234567890
abcdefghijklmnopqrstuvwxyz
(&:;!?"%£)***

Suite au chaos de la guerre, il n'est pas surprenant que de nombreux designers-typographes européens aient considéré l'ordre et l'unité comme un moyen d'évoluer. Leur réaction intellectuelle fut de regarder le Bauhaus d'un œil neuf et d'aborder la question du développement futur de la typographie d'une manière rationnelle. Ce nouvel esprit s'exprima parfaitement dans le style international, ou style Suisse, dont l'école des Arts Appliqués de Zurich, la *Kunstgewerbeschule*, fut l'initiatrice. Ses designers croyaient qu'ils étaient en train de fixer des normes typographiques universelles et immuables.

Leur but était de rendre la typographie aussi objective que possible, pensant que le design et la typographie devaient être « neutres », de telle sorte que la forme prise par le texte ne fasse pas ombrage à l'information contenue dans le texte. Du fait de l'influence grandissante du style suisse, avec son usage insistant de caractères sans serif, de nouvelles polices reflétant cette emprise furent créées. L'une des plus importantes d'entre elles est Univers, conçue par Adrian Frutiger qui, encore jeune homme, fut nommé directeur artistique d'une des sociétés de typographie les plus réputées, Deberny. Conçu comme un caractère « universel », il a été dessiné selon vingt et une variations – des combinaisons d'italiques, de condensés et de gras, ainsi qu'une gamme de graisses – pour qu'un style unique de caractère puisse être utilisé pour n'importe quelle application.

Mother & Child

1966

DESIGNER : HERB LUBALIN (1918-1981)

Durant l'après-guerre, New York est devenue une capitale culturelle mondiale et l'un des accomplissements de la cité fut l'émergence d'une école typographique typiquement américaine. Il a fallu attendre les années 50 pour qu'un nouveau groupe de designers-typographes, dont Milton Glaser et Saul Bass faisaient partie, pose les termes d'une approche américaine originale. On peut dire que le designer-typographe le plus talentueux de sa génération fut Herb Lubalin.

Si en Europe la typographie était théorique et structurée, elle était intuitive et dénuée de formalité aux États-Unis, avec une présentation plus ouverte et plus directe. Les lettrages décoratifs et dessinés à la main de Herb Lubalin s'opposaient de façon frappante aux écoles suisse et allemande, plus mécaniques et formelles ; ils étaient le reflet de la prospérité économique unique et de l'assurance culturelle de l'Amérique des années 50.

Né à New York de parents immigrés russe et allemand, Lubalin étudia la typographie à la Cooper Union School of Architecture. Il ouvrit une voie en manipulant la typographie pour exprimer une idée ; les formes des lettres devinrent des objets, des images, et sa typographie figurative donnait une liberté nouvelle, une importance accrue aux propriétés visuelles. Une de ses inventions les plus connues fut le « typogramme », une sorte de bref poème visuel. L'exemple le plus célèbre de cette typographie expressive est certainement le titre conçu en 1966 pour le magazine *Mother and Child* où l'esperluète évoque l'image d'un utérus avec son fœtus. Ces essais, utilisant ce que Lubalin appelait « l'image typographique », ont été largement repris dans la publicité. Les designers ont compris quelles étaient les ressources de la typographie utilisée pour créer un « mot-image », et le potentiel créatif que cela leur offrait. La réussite de Lubalin fut de concentrer une idée dans un unique élément typographique.

Bass est un designer-typographe américain rendu célèbre par son travail novateur pour les cinéastes Otto Preminger et Alfred Hitchcock. New-yorkais de naissance, Saul Bass a étudié le design graphique aux cours du soir du Brooklyn College en 1944-45, tandis qu'il travaillait comme designer-typographe indépendant. En 1946, il partit à Los Angeles et fonda Saul Bass & Associates. Bass a conçu plus de soixante symboles graphiques pour des films, et plus de quarante génériques cinématographiques. Il est particulièrement réputé pour avoir travaillé avec le réalisateur Otto Preminger, pour qui il a conçu les symboles et les génériques de films comme *L'homme au bras d'or* (1955), *Bonjour Tristesse* (1956) et *Autopsie d'un meurtre* (1959), ainsi que pour sa relation professionnelle avec Alfred Hitchcock, pour qui il a conçu les génériques d'introduction et, dit-on, dirigé la scène de la douche dans *Psychose* (1960).

Des premiers jours d'Hollywood jusqu'au milieu des années 50, les génériques des principaux films américains étaient tous faits selon des modèles pratiquement uniformes, en surimpression sur une image statique immuable ou sur la scène d'introduction du film. Bass a utilisé l'animation, puis l'action en direct pour créer des séquences de générique qui attirent l'attention des spectateurs et des critiques, et qui ont rapidement été imitées.

Après le début des années 70, les travaux de Bass se raréfièrent. Mais il créa néanmoins le générique du remake de *Les nerfs à vif* (1991), à la demande du cinéaste Martin Scorsese.

Autopsie d'un meurtre

1959

DESIGNER : SAUL BASS
(1920-1996)

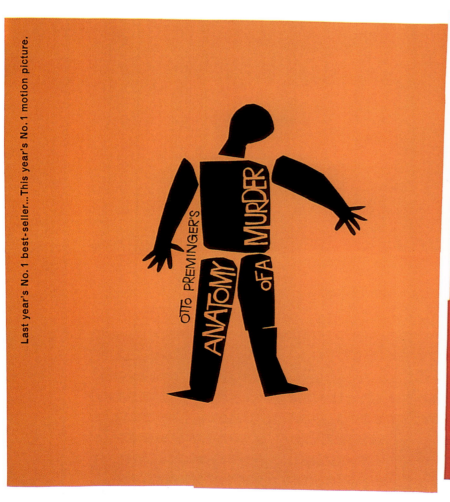
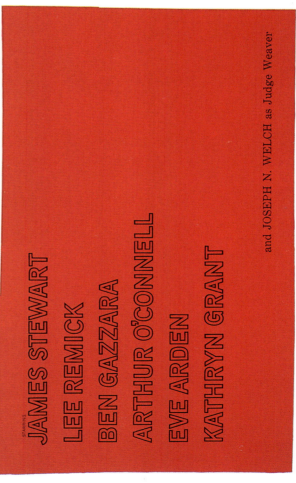

Logo IBM

1956

**DESIGNER : PAUL RAND
(1914-1996)**

Paul Rand était le designer-typographe le plus respecté d'Amérique. Né à New York, il commença sa carrière comme assistant designer au studio de George Switzer, et devint directeur artistique des magazines *Esquire* et *Apparel Arts* de 1937 à 1941. Dans les années 40 et au début des années 50, il était directeur de création pour l'agence publicitaire H. Weintraub ; il commença à travailler en indépendant à partir de 1955, en tant que consultant auprès de compagnies comme Cummins Engine Company, Westinghouse Electric Corporation et IBM.

    L'une des réussites de Rand a été de préserver l'influence de mouvements artistiques modernistes tels que le cubisme, le constructivisme, le De Stijl et le Bauhaus pour renverser le design graphique américain traditionnel, avec ses éléments symétriques, isolés, et ses illustrations narratives. Il commença également à travailler avec la totalité de l'espace visuel, intégrant la copie, l'art et la typographie. Rand a compris le potentiel expressif de la couleur, de la texture et du collage, et les a utilisés pour développer son style. Son travail pour IBM est considéré comme original dans le développement de l'identité graphique d'une entreprise, notamment son utilisation de symboles abstraits et pictographiques, qu'il voyait comme un langage commun reliant l'expression artistique à son public.

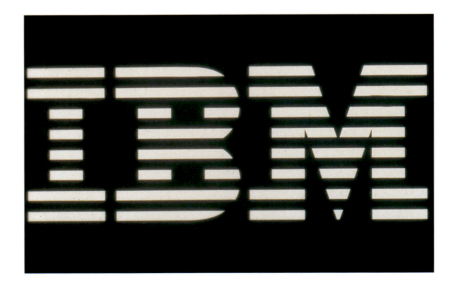

Galt était une compagnie britannique de mobilier reconnue qui s'est convertie aux jouets d'enfants en 1961. À l'époque, ils demandèrent à Ken Garland de créer leur identité graphique, et le résultat reste l'un des plus réussis et des plus caractéristiques des années 60.

Garland est typique de la génération des designers qui se sont alliés au modernisme. Pour les designers de sa génération, le style international, qui insistait sur la netteté des lignes et la rationalité des systèmes, semblait beaucoup plus approprié à l'organisation d'une Grande-Bretagne du futur que l'humour léger, la fantaisie et la nostalgie dont était nourrie une grande partie des graphismes des années 50. Garland a combiné sa connaissance de la technologie et une pratique élémentaire avec sa capacité à traiter les idées et à communiquer l'information.

Le manuel de l'Art Graphique 1966 était particulièrement représentatif de Garland et de l'école britannique. Sérieux et pratique, il traitait de typographie, d'espacement des lettres, de technologie d'imprimerie, etc., mais soulignait également l'importance de techniques de communication moins évidentes : savoir répondre au téléphone, et être capable de prendre des notes !

Catalogue : Galt Toys

1963-1964

DESIGNER : KEN GARLAND
(NÉ EN 1929)

TYPOGRAPHIE 259

Logo du Festival de Grande-Bretagne

1948

DESIGNER : ABRAM GAMES
(1914-1997)

Abram Games était l'un de ces designers-typographes qui ont réussi à développer une identité visuelle typiquement anglaise, marquée souvent par un humour léger, un style didactique et décoratif très populaire dans les années de l'après-guerre. L'exemple le plus célèbre de ce « style anglais » est le logo du Festival de Grande-Bretagne de 1951, comportant une tête stylisée de Britannia, un demi-cercle de drapeaux ondulants en rouge, blanc et bleu, et des chiffres victoriens, un rappel de la Grande Exposition de 1851.

Né à Whitechapel, à Londres, Abram Games était le fils d'un photographe émigré de Lettonie qui lui apprit des techniques comme la pulvérisation par aérographe. En 1936, il gagna un concours d'affiches et attira l'attention du légendaire directeur artistique Ashley Havinden. Il commença à travailler pour des entreprises telles que Shell et les Transports de Londres.

En 1940, Games s'engagea dans l'armée, et c'est pendant la Seconde Guerre mondiale qu'il devint l'un des meilleurs affichistes de Grande-Bretagne. En 1942, il fut nommé Designer Officiel d'Affiches de Guerre. En recourant souvent au surréalisme, il générait de puissantes images de propagande, comme dans sa célèbre série *Careless talk costs lives*. Cette volonté d'utiliser un langage graphique avant-gardiste confère à ses œuvres un intérêt durable.

Mistral

1953

DESIGNER : ROGER EXCOFFON
(1910-1983)

La typographie de Roger Excoffon est devenue partie intégrante de la culture française de l'après-guerre. On peut encore voir des exemples de son travail à travers toute la France. Dans les années 50, Excoffon et quelques-uns de ses contemporains, dont Raymond Savignac, ont revitalisé le design graphique français.

Excoffon est né en Provence, à Marseille, en 1910. Durant sa carrière, il a conçu et développé neuf styles de caractères, principalement utilisables dans la publicité ; il a aussi travaillé sur des affiches, des projets d'identité d'entreprise et des campagnes publicitaires. Excoffon étudia tout d'abord le droit, mais persuada ses parents de le laisser aller à Paris pour y étudier l'art. Après la Seconde Guerre mondiale, il s'installa comme designer-typographe, ouvrit son propre atelier en 1947 et travailla comme directeur artistique pour l'agence publicitaire parisienne Urbi et Orbi. La même année, Excoffon se joignit à une affaire familiale à Marseille, pour devenir directeur artistique d'une petite fonderie typographique appelée la Fonderie Olive. Elle devint rapidement une des principales fonderies de France, et devait une bonne part de sa prospérité au succès commercial des designs typographiques d'Excoffon.

Dans les années 50, à la Fonderie Olive, Excoffon a conçu et produit plusieurs scriptes décoratives, toutes fondées sur la calligraphie. Ces caractères reflétaient une approche élégante et confiante de la typographie française, et exprimaient le nouvel optimisme de l'après-guerre. Ces styles de caractères sont Banco (1951), Mistral (1953), Diane (1956) et Calypso (1958). Ils étaient beaux, mais aussi techniquement excellents, et sont très vite devenus populaires dans l'industrie de l'imprimerie. Excoffon a fondé le plus connu de ses caractères, Mistral, sur sa propre écriture. Le succès fut mondial et immédiat. La mise au point de Mistral lui demanda plusieurs années : il lui fallait convertir la spontanéité de l'écriture manuelle en un caractère de métal brûlant utilisable. Excoffon a lui-même continué à utiliser ces styles de caractères dans un ensemble de travaux qui donna une vie, une fraîcheur et une intelligence nouvelles au design graphique français des années 50.

Toutefois, la réputation d'Excoffon s'est éclipsée avant les années 70. Différentes influences ont émergé et ont donné d'Excoffon l'image d'un homme plutôt isolé et dépassé. Dans les dernières années de sa carrière, Excoffon s'est éloigné du design pour écrire et donner des conférences ; jusqu'à sa mort, en 1983, il est resté une figure importante dans le monde de la typographie internationale.

triomphante aux bornes d'un

triomphante aux bornes d'un

Biba

ANNÉES 1960

**DESIGNER : JOHN MCCONNELL
(NÉ EN 1939)**

John McConnell est à l'origine de la création du célèbre logo Biba. Le concept Biba a marqué un changement d'orientation pour la géométrie vivement colorée du design pop. McConnell utilise l'Art Nouveau, et particulièrement l'imagerie celte. Cela montre un nouvel intérêt pour la richesse et l'ornementation du design typographique. Biba a également introduit une gamme de produits parallèlement à ses célèbres vêtements. Barbara Hulanicki, fondatrice de Biba, a pratiquement lancé l'idée qu'il était possible de se modeler une façon de vivre en faisant ses courses, inspirée par le style de vie du designer. C'est la première fois que le logo d'un designer particulier apparaît sur toutes sortes de produits, allant des cosmétiques à la lessive ou aux haricots blancs cuisinés. C'était un concept en avance sur son temps, et il ne s'est banalisé que dans les années 80. En 1979, McConnell a rejoint Pentagram, où son don pour des solutions efficaces transparaît dans ses réalisations pour les éditeurs Faber et Faber.

Système de signalisation autoroutière

1964

DESIGNERS : JOCK KINNEIR (1917-1974) ET MARGARET CALVERT (NÉE VERS 1935)

Le système britannique de signalisation routière conçu en 1964 par Jock Kinneir et Margaret Calvert, montre une certaine ouverture au style international. Le gouvernement avait commandé au *Worboys Report* un rapport sur l'ensemble de la signalisation routière, qu'il voulait harmoniser avec les conventions continentales établies dans les années 30. Avec l'avènement de l'ère autoroutière, la rationalisation des systèmes de signalisation, aussi bien pour les autoroutes que pour les autres routes, était devenue une priorité, et le ministère des Transports engagea une équipe à laquelle appartenait Jock Kinneir, lequel avait déjà travaillé dans les années 50 sur le système de signalisation de l'aéroport de Gatwick. Kinneir et Calvert ont adopté un caractère standard de la fonderie Bertold, mais y ont ajouté des éléments originaux et très britanniques, tels que la barre du « l » en bas de casse, emprunté à la typographie de Johnston pour le métro londonien (1916), et le dessin du « a » en bas de casse, issu d'un caractère d'Eric Gill. Lorsque les dessins ont été publiés, beaucoup de gens voulaient des lettres romaines plus conventionnelles pour les capitales, au lieu de ces caractères sans serif. Avec ces lettrages, leur structure hiérarchique pour ordonner l'information, et leur code de couleurs, les panneaux indicateurs des autoroutes obéissent à bien des principes modernistes. En même temps, cette signalisation évite la clarté presque inexpressive du véritable style suisse, et son côté britannique est si pénétrant qu'on l'a nommée « l'identité d'entreprise de la Grande-Bretagne ».

Affiche de musée

1982

DESIGNER : WOLFGANG WEINGART (NÉ EN 1941)

Dans les années 70, les premières utilisations sérieuses de l'esthétique postmoderniste en typographie eurent des origines surprenantes. L'une d'elles fut le travail de Wolfgang Weingart, à Bâle, où s'épanouissait alors le design si formel du style suisse. Il cherchait à bouleverser le formalisme du style international et, ce faisant, injecta une sève nouvelle au design typographique. L'approche de Weingart était expressive, intuitive et expérimentale. Cette affiche pour le Gewerbe Museum de Bâle est représentative de son travail ; il y joue avec l'espacement des mots et des lettres, contraste les graisses et l'organisation en couches des images. Ces techniques ont été largement imitées et sont devenues des clichés de l'art graphique postmoderne des années 80.

Weingart enseigne encore à la *Kunstgewerbeschule* de Bâle, où il fit ses études. Son enseignement fut plus marquant que son œuvre de designer-typographe. Son influence atteignit un point culminant lorsqu'il était professeur associé à la Cranbrook Academy, près de Detroit. Il communiqua à toute une génération de designers-typographes l'envie de tenter une nouvelle approche de leur spécialité. Une de ses élèves les plus connues est April Greiman ; celle-ci a instillé l'influence de Weingart dans le nouveau courant du design californien.

264 TYPOGRAPHIE

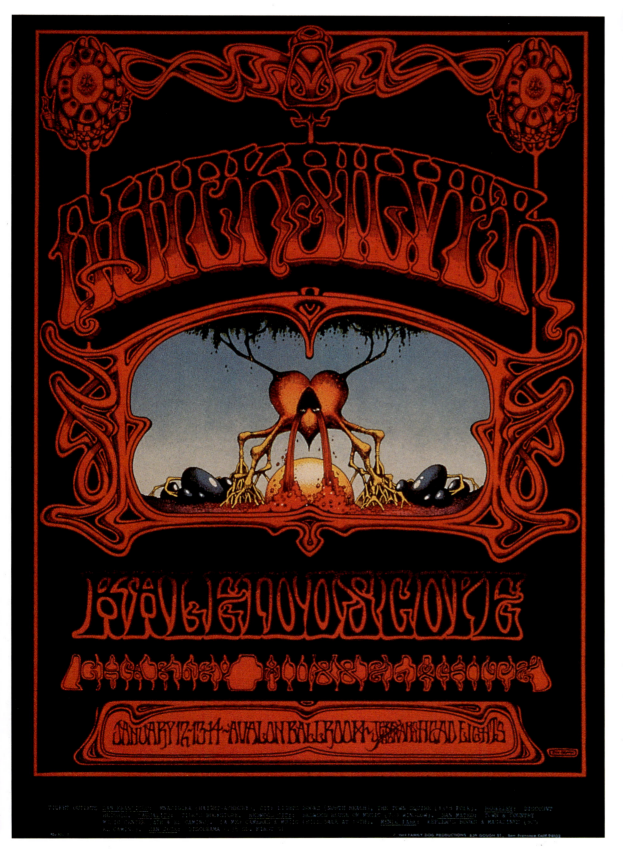

Kaleidoscope

ANNÉES 1960

DESIGNER : RICK GRIFFIN (1944-1991)

Adolescent, Rick Griffin puisait ses références culturelles dans l'univers des surfers californiens dans leur identité musicale et vestimentaire unique. Griffin a étudié quelque temps à l'école CalArts de Los Angeles. Toutefois, il prit immédiatement en aversion la typographie moderne, simple et de bon goût. Il s'installa à San Francisco en 1965, où il dessina des affiches pour des groupes de rock au légendaire Fillmore Auditorium de la ville et à l'Avalon Ballroom.

Griffin rejoignit avec enthousiasme la nouvelle culture de la drogue, et prit part aux réunions expérimentales de l'écrivain Ken Kesey. Son imagerie étrange, faite de serpents, de crânes, d'insectes, de créatures de science-fiction bizarres et de motifs empruntés aux Hell's Angels, témoigne de ces expériences diverses. L'effet du LSD sur le travail de Griffin transparaît dans son utilisation de couleurs lumineuses et intenses, équilibrées mais chromatiquement opposées. Dans les années 60, Griffin réhabilita la couleur comme moyen d'expression graphique à part entière. La nouvelle affiche pop devint alors l'expression parfaite de la culture de la drogue.

Le travail de Griffin incarne également le rejet propre au psychédélisme d'une typographie lisible. Le texte de ses affiches est à la limite de la lisibilité. Il partait en effet du principe que si l'image est assez excitante, les gens ne se contenteront plus seulement de déchiffrer l'information, mais trouveront aussi du plaisir dans le processus de décodage.

TYPOGRAPHIE 265

Signalisation du métro de Berlin

1990
DESIGNER : ERIK SPIEKERMANN (NÉ EN 1947) / METADESIGN

La tradition moderniste dans le design typographique n'a pas disparu avec les années 80, mais s'est perpétuée aux côtés de nouvelles expériences menées avec la technologie. Le travail rationnel d'Erik Spiekermann pour le métro de Berlin est un exemple de la survivance de cette tradition. Après la chute du Mur de Berlin, le transport public de la ville eut besoin de renouveler les informations destinées aux passagers, et on demanda à Meta de remodeler le symbole d'entreprise et son logo pour la signalisation et les plans. Le travail a été si réussi que BVG a demandé à MetaDesign un programme de design d'entreprise complet. Ils travaillent actuellement sur la conception de kiosques d'information entièrement interactifs pour assister le voyageur.

Erik Spiekermann étudia l'histoire de l'art à l'université libre de Berlin en Allemagne de l'Ouest à la fin des années 60, et y fonda une petite presse. Il travailla en Angleterre dans les années 70, mais retourna à Berlin en 1983, où il ouvrit son propre atelier : MetaDesign.

MetaDesign a attiré des jeunes designers parmi les plus talentueux d'Europe, dont Jan van Toorn et Max Kisman, devenant en quelque sorte un catalyseur d'idées nouvelles. Spiekermann est connu pour ses livres traitant de caractères d'impression et de typographie ; son livre le plus connu, *Rime et Raison : un Roman Typographique*, est un manuel destiné aux designers-typographes. MetaDesign a conçu des identités d'entreprise pour H. Bertold AG, la Deutsche Bundespost, Apple Computers, et en 1991, un planning pour les Autorités de Transport de Berlin. La manière dont Spiekermann appréhende le design typographique mêle un respect pour l'histoire et la tradition à un goût prononcé pour la nouvelle technologie.

En 1988, Spiekermann et sa femme Joan ont créé une société du nom de Fontshop pour vendre des styles de caractères. La société est devenue un débouché clé, à la fois pour des réalisations radicales et pour des types de caractères plus commerciaux, dont le Meta de Spiekermann, aujourd'hui l'une des polices les plus populaires, largement utilisée dans la signalisation et la conception de magazines.

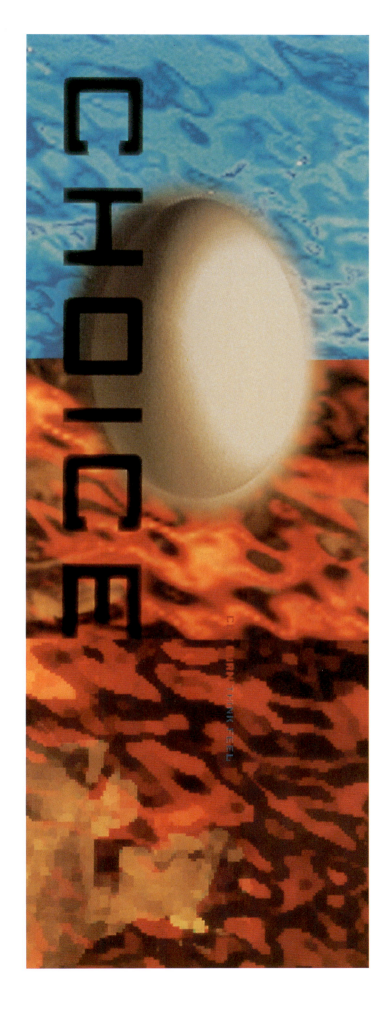

Affiche de la Cranbrook School of Arts

| 1985 |
| DESIGNER : KATHERINE MCCOY (NÉE EN 1945) |
| CLIENT : CRANBROOK SCHOOL OF ART, MICHIGAN, ÉTATS-UNIS |

Katherine McCoy est plus qu'un simple designer : elle représente une nouvelle manière d'appréhender le design graphique et la typographie, ce qui s'exprime dans le travail du personnel et des étudiants de la Cranbrook Academy of Arts.

Cranbrook est devenue l'une des écoles les plus influentes à travers le monde en tentant d'apporter au design graphique une certaine rigueur intellectuelle et un environnement expérimental.

En 1971, on proposa à Katherine et Michael McCoy, un couple qui forme une équipe, de prendre la direction du service. Ils ont créé un cours centré sur « l'aspect purement syntaxique de la typographie, sur la structure et la forme, avec une exploration sémantique et une analyse ». Dans les années 70, le fondement théorique du postmodernisme commence à interférer avec le design graphique. La sémiotique, par exemple, et le travail de Claude Lévi-Strauss lui ont fourni une base théorique. À Cranbrook, ces théories ont encouragé une forme de typographie produisant des couches successives d'images et de texte, une approche du sujet propagée par les principaux diplômés de Cranbrook, tels qu'April Greiman et Jeffrey Keedy.

Fanzine punk : Sniffin' Glue

1977

DESIGNER : MARK PERRY

Dans les années 70, les punks britanniques furent les initiateurs d'une nouvelle tendance : l'esthétique du « fais-le toi-même ». L'idée selon laquelle le design relevait des seuls professionnels a été bousculée par une nouvelle approche de la musique, de la mode et du design, qui remettait en question l'ordre établi. On vit alors apparaître une série de fanzines, produits selon des techniques et des moyens simples tels que découpage et collage, lettrages dessinés à la main, signes rudimentaires, images recadrées et photocopies. Ces fanzines sont sortis par centaines, le plus célèbre d'entre eux étant *Sniffin' Glue*. Ils avaient un petit tirage et une durée de vie plutôt courte, mais leur influence s'immisça dans le courant général de la presse. Un petit fanzine, *i-D*, produit par le directeur artistique Terry Jones, marqua une transition en devenant un énorme succès de l'édition dans les années 80. *i-D* attira ainsi l'attention internationale sur ces techniques, qui furent dès lors utilisées par les designers du monde entier.

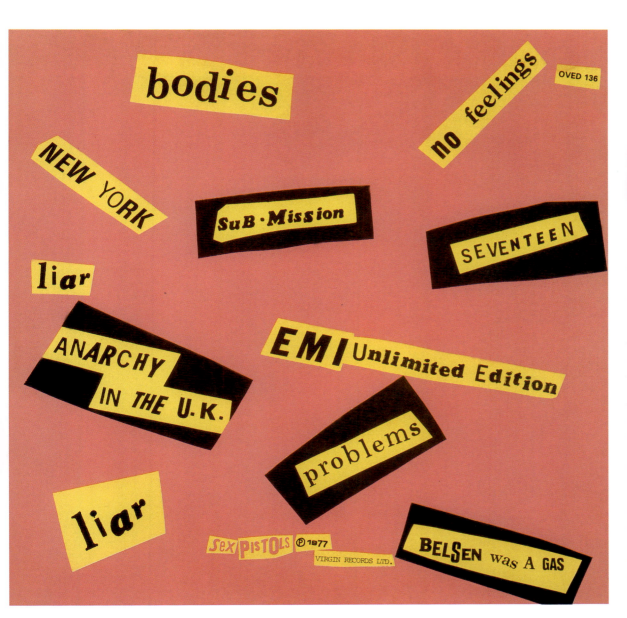

Pochette de disque des Sex Pistols

| 1977 |
| DESIGNER : JAMIE REID (NÉ EN 1940) |

Le résultat visible le plus immédiat de la culture punk britannique des années 70 fut le désordre du découpé-collé, technique utilisée par Jamie Reid pour les pochettes de disques et les affiches des Sex Pistols. Tout son travail était, et est toujours, sous-tendu par un message politique. Ces travaux avaient une acuité analytique qui se transmit aux essais typographiques, profondément influents, réalisés pour les Sex Pistols.

En 1970, Reid créa à Croydon un journal associatif, le *Suburban Press* (la presse de la banlieue). Il intégra au design des idées qu'il avait puisées dans le mouvement situationniste français qui, dans les années 60, utilisait les slogans politiques et les techniques artistiques pour renverser le statu quo. Toutes ces expériences influencèrent son travail de directeur artistique (à partir de 1975) auprès des Sex Pistols. Avec ses lettres découpées à la façon des maîtres chanteurs, ses couleurs qui jurent et ses slogans politiques, l'art graphique de Reid instaura une expression visuelle parfaite pour les punks anglais. Ce style a été utilisé pour des pochettes de disques, mais a peu à peu opéré une forte influence sur l'art graphique général, en générant des images qui ont fini par devenir des icônes de la révolution culturelle dont les punks se sont fait les champions à la fin des années 70.

TYPOGRAPHIE 269

Magazine Emigré

1986

DESIGNER : ZUZANA LICKO (NÉE EN 1961) ET RUDY VANDERLANS (NÉ EN 1955)

Zuzana Licko est la première designer-typographe a avoir utilisé les styles de caractères conçus sur et pour Macintosh. Née à Bratislava en Slovaquie, sa famille émigra en Amérique en 1968. Elle rencontra au collège le designer hollandais Rudy VanderLans, qu'elle épousa en 1983. En 1986, elle créa avec lui l'agence-conseil en design Emigré et, ensemble, ils conçurent et produisirent le magazine culte du même nom, un journal traitant de design graphique expérimental. Ils achetèrent leur premier Mac pour produire leur magazine d'art, mais s'aperçurent très vite qu'ils pouvaient l'utiliser pour créer des styles de caractères. Il s'agissait, au début, de simples essais pour palier aux tracés crénelés qui apparaissaient quand les caractères traditionnels étaient transposés sur le matériel de basse résolution de l'époque. Au fur et à mesure que le matériel se fit plus sophistiqué, le design des caractères suivit la même évolution. Quand ils réalisèrent qu'ils pouvaient facilement copier et vendre leurs créations, ils commencèrent à publier leurs styles de caractères et leur magazine *Emigré*. En 1986, Licko et VanderLans créèrent les polices Emigré pour commercialiser des caractères informatiques tels que Emigré, Emperor et Universal, conçus pour des systèmes en basse résolution.

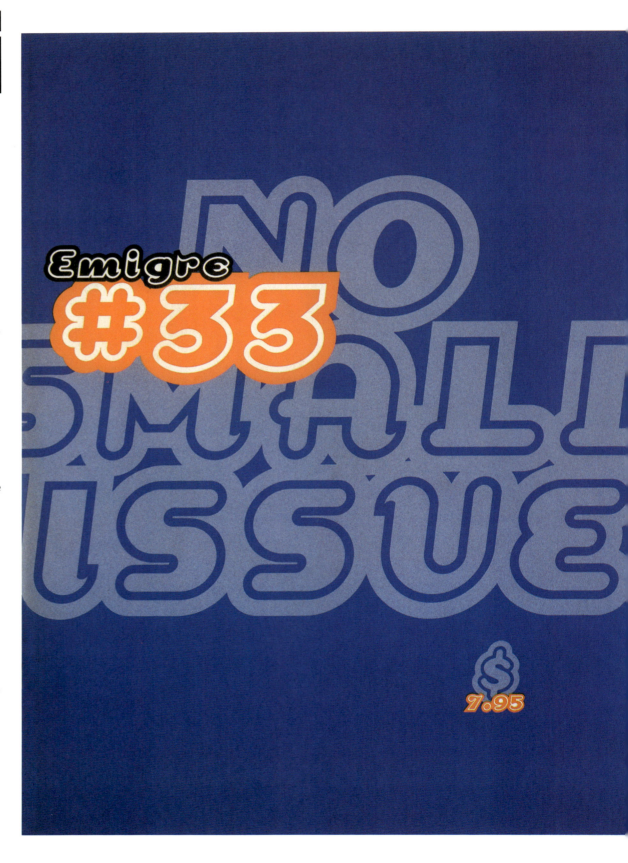

The Face

1986

DESIGNER : NEVILLE BRODY
(NÉ EN 1957)

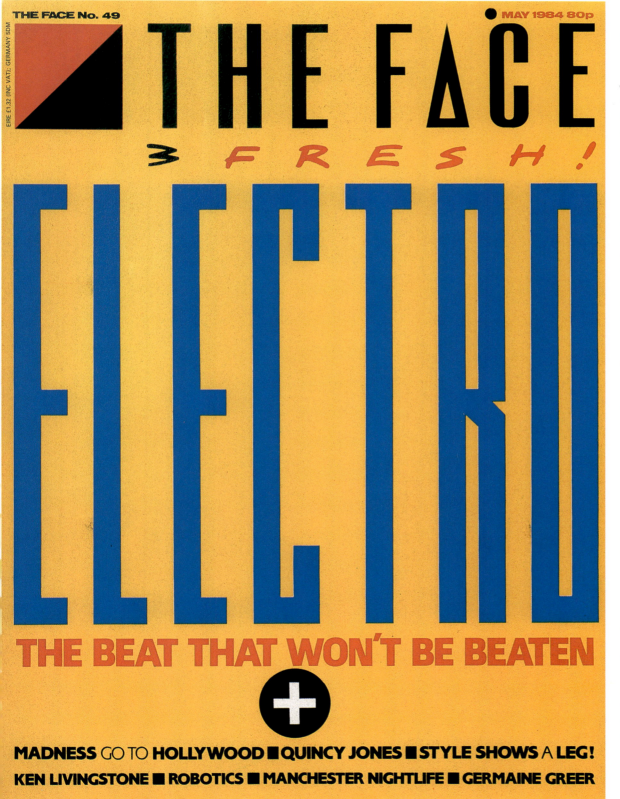

Neville Brody est le designer britannique le plus connu et son travail, en particulier sa fonte Brody, a défini le style graphique des années 80 à l'échelle internationale. Brody est né à Southgate, dans le nord de Londres, et a suivi des études de design graphique au London College of Printing (LCP). Cette institution était alors réputée pour sa formation disciplinée et professionnelle, fondée sur l'orthodoxie moderniste suisse, dominante dans les années 70. Brody n'aimait pas cette pédagogie où selon lui, « les règles typographiques traditionnelles sont enseignées d'une manière mécanique ». En 1979, l'année de son diplôme de fin d'études, la révolution punk battait son plein et Brody se tourna vers les clubs et les magazines londoniens.

Au début des années 80, si l'on voulait savoir quelles étaient les nouvelles tendances typographiques, il suffisait de lire *i-D*, conçu par Terry Jones, et à partir de 1981 *The Face*, conçu à l'origine par Brody. Ces deux magazines attirèrent des lecteurs enthousiastes de Tokyo à New York, et au-delà. Dès les premiers designs réalisés pour *The Face*, Brody devint une idole. Il envisageait la composition de la page et le design des caractères d'une manière fraîche, radicale et nouvelle. Il développa par exemple, l'usage de symboles et de « caractères-logos » quasiment semblables aux panneaux indicateurs pour guider le lecteur au fil des pages. Il recourut aussi à des marques tracées à la main et à des caractères obliques. Ce numéro de *The Face* est le seul dont la couverture est uniquement composée de caractères, sans aucune photographie.

Caractère Uck N Pretty

1992

**DESIGNER : RICK VALICENTI
(NÉ EN 1958)**

Uck N Pretty est un caractère typographique conçu en 1992 par Rick Valicenti pour la quatrième parution du magazine *Fuse*. On qualifie Valicenti de déconstructionniste. Il fit ses études à la Bowling Green State University de New York, obtint son diplôme de peinture en 1973, et prépara ensuite une maîtrise de photographie à l'université de l'Iowa en 1975. En 1988, à Chicago, il lança sa société Thirst, ou 3st, un groupe qu'il décrit comme étant consacré à la « Création Artistique avec Fonction ». Dans les années 90, Thirst a été la vedette du design graphique américain.

Valicenti travaille avec Ark Rattin qui a eu son diplôme de communication visuelle en 1988 à la Northern Illinois University, et une maîtrise de photographie en 1990. Grâce aux constructions de mots pleines d'esprit et à la superposition du texte et de l'image, leur approche a plus d'humour et d'ironie que celle de la plupart de leurs contemporains. La société japonaise de cosmétiques Shiseido, le musée de la Science et de l'Industrie de Chicago et l'Opéra Lyrique de Chicago figurent parmi leurs clients.

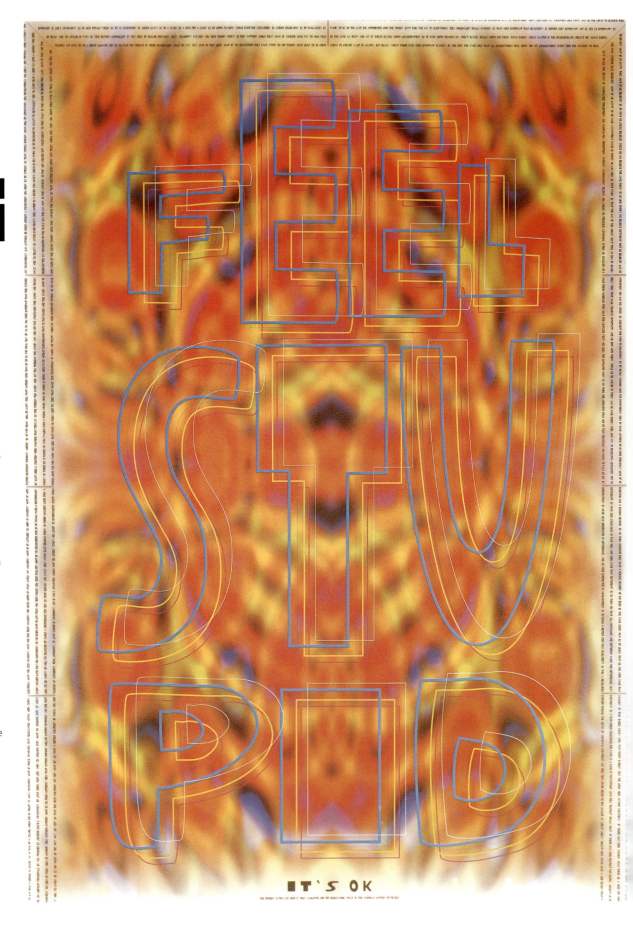

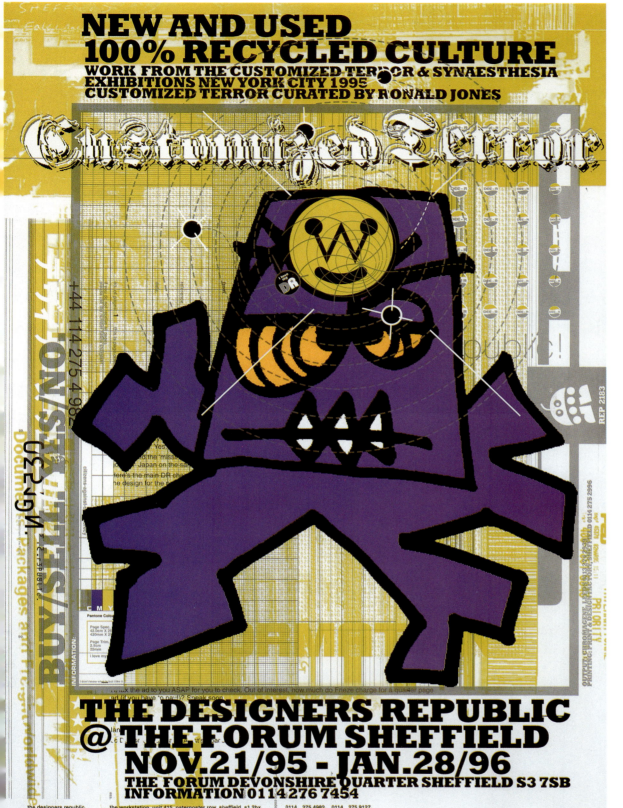

Affiche d'exposition

1995

DESIGNER : DESIGNERS REPUBLIC, SHEFFIELD, ANGLETERRE

Designers Republic est une agence de design graphique située à Sheffield, ville du nord de l'Angleterre, et spécialisée dans l'industrie musicale. Elle a été fondée en 1986 par Ian Anderson (né en 1961) diplômé en philosophie de l'université de Sheffield (1982). Anderson a été promoteur de clubs, DJ, et manager d'un groupe ; dessiner des pochettes d'albums semblait donc être une progression naturelle. L'équipe d'origine comprenait Nick Philips, Helen Betnay, Dave Smith, Nick Bax, John Crossland et Bette Anderson ; elle inclut maintenant Michael Place (né en 1967), Roger Coe (né en 1969) et Vanessa Swetman (née en 1965). Tout le travail issu de l'atelier est néanmoins signé Designers Republic. Parmi leurs clients, on trouve Pop Will Eat Itself, Age of Chance, Cabaret Voltaire, Guerrilla Records et Chakk. Leur approche anarchique des pratiques habituelles et de l'imagerie, illustrée par cette lithographie offset, se reflète dans leur communiqué de presse : « Les martyrs de l'Auto sur les Roues de la Cité d'Acier le Disent Haut et Fort » ou « Sanyo – Go ! Dynamo Designers Republic – le choc des titans-icônes résistants aux balles. Designers Republic : un goût de paradis nouveau et usagé ».

Leur travail a été exposé au musée de Rotterdam Boymans van Beuningen et au musée Victoria et Albert de Londres. Au printemps 1993, la galerie d'art Mappin de Sheffield a monté une rétrospective de leur travail intitulée « Designers Republic : New and Used ».

TYPOGRAPHIE 273

Affiche de l'exposition Sport 90

1990

DESIGNER : MALCOLM GARRETT (NÉ EN 1956)

Souvent associé aux noms de Peter Saville et Neville Brody dans les années 80, Malcolm Garrett passe pour être l'un des trois designers britanniques qui ont contribué à renouveler l'art graphique. Épris d'informatique, Garrett s'est enthousiasmé pour les médias interactifs et l'édition électronique. Sport 90 fut un tournant. Pour mener à bien ce projet d'exposition qui comprenait un catalogue, des affiches, des légendes et un guide interactif, Garrett s'est formé aux nouveaux logiciels informatiques : QuarkXpress, Adobe Illustrator et l'HyperCard d'Apple. La typographie des chiffres de l'affiche évoque une piste de course. Le but était de combiner l'image récréative du sport et une image plus compétitive, technologique aussi.

Né à Northwich, dans le Cheshire, Garrett étudia la typographie et la psychologie à l'université de Reading, et le design graphique à la Manchester Polytechnic. Il forma ensuite le groupe de design Assorted Images et fut rejoint en 1983 par son partenaire Kasper de Graaf. En 1977, il travailla sur la promotion du groupe punk de Manchester, Buzzcocks. Garrett crée des identités graphiques, des designs d'expositions, mais travaille aussi pour la télévision, la littérature de toute nature, et a effectué un travail très apprécié pour des artistes célèbres. En 1977, il a été nommé professeur par l'Institut de Londres.

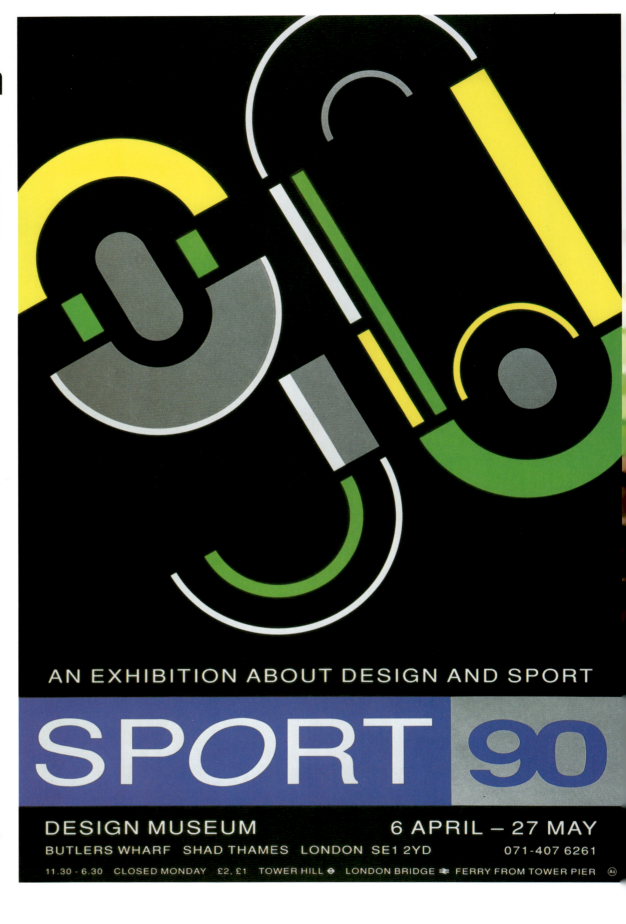

Ray Gun

ANNÉES 90

DESIGNER : DAVID CARSON (NÉ EN 1958)

L'Américain David Carson est l'un des designers-typographes les plus connus de Californie. La manière dont il utilise la typographie et l'image puis son travail pour le magazine *Ray Gun*, qui a ancré sa réputation, furent très influents dans les années 90. Carson est un designer-typographe autodidacte qui, à l'origine, étudia la sociologie à l'université. Son travail fait partie de la nouvelle vague californienne, il est fondé sur le design de magazines, et a commencé avec *Beach Culture*, qui a gagné plus de cent prix à travers le monde pour son design novateur. Le magazine américain *i-D* a sélectionné Carson comme étant l'un des designers les plus innovants des États-Unis, et son travail plus récent pour *Ray Gun* a conforté cette image. Ce magazine des arts visuels est rapidement devenu culte pour les jeunes designers-typographes du monde entier.

Carson ne dessine plus le magazine et a fondé son propre atelier de design. On trouve parmi ses clients Nike, Pepsi (dont la campagne de 1994 utilise une création typographique de Carson), MTV, David Byrne, Kentucky Fried Chicken et Sony. Carson travaille également avec les Films Tony Kaye en tant que directeur commercial et vidéo. Il donne des conférences sur la typographie dans le monde entier.

FloMotion
et Niwida

FLOMOTION 1990
DESIGNER : PETER SAVILLE
(NÉ EN 1955).

NIWIDA 1991
DESIGNER : ERIK VAN BLOKLAND
(NÉ EN 1967)

Au cours de l'été 1990, Neville Brody et l'écrivain Jon Wozencroft ont développé le concept d'un nouveau magazine informatique intitulé *Fuse*. Chaque parution se proposait de remettre en question l'état actuel du langage informatique
et de la communication, et l'on invita quatre designers à produire une nouvelle police. Le magazine *Fuse* a ouvert le débat sur l'orientation et la fonction du design typographique dans l'ère post-informatique. Son approche révolutionnaire a donné envie aux jeunes agitateurs du design typographique de créer des styles de caractères pour la prochaine génération.

Fuse a instauré un forum et un dialogue pour la nouvelle révolution typographique. Mieux encore, *Fuse* a diffusé une disquette contenant des polices d'écran libres de droits d'auteur, comme celles reproduites ci-contre, pour que l'utilisateur puisse faire des essais avec un minimum d'équipement technique, par exemple le simple Apple Macintosh Classic. La seule contrainte était la mémoire du disque. *Fuse* a créé un débouché expérimental pour les designers et les étudiants en design, poussant ainsi les fabricants à prendre en considération la portée de ce qu'ils faisaient. *Fuse* a entrepris de dresser la liste des changements de langage dans l'âge post-électronique et d'élargir les possibilités du clavier de l'ordinateur.

FloMotion

ABCDEFGHIJKLMN
OPQRSTUVWXYZ
abcdefghijklmnopqrst
uvwxyz (:;!")

Niwida

Caractère Drone

1995

DESIGNER : JONATHAN BARNBROOK (NÉ EN 1966)

THIS IS DRONE

N⊙ 666

FOR TEXT WITHOUT CONTENT

N⊙ 90210

TYPEFACES BASED ON PRIMITIVE
HISPANIC CATHOLIC LETTERING

Jonathan Barnbrook est l'un des rares designers indépendants qui produise des styles de caractères pour l'âge informatique selon une tradition tenant davantage de l'artiste solitaire que d'entreprises comme Fuse et Emigré. Ses polices comprennent Bastard et Manson, une police aux proportions classiques inspirée de ses dessins d'églises. Elle a été utilisée de façon diluée lors de la campagne en faveur des préservatifs pour Femidom. Depuis lors, les styles caractéristiques de Barnbrook ont été utilisés dans beaucoup de campagnes publicitaires et ont apporté une contribution unique à la publicité contemporaine. De 1985 à 1988, Barnbrook étudia d'abord à la St Martin's School of Art de Londres, puis obtint une maîtrise au Royal College of Art. À la même époque, il a tenté une approche expérimentale de déconstruction des caractères dans son travail avec Why Not Associates sur le catalogue de vente par correspondance Next.

Les caractères décoratifs de Barnbrook sont couramment utilisés dans le design graphique contemporain. Dans le futur, ils représenteront les années 1990 au même titre que les lettres de Charles Rennie Mackintosh représentent les années 1890.

Spot publicitaire télévisé pour Radio Scotland

1993

DESIGNER : Tomato, Royaume-Uni

Tomato est un groupe qui a été fondé en février 1991, reconnu comme étant l'un des pionniers dans son domaine. Ses dix designers forment une équipe assez libre mais très coopérative, dont le but avoué est d'« estomper » et transgresser les frontières des réactions et des méthodes. En ont fait partie John Warwicker (né en 1955), Simon Taylor (né en 1965), Dylan Kendle (né en 1971), Kirk van Dooren (né en 1959), Graham Wood (né en 1965), Jason Kedgley (né en 1969), Greg Rood, Karl Hyde, Steve Baker et Richard Smith. L'approche iconoclaste de Tomato polarise l'opinion, mais continue de susciter l'intérêt commercial de clients majeurs tels que Pepsi, MTV et Nike, qui font appel à leurs créateurs. Leur insistance à vouloir étendre leur liste de références au-delà de celles habituellement employées dans le design graphique montre que leur langage conceptuel n'est pas facilement absorbé par la concurrence.

Pour ce projet, Tomato devait accroître l'audience de Radio Scotland par le biais d'un spot publicitaire télévisé. Ils ont eu l'ingénieuse idée d'associer des mots dits – des bribes d'émissions – à un sous-titrage en caractères mobiles.

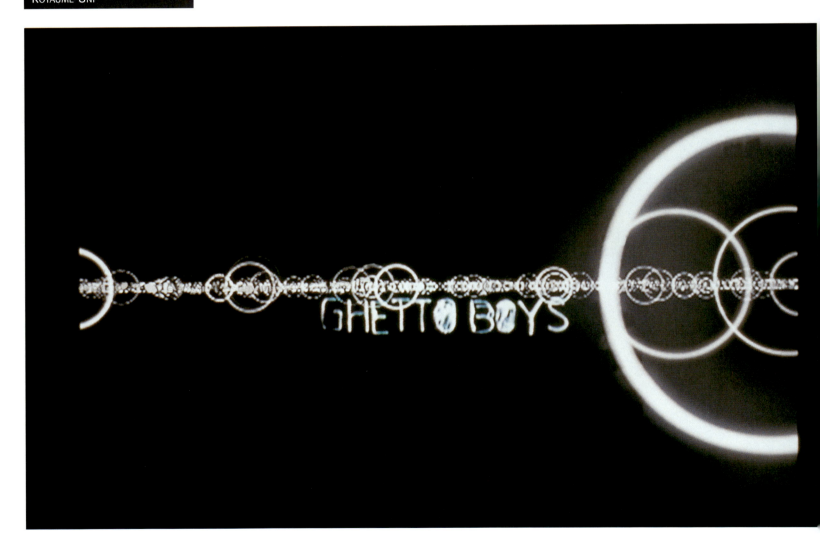

En 1997, onze millions d'entreprises utilisaient le courrier électronique, et soixante millions d'usagers privés avaient accès à Internet. D'ici l'an 2000, quatre cent cinquante millions de personnes communiqueront par Internet. L'avènement du *World Wide Web* a soulevé la question du design sur écran, et beaucoup de sites Web manquent d'attrait et de clarté. Dans la conception des sites Web, il y a habituellement prédominance des images visuelles au détriment de la clarté et de l'adéquation des styles de caractères. Il y a toutefois des exceptions, et le site Web du musée d'Art Moderne de New York (MOMA) en est un exemple. MOMA est un musée de renommée mondiale qui célèbre l'art et le design du XXe siècle. Son site Web soulève le problème de la relation entre l'information typo et l'image pour les musées en général. La tradition des musées est centrée sur l'objet mais, avec l'arrivée d'Internet, les conservateurs ont maintenant l'occasion de situer leurs collections dans un contexte historique socio-culturel plus grand, et d'en élargir l'accès. Les musées ne peuvent exposer qu'une petite partie de leurs collections, avec des légendes réduites. En théorie, Internet peut outrepasser ces limites. Il peut créer un lien entre les divers objets d'une collection et fournir une documentation sur les idées et les théories qui ont présidé à leur création. Internet permet d'apporter une collection de musée sur les écrans des foyers, à travers le monde entier.

Actuellement cependant, la plupart des sites Web de musées ne sont rien d'autre que des brochures informatiques, dressant la liste des collections, indiquant les heures d'ouverture, et proposant un service de vente par correspondance pour leur magasin de souvenirs. Le vrai potentiel des sites Web réside dans leur capacité à rendre visible ce qui ne pourrait être vu sans eux, et à abolir les barrières qui séparent l'objet et la documentation. Les musées peuvent maintenant offrir une alternative intéressante quand une visite du « vrai » musée n'est pas possible.

Site Web

1997

DESIGNER : MUSÉE D'ART MODERNE, NEW YORK, ÉTATS-UNIS, WWW.MOMA.ORG

CHAPITRE 10
packaging

RAISINS SECS SUN MAID

BOÎTE À ŒUFS

TETRA PAK TROPICANA

LA NOTION DE PACKAGING EST CRUCIALE. Aujourd'hui, le packaging permet au consommateur occidental de disposer d'aliments et de marchandises dans un état presque parfait. En Europe occidentale et aux États-Unis, les pertes sont inférieures à 3 %, alors que dans les pays moins développés, près de la moitié des aliments sont gâtés avant de parvenir au consommateur. Outre le taux des pertes, l'emballage des marchandises permet de réduire les coûts de transport, de distribution et de stockage, donc de maintenir des prix bas. Au XXe siècle, en plus de son but fonctionnel, l'emballage a également engendré des designs très créatifs destinés à protéger les marchandises et à accroître les ventes. Le terme de packaging ne désigne pas seulement le contenant des aliments, ou bien le sac dans lequel on ramène chez soi les achats quotidiens. Il s'applique aussi aux caisses, aux plateaux qui groupent les produits pour la distribution, et aux conteneurs plus vastes permettant des chargements plus importants lors du transport. Le packaging a aussi un rôle social : emballer des cadeaux fait partie de notre façon d'établir des rapports, d'exprimer amour et affection. Au Japon, par exemple, il indique clairement un statut social et s'intègre dans un code très strict de comportement définissant la culture japonaise.

On peut faire remonter l'histoire de l'emballage moderne aux inventions du XIXe siècle. Les premières expériences de conservation eurent lieu en France avec la mise en bocaux de verre hermétiques de viande, de légumes et de fruits. Aux environs de 1850, naquirent les boîtes en fer-blanc et un créneau s'est immédiatement présenté : nourrir l'armée. Après quoi, l'usage des conserves s'est rapidement répandu. Aux États-Unis, l'industrie de la pêche a ouvert la voie en construisant ses propres conserveries, et dans les années 1850, toutes sortes de fruits et légumes étaient vendus en conserve. Les fabricants ont rapidement compris qu'une étiquette attrayante ou une boîte caractéristique augmentait les ventes ; bon nombre d'étiquettes et d'emballages classiques proviennent d'ailleurs de cette époque : les boîtes de soupe Campbell, le pot de moutarde Colman's, les boîtes cartonnées de flocons d'avoine Quaker ou de corn flakes Kellogg.

Le plastique, nouveau matériau apparu au XXe siècle, est maintenant très largement utilisé. Il présente l'avantage d'être extrêmement léger, de pouvoir être vivement coloré et moulé dans des formes compliquées. On peut aussi presser les emballages en plastique de manière à en exprimer le contenu (dentifrice, sauce tomate ou fromage). Récemment, plusieurs finitions différentes furent mises au point afin de contrer la prépondérance du contenant en verre. Grâce à l'innovation des designers travaillant le plastique, ce matériau est maintenant devenu familier, essentiel au conditionnement du dentifrice, des produits d'entretien, des articles de toilette, de la nourriture, etc. L'une des innovations dans le domaine du plastique, la nouvelle bouteille en polymère PET, a révolutionné le marché des boissons gazeuses dès les années 70. Plus récemment, on a mis à l'essai le polymère PEN, convenant au remplissage à chaud. On utilise également le papier aluminium pour les en-cas alimentaires, ainsi que l'emballage sous atmosphère modifiée. Il s'agit de placer la viande, par exemple, sous un film plastique dans une atmosphère dont on augmente le taux d'azote et dont on diminue le taux d'oxygène. Cela signifie que le produit se conservera non pas quelques jours à peine, mais jusqu'à deux semaines. La même technologie est utilisée pour les sachets contenant les salades.

Dans la deuxième moitié du XXe siècle, de nombreux facteurs comme les nouvelles technologies, la conception assistée par ordinateur, l'évolution démographique, les nouveaux matériaux, n'ont cessé de modifier les modes de conditionnement. La tendance croissante des gens à vivre seuls a favorisé l'essor des aliments distribués en portions individuelles, tandis que le repas familial traditionnel est souvent remplacé par les plats tout préparés. Cette civilisation des produits jetables provoque les foudres des écologistes. Néanmoins, d'importants changements se font jour, et certains produits alimentaires, comme l'huile d'olive, les pâtes et les sauces sont emballés avec autant de recherche qu'un article de luxe coûteux, tel le parfum.

L'un des plus grands défis auxquels se trouve maintenant confronté le designer est le gaspillage insoutenable généré par l'emballage. Parmi les innovations récentes figure l'introduction des emballages réutilisables, un concept qui n'est pas nouveau au Royaume-Uni, où de nombreuses personnes bénéficient toujours de la livraison de lait à domicile. En France, certains vins sont vendus dans des bouteilles réutilisables. En outre, des sociétés telles que Body Shop ont ouvert la voie aux contenants réutilisables pour produits cosmétiques. Depuis peu, le consommateur peut aussi remplir ses flacons directement, à domicile. Détergents et produits assouplissants, disponibles maintenant sous forme concentrée, sont vendus dans deux sortes de contenants : l'un rigide, l'autre souple, économisant souvent jusqu'à 70 % de matériau par rapport au premier. Les consommateurs achètent d'abord un contenant rigide pour le remplir ensuite, au fur et à mesure, à l'aide des recharges en sachets souples. Les lingettes pour bébé sont aussi conditionnées de cette façon et les recharges utilisent 80 % de matériau de moins que le paquet rechargeable. La réduction de la masse des emballages touche également d'autres produits. Les tubes de dentifrice, jadis fabriqués en métal, sont aujourd'hui conçus en plastique, et peuvent être dressés sur leur capuchon, diminuant ainsi d'un tiers les besoins antérieurs en matériau. Le film pour les barres chocolatées est un autre exemple d'économie par réduction de la quantité d'emballage.

PAQUET DE PRÉSERVATIFS MATES

ÉTIQUETTE DE VIN ARTLANTIC

POCHE DE DÉTERGENT DAZ

Raisins secs Sun Maid

ANNÉES 1990

La marque californienne de raisins secs Sun Maid joue sur l'homophonie, évidente certes, mais plaisante, de *sun made* (issu du soleil) évoquant un produit naturel, et de la *sun maid* (fille du soleil) éponyme, saine et attrayante à souhait. Ce style d'illustration traditionnelle est resté populaire tout au long du XXᵉ siècle et est fermement associé, dans l'esprit du consommateur, aux valeurs de tradition et de qualité. La marque doit également la constance de son succès à l'adaptation de ses emballages aux changements de mode de vie du consommateur. C'est ainsi que des mini-paquets ont été créés pour les paniers-repas des enfants, et que la chanson à succès de Marvin Gaye *Heard It Through the Grapevine* fut adaptée et accompagnée d'un dessin animé représentant des raisins secs en train de danser, ceci dans le but d'atteindre le marché des jeunes. Son emballage caractéristique est difficile à imiter, et lui permet de concurrencer convenablement les propres marques des supermarchés, dont le nombre va croissant.

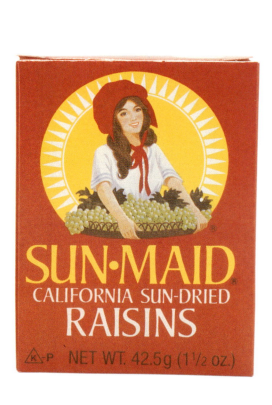

Moutarde Colman's

VERS 1905

Il est des emballages si étroitement associés à un produit qu'ils ont fini par représenter l'aliment lui-même. La moutarde Colman's est l'un de ces exemples. La firme norvégienne de J. et J. Colman fut fondée en 1823. L'utilisation du jaune moutarde et du symbole caractéristique représentant une tête de taureau sur l'emballage a garanti un succès immédiat à la marque.

Colman's a compris un principe fondamental du design de l'emballage : la couleur joue toujours un rôle essentiel dans l'identification du produit par le client. L'emploi du jaune vif a permis aux clients de Colman's de reconnaître le produit avant même d'avoir enregistré le dessin de la tête de taureau. L'utilisation conséquente de ce dernier élément a permis à Colman's de conserver sa place sur le marché au fil des ans.

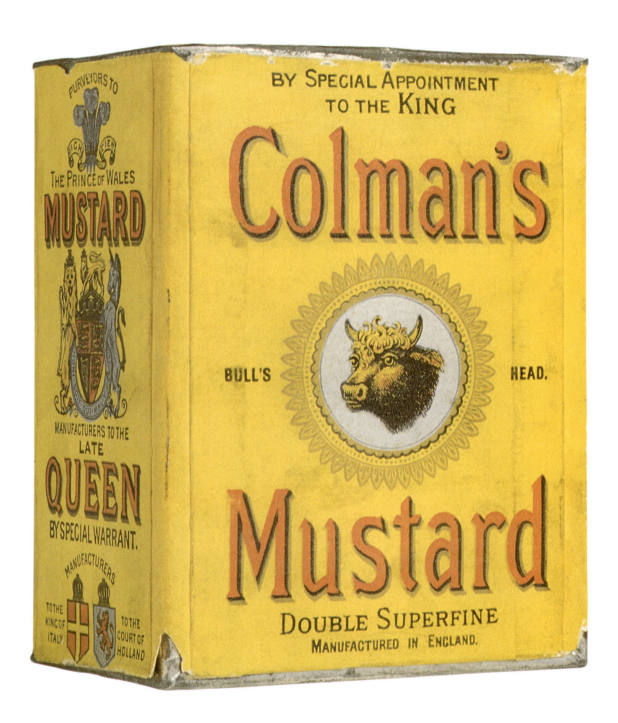

Flocons d'avoine Quaker

ANNÉES 1920

C'est en 1877 que la Quaker Mill Company de l'Ohio, aux États-Unis, commença à produire des flocons d'avoine désormais célèbres, dotés de l'emblème Quaker instantanément reconnaissable. Pour les Américains, l'image devenue familière du Quaker patriarcal était porteuse d'un message important. Dans un pays qui s'enorgueillissait d'être le refuge de groupes religieux non conformistes, les Quakers étaient appréciés en tant que défenseurs de l'honnêteté et du commerce loyal. Munie de cette puissante image, il n'est pas surprenant que la marque – lorsque la Quaker Oats fut achetée par l'American Cereal Company en 1890 – ait alors dominé le marché. En 1900, l'entreprise devint la Quaker Oats Company. L'une de ses innovations intéressantes, en matière de marketing, fut de joindre des cadeaux gratuits aux paquets de céréales. Au cours des premières années du XXe siècle, l'entreprise attira les clients potentiels en offrant par exemple, des bols à céréales gratuits en échange d'un certain nombre de bons se trouvant sur les paquets. Cette stratégie se poursuivit jusqu'en 1904, étendue à toute une série d'articles domestiques. Elle remporta un tel succès qu'elle suscita de nombreuses imitations commerciales.

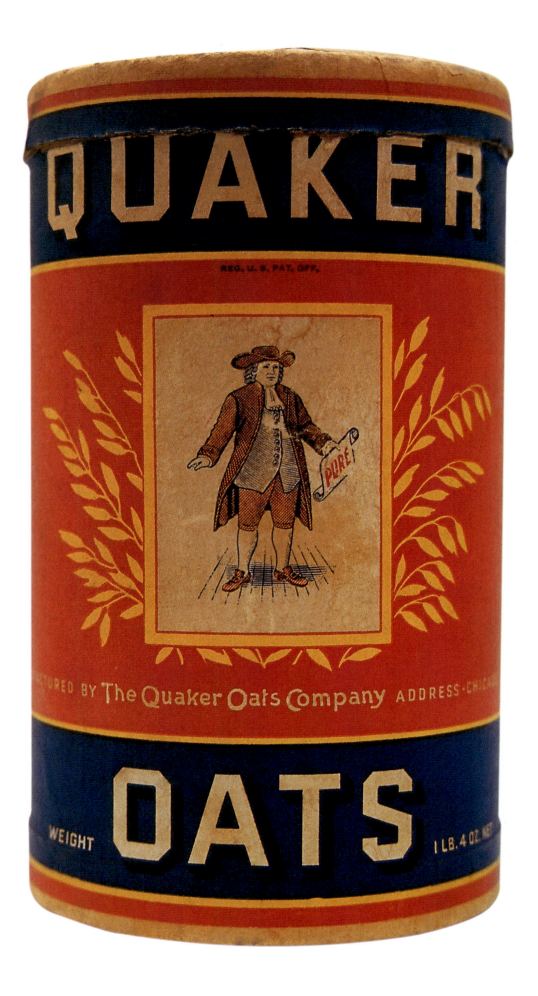

Kellogg's Corn Flakes

ANNÉES 1930

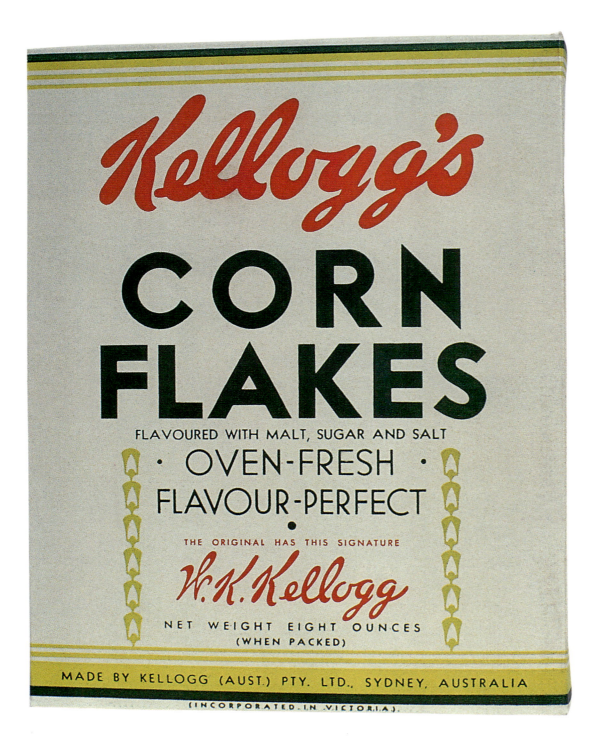

Les corn flakes constituent la base d'un gigantesque marché : le petit déjeuner instantané. En 1894, le Dr John Kellogg créa ses premiers flocons de maïs séchés pour ses patients, un petit déjeuner léger et sec facile à digérer. Mais il ne tarda pas à découvrir le potentiel du produit pour un marché plus vaste. Associé à son jeune frère Will, il commença, en 1906, à commercialiser les Kellogg's Toasted Corn Flakes avec la mention « Non authentiques sans cette signature ». La signature W.K. Kellogg, était portée sur l'emballage comme une garantie. Elle était mise en valeur par la boîte toute simple, informant le consommateur de la qualité du contenu.

Kellogg's vendait ses céréales dans des emballages cartonnés. Les cartons bon marché, produits en série, venaient en effet d'apparaître. La solution retenue pour le design est simple et efficace : une boîte complète pouvait être réalisée en coupant et en pliant une simple feuille de carton. Ces feuilles pouvaient être stockées dans un espace réduit. Une fois l'emballage et le design du logo définis, Kellogg's chercha à étendre son empire commercial et à diversifier ses produits. L'entreprise s'installa en Grande-Bretagne en 1924, et eut un succès remarquable : ses céréales changeaient la face des petits déjeuners britanniques. D'autres produits Kellogg's ont suivi, dont les Rice Krispies en 1928, et les Sugar Frosted Flakes en 1952, premières céréales recouvertes de sucre.

PACKAGING 285

Poudre à récurer Ajax

1970

Le design du tube d'Ajax date du XIXe siècle, lorsque plusieurs fabricants de produits alimentaires commencèrent à expérimenter les boîtes hermétiques, en particulier pour les produits périssables tels que les biscuits et le tabac. Une fois ce problème technique résolu, les fabricants purent non seulement accroître leurs ventes sur le marché intérieur, mais aussi sur le plan international. Parmi les premières boîtes, certaines étaient cylindriques, munies d'un couvercle dévissable et d'un couteau permettant de transpercer la feuille d'aluminium hermétique intérieure. Au cours de l'après-guerre, le tube d'Ajax, efficace pour préserver le contenu de l'humidité, était, pour le consommateur, un modèle d'efficacité et de modernité technologique en matière d'emballage.

Bien que la poudre à récurer soit maintenant remplacée dans les foyers par des crèmes et des bombes de nettoyage, le tube de carton enroulé en spirale continue d'être utilisé. À la fois rigide, léger et peu encombrant, il est particulièrement adapté à l'emballage des amuse-gueule.

286 PACKAGING

Tampons à récurer Brillo

ANNÉES 1950

« Sans effort, sans gaspillage, sans chiffons, sans poudre. » C'est avec ce slogan énergique que la Brillo Manufacturing Company de New York a introduit, en 1913, son nouveau tampon à récurer. Brillo était conçu comme un produit de nettoyage permettant toute une série de travaux ménagers difficiles, allant du récurage des casseroles à l'entretien des cuisinières. Ce produit se composait d'un tampon métallique renfermant du savon, qui moussait et récurait vigoureusement. À l'origine, les tampons Brillo étaient commercialisés dans des paquets de couleur verte devenus rouges dans les années 50. À l'instar de la boîte de soupe Campbell's, le carton d'emballage Brillo a été reproduit par Andy Warhol comme icône célèbre du Pop Art dans les années 60.

PACKAGING

Boîte de soupe Campbell's

ANNÉES 1930

Joseph Campbell commença à mettre les aliments en conserve en 1869, dans son usine du New Jersey. En 1898, il lança ses soupes en boîte avec leur étiquette rouge et blanche caractéristique. Campbell's n'était pas la première firme à utiliser des étiquettes de couleur sur les conserves ; à la fin du XIXe siècle, elles étaient d'un emploi fréquent aux États-Unis. Cependant, l'image de la boîte de Campbell's a perduré et les soupes sont très rapidement devenues populaires. Elles occupent toujours une position dominante sur le marché américain des soupes en conserve. Au cours des années 60, elles étaient un produit alimentaire tellement omniprésent qu'Andy Warhol les a utilisées comme thème pour une série de célèbres toiles pop. L'emballage a pu ainsi acquérir une place importante dans l'histoire de l'art du XXe siècle.

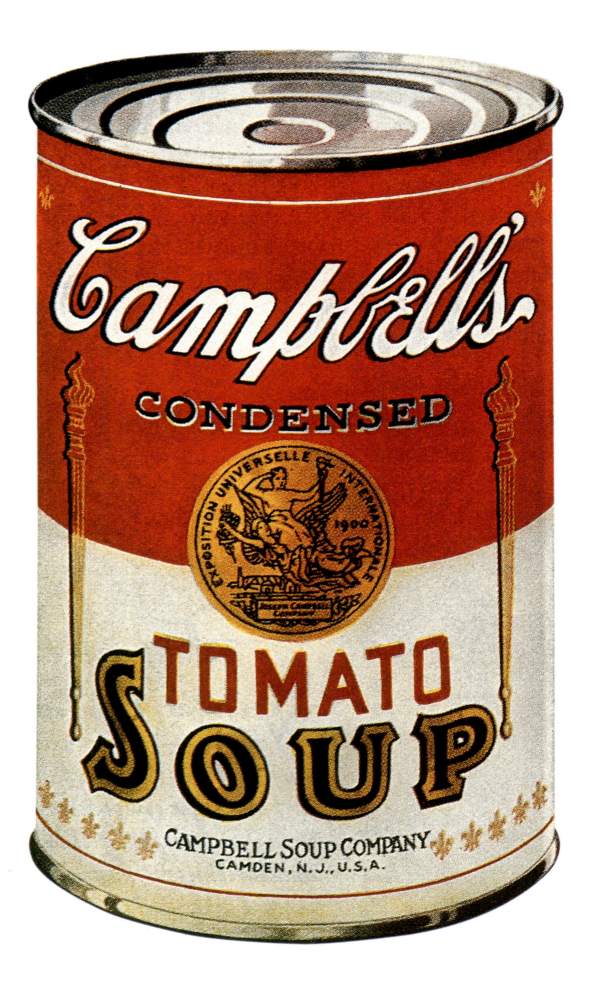

KitKat

1937

Portant le même nom qu'un club malsain réservé aux hommes au XVIIIe siècle, la gaufrette chocolatée Kit Kat, fabriquée à l'origine par l'entreprise familiale Quaker Rowntree en 1935, fut d'abord connue sous l'appellation Chocolate Crisp (croquant de chocolat). Les Rowntree produisaient au départ des boules de gomme cristallisées et des chocolats en boîte. Le nom Kit Kat, chargé de connotations historiques, évoque également l'âge du jazz. C'est devenu la barre chocolatée la plus populaire au Royaume-Uni, et elle s'exporte dans le monde entier.

Le succès de Kit Kat est inextricablement lié à son emballage novateur (le chocolat est emballé dans un papier d'aluminium, puis recouvert d'un papier), inchangé pendant plus de soixante ans.

Boîte à œufs

1997

La boîte à œufs en carton moulé est l'une des formes génériques d'emballage les plus familières du XXe siècle. Elle fournit une solution simple mais efficace à la commercialisation d'un produit fragile, et dont le stockage à domicile, dans le garde-manger ou dans le réfrigérateur, ne requiert que peu de place. Bien que les boîtes en plastique soient maintenant très courantes, elles ne protègent pas aussi bien les œufs, et nécessitent toujours une protection supplémentaire de papier bulle pour éviter les dommages. Le fait qu'on n'a toujours pas trouvé de successeur à ce produit sommaire suffit à prouver son succès.

Bouteille de lait

ANNÉES 1950

Nombre de ménages britanniques bénéficient toujours de la livraison de lait à domicile – l'un des procédés de recyclage d'emballage ayant eu le plus de succès au monde – grâce à la tournée du laitier. Tôt dans la matinée, le lait est livré dans des bouteilles en verre traditionnelles et les bouteilles vides sont simplement ramassées, lavées et réutilisées. À l'origine, les bouteilles étaient fermées avec du carton, mais celui-ci fut remplacé par des capsules en aluminium dans le courant des années 30. La bouteille elle-même, un récipient à haut goulot, est devenue la bouteille la plus compacte et la plus robuste que nous connaissons aujourd'hui. Au fil des ans, la bouteille est progressivement devenue plus légère sans jamais perdre de sa résistance, ce qui a permis une économie substantielle de matériaux et d'énergie.

Comme les bouteilles sont recyclées et réutilisées, le verre servant à leur fabrication doit pouvoir supporter une utilisation répétée. La bouteille de lait en verre est plus qu'un simple récipient : elle est liée à un service précieux au consommateur. L'avenir de la bouteille de lait traditionnelle est malheureusement menacé par l'utilisation, dans les supermarchés, de bouteilles en plastique et de Tetra Paks.

Canard WC

1985

Les fabricants cherchent de plus en plus à différencier leurs marques en commandant des emballages externes de forme unique, pouvant être protégés légalement à l'instar des noms et des logos. Le plastique se prête particulièrement à cette tâche spécifique des designers. Les récipients en plastique sont extrêmement légers et peuvent prendre toute sortes de formes, de tailles et de couleurs. Cette souplesse a permis de créer de nombreuses formes d'emballage novatrices. Un exemple bien connu est le jet coudé pour toilettes, rendu célèbre par Canard WC. Fabriquée par Johnson Wax, la bouteille est façonnée pour offrir une bonne prise en main, et l'angle du goulot est moulé de façon à faciliter l'utilisation. Plus récemment, les designers ont imaginé plusieurs finitions différentes pour les plastiques afin de riposter au défi des fabricants de verre, selon lesquels les emballages en plastique ne pourront jamais donner une image de grande qualité.

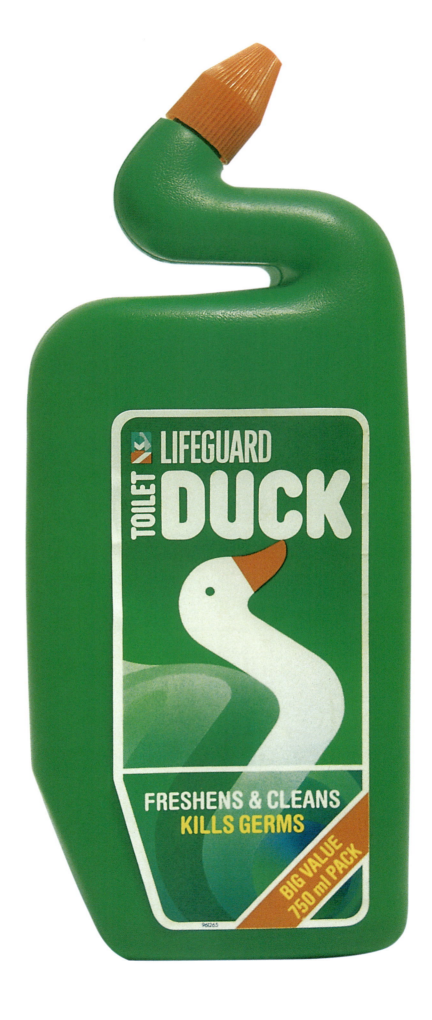

Citron Jif

1954

DESIGNER : W.A.G. PUGH

Pour de nombreuses personnes, le citron Jif est le conditionnement par excellence : fonctionnel, simple à utiliser et très reconnaissable. Au Royaume-Uni, les jours gras (avant le Carême) n'étaient pas complets sans le fameux citron « Jif », qui agrémentait les crêpes annuelles à la mélasse. Le citron fut conçu par W.A.G. Pugh et lancé par Colman's en 1956. Sa forme évidente et le fait qu'il pouvait être pressé ont garanti au citron Jif un énorme succès. Il s'agit d'une des premières utilisations alimentaires du polyéthylène moulé par soufflage, remplaçant les bouteilles en verre pour le jus de citron.

Au cours des années 50, l'emballage plastique a permis des formes nouvelles et des innovations, telles que le tube de dentifrice. Particulièrement appréciée du consommateur, la bouteille en plastique compressible est utilisée pour toute une gamme de produits. Le design du citron Jif est resté pratiquement inchangé pendant plus de quarante ans.

PACKAGING

Bouteille Coca-Cola

1915

Beaucoup de fabricants pensent que la compétitivité d'un produit est liée à son conditionnement. Un emballage caractéristique, mémorable, permet d'identifier immédiatement le produit dans le rayon. L'emballage le plus célèbre de tous les temps, devenu synonyme du produit, est sans doute la bouteille Coca-Cola. Même si l'essentiel du Coca se vend maintenant en canettes ou en bouteilles en plastique, c'est toujours la bouteille de verre qui est représentée dans les publicités télévisées. Ses contours sinueux continuent à identifier le produit et sont représentés par des courbes blanches sur les canettes et les étiquettes des bouteilles en plastique.

En 1886, le Dr John Pemberton, pharmacien à Atlanta, en Géorgie, inventa la formule du Coca-Cola et un an plus tard, Willis Venables, barman, a le premier mélangé le sirop de Coca-Cola à de l'eau gazeuse, boisson qu'il vendait à 5 centimes le verre. Trois ans plus tard, tous les droits du produit furent achetés par Asa Chandler, propriétaire d'une société pharmaceutique. Vendu au début essentiellement dans les buvettes, le Coca-Cola fut mis pour la première fois en bouteille en 1894, et la légende dit que Pemberton a demandé à son comptable de dessiner la célèbre inscription manuscrite de la marque.

La bouteille classique de Coca-Cola fut développée dès 1915, lorsqu'un ingénieur suédois, Alex Samuelson, calqua la forme courbe sur le dessin d'une graine de cacao, trouvé dans un exemplaire de l'*Encyclopedia Britannica*. En 1920, la version finale de ce design, fut brevetée et mise en production.

Bouteille en plastique 7UP

1985

Les premières bouteilles en polyéthylène remontent aux années 60. Au cours des années 70, l'utilisation de ce matériau s'est généralisée grâce à la création des bouteilles en polyéthylène téréphtalate (PET), moins chères, pour les boissons gazeuses.

Avant l'arrivée des bouteilles en PET, les boissons pétillantes n'étaient disponibles que dans des bouteilles en verre et dans des canettes, plus chères. L'apparition des bouteilles en PET entraîna immédiatement un accroissement des ventes de boissons gazeuses comme le 7UP, puisque le consommateur pouvait acheter de plus grandes quantités à meilleur prix.

Plus récemment, cette tendance a touché les entreprises produisant de petites bouteilles en PET afin d'imiter leurs rivales plus chères, comme la bouteille en PET de Coca-Cola, dont la forme reproduit celle en verre classique.

PACKAGING

Bouteille de bière Budweiser

ANNÉES 1990

La plus grande marque de bière au monde doit son succès, en Amérique, à l'adoption précoce de la réfrigération. Cela permit à la Budweiser d'être vendue loin de la brasserie et de s'établir comme une marque américaine nationale. Budweiser fut lancée en 1896 et porte le nom d'une ville de Bohème, Budweis, d'où étaient originaires les familles fondatrices de la brasserie, Anheuser et Busch. L'étiquette rouge, blanche et bleue a évolué au cours du XXᵉ siècle, bien que le style victorien élaboré persiste.

La bouteille à long goulot reproduite ici était, à l'origine, utilisée sur le marché texan local ; mais le succès de marques mexicaines d'importation ayant une forme identique entraîna une utilisation du long goulot sur les autres marchés.

Paquet de cigarettes Lucky Strike

1942

DESIGNER : RAYMOND LOEWY (1893-1986)

La plupart des designs d'emballage ne sauraient être attribués à une personne en particulier. Les cigarettes Lucky Strike constituent une exception. Raymond Loewy est l'un des rares designers célèbres ayant créé des emballages. La marque Lucky Strike fut créée en 1917 par l'American Tobacco Company, fondée par James Buchanan Duke. Le motif de la cible à centre rouge apparaissait sur le paquet de tabac Lucky Strike, marque existant déjà. En 1942, on demanda à Loewy de modifier le paquet, afin d'accroître les ventes. Il y est parvenu en remplaçant le fond vert initial par un fond blanc. Cela a renforcé et défini le logo caractéristique du paquet. Les caractères du mot « cigarettes », dans le bas du paquet, sont de style Art déco.

PACKAGING   297

Cacahuètes Planters

1990

En raison de leur légèreté et de leur flexibilité, les feuilles d'aluminium constituent un matériau essentiel pour le conditionnement moderne des aliments. Elles sont utilisées pour l'emballage depuis les années 60, lorsque les sachets de soupe instantanée et de café en poudre ont fait leur apparition. Dans les années 80, le développement d'impressions de grande qualité sur l'aluminium a permis d'introduire de nouveaux designs dans les rayons des supermarchés. Ces designs confèrent une valeur ajoutée à plusieurs amuse-bouche de luxe, apparus sur le marché dans le cadre d'une diversification croissante des aliments disponibles. Les cacahuètes Planters ne sont pas commercialisées comme des cacahuètes ordinaires : elles sont grillées à l'aide de techniques spéciales, et assaisonnées afin d'accentuer leur goût et, par conséquent, d'augmenter leur prix. Bien que l'aluminium ait été utilisé, à l'origine, pour fabriquer ces emballages, la plupart des stratifiés métalliques ont maintenant un effet brillant.

Tetra Pak Tropicana

ANNÉES 1990

Le Tetra Pak fut développé par une firme suédoise dans les années 50. Utilisé au départ pour contenir du lait, cet emballage révolutionnaire était élaboré à partir d'un tube en papier resserré à intervalles réguliers, créant ainsi un récipient de forme pyramidale. Dès lors, l'utilisateur n'avait plus qu'à couper un coin de l'emballage pour verser le liquide.

Dans le courant des années 50 et 60, l'utilisation du Tetra Pak s'est généralisée pour évoluer finalement vers une forme rectangulaire plus traditionnelle. Dans les années 70, 80 et 90, il est devenu un contenant extrêmement populaire pour le lait – concurrence sérieuse pour la traditionnelle bouteille en verre – et pour d'autres liquides comme le jus de fruit. Les Tetra Paks sont également utilisés pour les aliments liquides, tels que les sauces et les soupes, et comme recharges pour des produits comme les assouplissants pour lave-linge.

Le jus d'orange Tropicana est conditionné dans un Tetra Pak car cet emballage permet de promouvoir son contenu : grâce aux oranges vivement colorées, cela donne l'image d'une boisson saine et rafraîchissante.

PACKAGING 299

FedEx

1995

DESIGNER: LINDON GRAY LEADER (NÉ EN 1949)

Federal Express est la société de courrier la plus connue d'Amérique, distribuant les achats par correspondance et des documents importants dans le monde entier. En Europe et aux États-Unis, où la vente par correspondance est bien établie dans tous les secteurs du commerce de détail, les conditionnements de Federal Express comprennent essentiellement des boîtes de protection, des enveloppes et des sacs en plastique refermables. Ses paquets doivent renvoyer au consommateur une image d'efficacité, de sécurité et de rapidité. Un logo caractéristique est la clé du succès.

En 1994, Federal Express a demandé au cabinet d'experts Landor Associates, situé à San Francisco, de redessiner ses paquets. Le nouveau look proposé par Lindon Gray Leader pour Federal Express canonise une expression courante : il a raccourci le nom de la compagnie en FedEx, une expression issue de l'argot international qui avait, dans la langue parlée, commencé à remplacer le véritable nom de la société. Le nouveau logo est écrit en lettres romanes droites, contrastant avec les lettres majestueuses et anguleuses que la société utilisait depuis les années 70.

300 PACKAGING

Fondé en 1955 aux États-Unis, McDonald's est une chaîne internationale de restauration rapide, où l'on propose essentiellement des hamburgers. Ses produits sont disponibles dans la plupart des villes modernes : tous les jours, vingt-six millions de personnes se rendent dans un restaurant McDonald's. Cette chaîne fabrique la nourriture comme un produit industrialisé. Elle vise la normalisation et la qualité, et l'emballage fait partie intégrante de son succès. Le récipient pour les pommes frites constitue un exemple type de l'approche de l'entreprise. La barquette en carton est conçue pour paraître remplie, alors qu'elle ne peut contenir qu'une quantité précisément déterminée de frites. Cela évite que le serveur n'en gaspille ou n'en renverse une partie, ce qui aurait des conséquences sur la maîtrise de la quantité, et sur les bénéfices. Les couleurs rouge vif et jaune soulignent la marque de McDonald's, et confèrent une valeur ajoutée à ce qui ne serait, sinon, qu'un emballage ordinaire.

McDonald's

ANNÉES 1990

PACKAGING

Pilule contraceptive

ANNÉES 1960

Les premières pilules contraceptives sont apparues dans les années 60, mais elles n'étaient disponibles que sur ordonnance médicale. « La pilule » fut la première méthode fiable permettant aux femmes de contrôler leur fertilité. Dans ce contexte, la pilule contraceptive représente bien plus qu'un simple progrès pharmaceutique : elle a déclenché une révolution sociale et économique. Les fabricants ont conçu leurs conditionnements non comme de simples contenants, mais comme des distributeurs précis, présentant les pilules à prendre dans l'ordre, grâce à la nouvelle technologie des plaquettes. L'aspect technologique est toutefois atténué par les abréviations, presque semblables à celles d'un journal intime. La boîte en carton fait preuve d'égards pour le marché féminin : le rose est une couleur censée plaire aux femmes, et doit rendre la pilule plus attrayante.

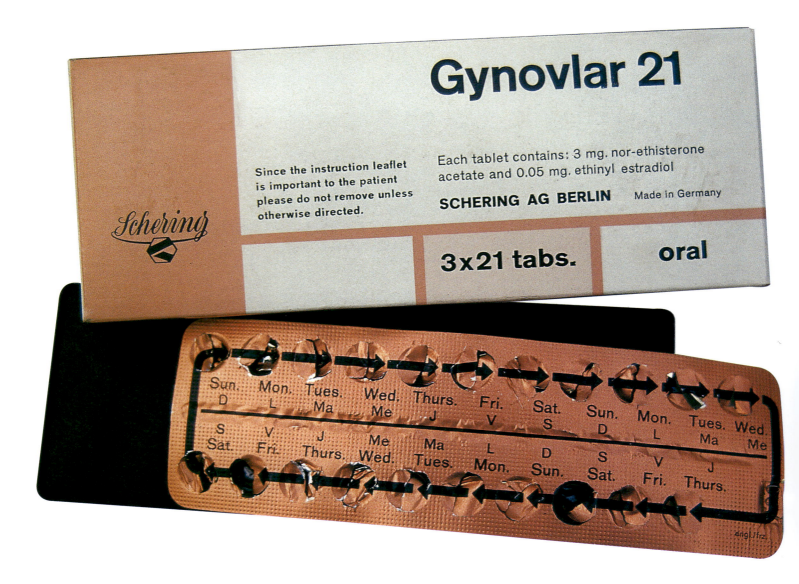

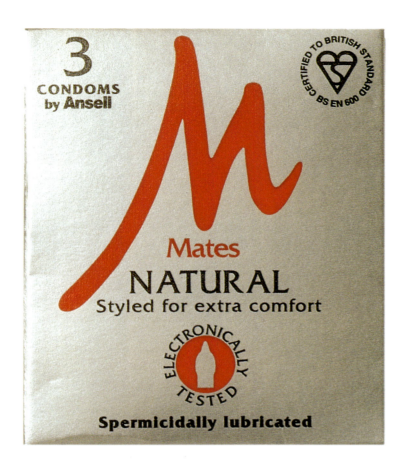

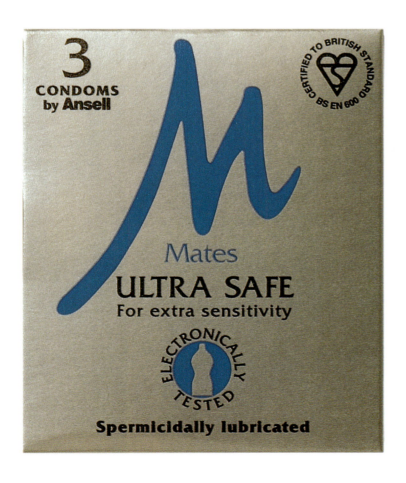

Paquet de préservatifs Mates

ANNÉES 1990

Jusque dans les années 80, les préservatifs étaient un moyen contraceptif qui s'achetait discrètement chez le pharmacien, chez le coiffeur ou dans un distributeur placé dans les toilettes. Ce placement restreignait considérablement sa disponibilité.

Ansell's Mates résulte d'un mouvement généralisé tendant à rendre les préservatifs plus accessibles, afin de lutter efficacement contre le sida. Le nom et le type de caractères éloignent le produit des catégories suggérées par les noms médicaux sérieux, et tentent de faire de Mates une espèce d'accessoire pour les jeunes aimant faire la fête. Il s'agit d'un produit du groupe Virgin, de Richard Branson, ne portant pas le nom Virgin.

PACKAGING

Flacon de parfum Chanel Nº 5

1921

Coco Chanel était déjà une célébrité sur la scène parisienne de la mode lorsqu'elle lança, en 1921, son parfum très sélect Chanel Nº 5. Bien que d'autres couturiers aient commercialisé leurs parfums, ceux-ci étaient généralement élaborés à partir de fragrances florales facilement identifiables. Coco Chanel est la première styliste à avoir créé un parfum totalement artificiel, d'un arôme composite ne sentant rien d'autre que lui-même. Elle désirait offrir un parfum original à la femme moderne, une essence intemporelle et classique assortie à ses vêtements.

L'idée jaillit lorsqu'elle apprit qu'un manuscrit rare datant du XVIe siècle avait été découvert, et qu'il était attribué à René le Florentin, le parfumeur personnel de la reine Catherine de Médicis. Cette création est le fruit d'une collaboration entre Chanel et le parfumeur Ernest Baux, qu'elle avait rencontré quelques années auparavant. La préparation légendaire de Baux, marie quelque quatre-vingts ingrédients chimiques organiques différents. Le parfum est à l'image des robes de Chanel : élégant, chic, simple et cher. Le flacon est presque austère, avec son design en verre transparent. Il ne comporte aucune fioriture, seuls les mots « Nº 5 », « Chanel » et « Paris » figurent sur l'étiquette. Chanel Nº 5 est le parfum le plus vendu au monde. Même si, à la différence des vêtements Chanel, son prix est abordable pour la plupart des gens, il conserve néanmoins une touche d'exclusivité.

Flacon de parfum L'Eau d'Issey

1997

L'industrie du parfum fournit une bonne occasion aux stylistes de franchiser leur nom et d'investir de nouveaux secteurs. Il s'agit d'un marché de luxe fermé, bien que fortement fragmenté, où l'image d'un parfum, sa singularité, s'exprime essentiellement à travers son conditionnement. Le verre est toujours beaucoup utilisé en raison de l'image de haute qualité qu'il véhicule, de sa transparence cristalline et de sa ressemblance avec un bijou. Le flacon de parfum puissant et sculptural d'Issey Miyake est rehaussé par le verre gravé, dont la spectaculaire forme pyramidale est légèrement courbée pour épouser la forme de la main. La base, épaisse et lourde, est complétée par un large collier argenté couronné d'une petite boule, censée évoquer une goutte de rosée. Ce minimalisme très personnel renforce la manière originale, japonaise, dont la société Miyake appréhende la mode et la présentation.

PACKAGING

Bouteille d'eau Ty Nant

1989

En 1988, une division de la société britannique British Foods introduisit une nouvelle technique de coloration du verre, sous licence d'une société de recherche australienne, et, en 1989, l'élégante bouteille bleue de Ty Nant apparut. Ty Nant est la première marque moderne à avoir utilisé un verre de couleur caractéristique pour donner à son produit une valeur ajoutée, et le distinguer sur le marché des eaux de table, fortement concurrentiel. Cette société est l'une des rares à être parvenue à associer une marque à un emballage combinant couleur et forme. La couleur bleu vif est semblable à celle du verre bleu « Bristol », introduit au XVIIe siècle. Conçue comme un accessoire de designer destiné à être placé à côté de la bouteille de vin dans les foyers et les restaurants, la bouteille Ty Nant, dont la forme extrêmement sensuelle est calquée sur les bouteilles de bordeaux et de champagne, paraît coûteuse et sélecte.

Le style particulier et la force de la couleur permettent au consommateur d'identifier immédiatement un produit qui, sans cela, serait indissociable de ses contemporains. En 1989, cette bouteille gagna le « British Glass Award for Design Excellence ». Elle est commercialisée dans de nombreux pays et s'est révélée très populaire dans les États arabes ainsi qu'en Italie et au Japon.

Canette de bière Sapporo

1988

Sapporo est apparue en 1876. C'est la bière japonaise la plus ancienne subsistant sur le marché. La canette de bière Sapporo fut lancée au Royaume-Uni en 1988, et fut rapidement choisie par le consommateur soucieux du design. Cette canette se distingue de trois manières. Tout d'abord, elle reflète l'esthétique minimaliste de la culture japonaise en utilisant un graphisme noir et une toute petite étoile rouge imprimée directement sur la boîte argentée brute. Ensuite, la canette a une forme étranglée, une nouveauté qui l'éloigne du simple contenant fonctionnel et la rapproche d'une forme évoquant un récipient plus élégant. Enfin, pour compléter cet effet, le couvercle est spécialement élaboré pour s'enlever complètement et permettre au consommateur d'utiliser la canette comme s'il s'agissait d'un verre.

Bouteille d'huile d'olive Harvey Nichols

1992

DESIGNER : MICHAEL NASH ASSOCIATES, LONDRES, ANGLETERRE

Harvey Nichols est un grand magasin très célèbre de Londres, fier, à juste titre, d'avoir la réputation de vendre des produits d'un grand raffinement. Au début des années 90, il ouvrit un restaurant et un supermarché d'alimentation, et voulut commercialiser ces nouveaux produits issus de la révolution alimentaire. Harvey Nichols profita de la mode croissante des aliments de designer pour emballer et présenter certains de ces articles tels que l'huile d'olive vierge, les tomates séchées et les pâtes artisanales avec la même attention et le même soin que l'industrie cosmétique en témoigne aux crèmes et aux parfums. En l'occurrence, la bouteille recourt à des effets abstraits en 3 D, et contient l'huile d'olive extra vierge comme un vin précieux ; une appréhension du détail qui se reflète dans la qualité du graphisme et du design de l'étiquette.

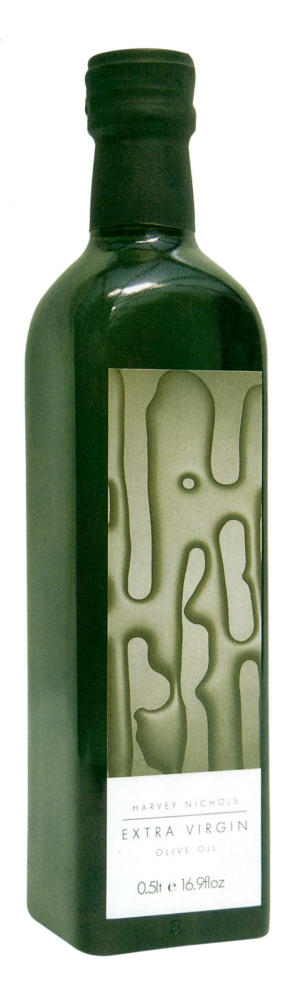

Étiquette de vin Artlantic

1995

Les fabricants ont, de tout temps, reconnu l'importance de l'étiquette pour conférer à leur produit une présence unique sur les étagères. Les années 80 connurent un mouvement visant à hisser l'étiquette au rang d'objet artistique à part entière. La série limitée d'étiquettes de bière de la société allemande Becks, qui comptait des créations de Gilbert et George, constitue un exemple célèbre que les supermarchés ont également suivi ; Waitrose a recouru au travail de l'illustrateur Christopher Wormell pour des boîtes de soupe. Le projet « Artlantic » fit avancer ce concept.

Oliver Peyton participe à la nouvelle révolution des bars et restaurants qui se sont ouverts à Londres dans les années 90. Son très chic Atlantic Bar and Grill a produit une sélection de vins portant chacun une étiquette spéciale, conçue par des artistes renommés tels que Damien Hirst, le sculpteur japonais Tatsuo Mijajima et Sarah Lucas. La société Atlantic proposait ces vins pour accompagner les repas au restaurant, ou pour être emportés. Atlantic décrit le projet comme « un nouveau concept d'art portatif, de consommation ». Cela s'inscrit cependant dans une tendance plus générale manifestée par une nouvelle génération de bars et de restaurants populaires, qui cherchent à intégrer l'art et le design dans la vie quotidienne en exposant les œuvres d'artistes de premier plan.

PACKAGING

Produits de beauté Body Shop

ANNÉES 1990

« Pas de publicité de luxe, pas de promesses fallacieuses, pas de produits testés sur les animaux, uniquement un emballage minimal et des produits ayant un faible impact sur l'environnement. » Ce slogan, tiré du site web officiel de Body Shop, résume parfaitement la philosophie de la société. The Body Shop fut créé en 1976 par Anita Roddick. Petit magasin unique situé, à l'origine, à Brighton, il s'agit maintenant d'une entreprise internationale prospère.

L'environnement occupant aujourd'hui une place de choix dans les préoccupations du public, l'accent est mis sur la consommation excessive d'emballage et sur le gaspillage des ressources naturelles qu'il génère. The Body Shop, de mouvance écologique, éveille la conscience du public avec son emballage minimal (aucun emballage superflu n'est utilisé) et sa politique de recyclage et de récupération. Les étiquettes caractéristiques sont généralement vertes ou blanches, couleurs signifiant les préoccupations écologiques et environnementales de l'entreprise.

Poche de détergent Daz

ANNÉES 1990

Parmi les changements les plus récents et les plus importants figure l'introduction des systèmes de réutilisation, en guise de réponse au gaspillage des ressources naturelles, qui occupe une des premières places dans les programmes politiques et sociaux. Cette évolution permet donc de réduire la quantité de matériaux utilisés. Le réutilisation des contenants n'est pas une nouveauté en soi. Au Royaume-Uni, de nombreuses personnes bénéficient toujours de la livraison de lait à domicile, et en France, certains vins sont vendus dans des bouteilles remplissables. C'est le remplissage à domicile qui est nouveau. Il y a d'abord la réduction des formats d'emballage pour les détergents tels que Daz, que l'on rencontre sous forme concentrée. En outre, les magasins vendent maintenant ces produits dans deux types d'emballage : l'un rigide, en métal ou en carton, l'autre léger, souple, économisant souvent 70 % de matériau. Les consommateurs achètent un récipient rigide puis les recharges. Le conditionnement de détergent liquide en poches minces pouvant être facilement emportées constitue maintenant une tendance généralisée. Bien que le détergent soit le meilleur exemple, le shampooing est aussi conditionné de cette façon, et l'Allemagne tente d'appliquer le système des recharges à des aliments tels que la confiture.

CHAPITRE 11
publicité

AFFICHE DU SALON DES CENT

POSTE HOLLANDAISE

VOLKSWAGEN

L'INDUSTRIE DE LA PUBLICITÉ PUISE SES origines dans l'avènement de la révolution industrielle et dans le concept d'une culture moderne de la consommation. Mais on peut remonter bien plus loin, à l'époque romaine, puisque des représentations murales vantant des biens et des services subsistent à Pompéi. À la fin du XVIIIe siècle, des fabricants novateurs, tels que Josiah Wedgwood, prennent conscience que produire des biens ne suffit pas pour connaître le succès commercial, il faut lancer les produits et en faire la publicité. Wedgwood passa à l'action dans les années 1760 en plaçant de simples annonces dans la presse et en éditant le premier catalogue regroupant ses produits. Ses clients pouvaient ainsi découvrir et choisir leurs céramiques tout en étant confortablement installés chez eux.

Au XIXe siècle, les fabricants ont très vite compris qu'une simple et seule image frappante était chargée de ressources et qu'elle pouvait avoir un impact considérable. C'est pourquoi les annonces publicitaires peintes sur les bâtiments se multiplièrent. Vinrent ensuite les affiches temporaires, et peu après les panneaux d'affichage réservés à cet effet, au bord des routes principales et aux carrefours des villes. À la fin du siècle dernier, l'insertion de publicités dans la presse et dans les magazines devint un élément clé des campagnes de commercialisation : le monde de la publicité était né. Au début du XXe siècle, nombre de commentateurs désapprouvèrent la multiplication des images commerciales dans les villes modernes. Les fabricants ont de tout temps exploité la force de l'image, d'où la nécessité de recruter des artistes réputés ainsi que des illustrateurs commerciaux. À la fin du siècle dernier, le monde de la publicité fit appel à de grands peintres européens, tels John Everett Millais, Aubrey Beardsley et Toulouse Lautrec. Certains artistes, comme Alphonse Mucha, finirent par être plus connus pour leurs publicités que pour leurs œuvres. D'une manière générale, l'industrie de la publicité était entre les mains de personnalités talentueuses utilisant avec succès ce moyen d'expression pour développer à la fois leur style et le succès du produit. Cassandre, un des principaux affichistes du siècle, appartient à cette catégorie. Ses images modernistes épurées figurent parmi les publicités les plus marquantes de cette période.

Au XXe siècle, les possibilités se sont développées rapidement et la publicité n'a pas tardé à exploiter le potentiel offert par les enseignes au néon et électriques, la radio, le cinéma et la télévision, au point qu'elle est devenue une industrie de divertissement à part entière.

L'industrie de la publicité, avec des agences et des équipes de spécialistes en marketing, commença lentement à se développer, domaine dans lequel l'Amérique montra la voie. Les années 20 virent fleurir les premières agences publicitaires professionnelles, situées aux alentours de Madison Avenue à New York, puis imitées par la suite dans le monde entier.

De nombreuses publicités des années 20 exploitent le cubisme et le surréalisme. Les surréalistes cherchaient à ébranler la morale bourgeoise en réveillant, à travers leur art, le monde dangereux, érotique et troublant du subconscient. Le surréalisme était, à l'origine, un groupe littéraire créé en 1924 par André Breton, dans son *Manifeste du Surréalisme*. Ce mouvement obtint rapidement le soutien d'artistes tels que Salvador Dali, Marcel Duchamp, Max Ernst et Man Ray, qui influencèrent la publicité ou qui travaillèrent pour elle.

Les surréalistes expérimentèrent différents moyens d'accéder à leurs désirs cachés et à leurs souvenirs (recours au hasard, écriture automatique, dessins communs). Ils pensaient notamment que retirer des objets de leur contexte ou juxtaposer des objets habituellement dissociés produirait un choc momentané chez l'observateur, facilitant ainsi la libération de ses pensées subconscientes. Leur approche ressemble à une campagne publicitaire réussie, et leur influence s'est ainsi infiltrée dans le monde ordinaire. La publicité était en effet, pour de nombreuses personnes, le premier contact direct avec l'avant-garde, et ce langage des images est toujours utilisé dans les campagnes pour des produits tels que les cigarettes et les boissons.

La publicité va bien au-delà de l'article qu'elle est censée vendre. Elle sollicite notre imagination et nous permet d'échapper à la réalité. Elle joue sur nos rêves, nos incertitudes, mais aussi sur nos désirs sexuels. Si l'on ne fait pas assez l'amour, c'est faute de boire telle boisson, de porter tel parfum ou de posséder telle voiture. Au tournant du siècle, Alphonse Mucha et Jules Cheret ont chargé leurs affiches d'érotisme, mais sans offenser les sensibilités, en évoquant la tradition du nu classique.

Les attitudes face au sexe s'étant relâchées au fil des décennies, les représentations sexuelles dans la publicité sont devenues encore plus flagrantes, délaissant l'allusion et la provocation pour s'attaquer directement à la libido. La promesse de l'attrait sexuel sert actuellement à promouvoir des produits aussi divers que le parfum, le chocolat, le shampooing, le produit pour la vaisselle et le chewing-gum. Les années 70 connurent l'apogée des manipulations sexuelles évidentes dans les publicités. Leur vulgarité et leur grossièreté sont aujourd'hui passées de mode, les gens ayant une conception beaucoup plus raffinée du sexe et des rapports entre les hommes et les femmes. L'apparition récente de l'homme-objet, dans des campagnes comme celles de Calvin Klein par exemple, ajoute une nouvelle dimension à la publicité. L'homme n'est plus le simple macho des années 70 ; il est maintenant une entité plus nuancée, située entre le David de Michel-Ange, le Nouvel homme et le Nouveau mec. La publicité continue ainsi à refléter et à orienter les grandes tendances sociales, et nous livre une lecture pertinente de notre culture fin de siècle.

RÉGULATION DES NAISSANCES

CAMPAGNE CONTRE LE SIDA

CAMPAGNE CONTRE LA TOXICOMANIE

Affiche de l'exposition Salon des Cent

1896

DESIGNER : ALPHONSE MUCHA (1860-1939)

Au tournant du siècle, l'Europe vit naître l'Art Nouveau. Mucha était le maître de la publicité érotique. Son talent d'artiste poussa de nombreuses entreprises à le payer royalement pour qu'il dessine des affiches publicitaires vantant des produits allant du champagne aux vélos. Dans la plupart de ses affiches, les produits vantés sont éclipsés par les femmes de Mucha, mystérieuses et belles, à peine vêtues de voiles. L'Art Nouveau était une réaction inévitable à la répression de la sexualité, caractéristique du siècle dernier. Dans le monde de l'art et du design, ces préoccupations affleurèrent dans les affiches d'Alphonse Mucha, mais aussi de Toulouse Lautrec et d'Aubrey Beardsley. Ils produisirent un art unique, contenant à la fois des lignes exagérées et des formes naturalistes tournant presque invariablement autour du corps féminin, et qui confinaient la femme dans le rôle de femme fatale.

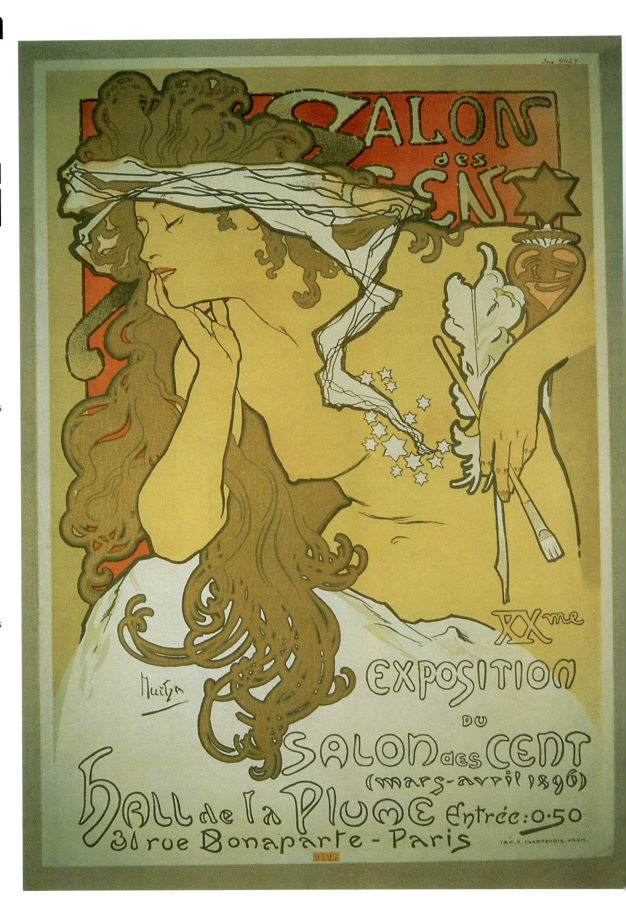

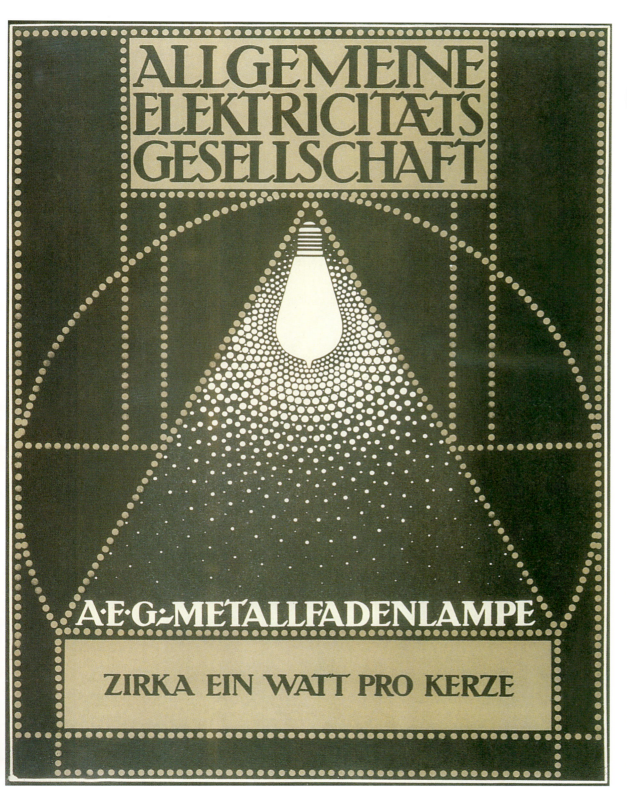

Affiche AEG

1910

DESIGNER : Peter Behrens (1868-1941)

Bien qu'ayant commencé sa carrière sous l'influence du nouveau mouvement *Jugendstil*, forme sobre de l'Art Nouveau, Peter Behrens occupe une position importante dans l'histoire de la publicité car c'est l'un des premiers affichistes à avoir créé un langage visuel pour l'esprit nouveau du XXe siècle. Lorsqu'il fut invité par Emil Rathennau, directeur d'Allgemeine Elektrizitäts-Gesellschaft (AEG), à devenir son directeur artistique en 1907, il développa le premier concept d'identité d'entreprise. AEG était une société industrielle allemande très puissante et produisait des génératrices, des câbles, des ampoules et des appareils électriques non seulement pour le marché intérieur mais aussi pour l'exportation. De 1907 à 1914, Behrens fut chargé de tous les aspects de la production de l'entreprise, de l'architecture aux affiches et aux produits, et il utilisa sa position pour ériger AEG en modèle pour le nouveau design allemand. Il exerça une influence considérable. En 1907, il fit partie des membres fondateurs de la Deutsche Werkbund, il dessina des caractères et fut chargé en 1909 de l'un des premiers bâtiments modernistes allemands, l'usine de turbines AEG, construite en acier, verre et béton. Directeur artistique, il fit appel à plusieurs jeunes talents européens parmi les plus brillants, dont Le Corbusier, Mies van der Rohe et Walter Gropius.

Nord Express

1927

DESIGNER : A.M. CASSANDRE (1901-1968)

A.M. Cassandre est l'un des affichistes et designers-typographes les plus réputés du XXe siècle. De la fin des années 20 au début des années 30, il produisit plusieurs publicités remarquables dont l'influence persiste encore. Cassandre parvint à introduire les expériences créatives des avant-gardes comme le cubisme dans le monde de la publicité. Sa technique reposait sur l'ingénieuse utilisation de la couleur, des formes géométriques puissantes, et de l'intégration brillante du nom de la société dans l'image. Les affiches publicitaires pour les trains comme le classique Étoile du Nord et pour les navires tels que le Normandie font maintenant partie des publicités les plus connues. L'agence de publicité ayant produit ce travail, et dont Cassandre était membre fondateur, est l'Alliance Graphique, située à Paris. Cette agence produisit plusieurs affiches parmi les plus remarquables du siècle, et créa un style français évoquant l'élégance de la vie parisienne. Parallèlement, Cassandre dessina des caractères pour le fournisseur parisien bien établi Deberny et Peignot. Les caractères de Cassandre préservent l'équilibre entre modernisme et nouvelle approche des formes de lettres, tradition qui allait devenir profondément influente. Sur ses affiches, il n'utilisait que des capitales, pensant qu'elles augmentaient l'impact de l'affiche et qu'elles permettaient d'utiliser le caractère sur une grande échelle sans nuire à la lisibilité.

Affiche London Transport

| 1932 |
| DESIGNER : MAN RAY (1870-1976) |
| CLIENT : LONDON TRANSPORT, LONDRES, ANGLETERRE |

Man Ray étudia l'art à New York et participa au célèbre Armoury Show de la ville en 1913, qui introduisit le modernisme européen en Amérique. Peu après, il se lia d'amitié puis collabora avec l'artiste Marcel Duchamp, et travailla sur de très nombreux supports. L'invention des « rayogrammes », réalisés en posant des objets directement sur du papier photosensible, est peut-être la contribution la plus originale de Man Ray. Au cours des années 30, son travail de photographe commercial pour plusieurs revues de mode importantes propagea son style unique auprès d'un public plus large, et en 1939, il fut invité à dessiner une affiche pour le London Transport. En réalité, Man Ray réalisa deux affiches, l'une portant l'inscription LT, l'autre le message « *Keeps London Going* », destinées à être vues ensemble. Le célèbre logo de London Transport est ici transformé en une planète en trois dimensions gravitant autour de Saturne, ce qui suggère vitesse, grandes distances et avenir. Le public britannique découvrait là l'image surréaliste. L'affiche de Man Ray montre comment, dans les années 30, les idées surréalistes sont passées dans le monde de la publicité et du design graphique.

PUBLICITÉ

Affiche London Transport

1949

DESIGNER : EDWARD MCKNIGHT KAUFFER (1890-1954)

CLIENT : LONDON TRANSPORT, LONDRES, ANGLETERRE

Né en Amérique où il étudia la peinture, McKnight Kauffer devint une figure majeure de la publicité britannique lorsqu'il s'installa à Londres à 25 ans, bien qu'il ait continué à peindre tout au long de sa vie. Dès 1913, jeune homme, il put contempler le travail des principaux mouvements d'avant-garde, dont le vorticisme, le futurisme et le cubisme. Son talent consista à simplifier les éléments issus de cet art nouveau pour produire un style publicitaire original, efficace, populaire et apprécié. Son premier travail fut de dessiner des affiches pour London Transport, dont le directeur de la publicité, le légendaire Frank Pick, cherchait de jeunes talents afin de donner une image moderne à ce qui allait devenir le système de transport urbain le plus vaste au monde. Pendant plus de vingt ans, jusqu'au début de la Seconde Guerre mondiale – période à laquelle il émigra en Amérique avec sa femme, le célèbre designer moderniste de tapis et de textiles, Marion Dorn – McKnight Kauffer fut considéré comme le principal affichiste de London Transport et réalisa plus de cent publicités.

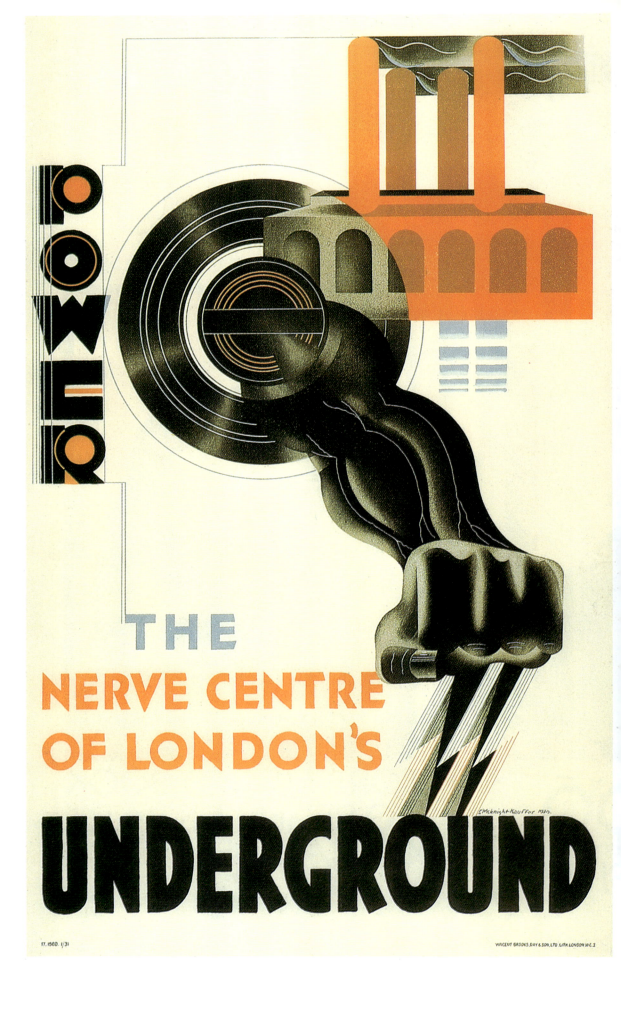

PUBLICITÉ

Shell Mex Limited est le nom sous lequel le groupe international Shell réalisa ses activités de marketing en Grande-Bretagne. En 1932, un nouveau directeur de la publicité, J.L. Beddington, fut nommé. Sa conception érigea les publicités Shell des années 30 en Grande-Bretagne au rang des grandes campagnes classiques du XXe siècle. Shell affichait ses publicités sur ses camions et dans la presse. Elles étaient destinées à paraître en série et changeaient après quelques semaines, dans le but de protester contre l'utilisation des horribles panneaux publicitaires qui, selon de nombreuses personnes, enlaidissaient les campagnes. C'est Beddington qui décida de faire appel à plusieurs peintres modernistes importants pour produire des images fort originales du produit, et les affiches sont devenues de véritables chefs-d'œuvre en soi. L'idée d'avoir recours à des artistes influents pour créer des images publicitaires n'était pas nouvelle, c'est même une tradition ancienne, remontant aux célèbres « Bulles » peintes par John Millais pour les Savons Pears. Ce qui, toutefois, rendait la campagne Shell si intéressante, c'est qu'il s'agissait d'une série destinée à attirer l'attention sur le produit grâce à son association avec un art nouveau et audacieux pour l'époque, celui de peintres tels que McKnight Kauffer, Barnett Freedman et Graham Sutherland qui créa cette affiche représentant le Grand globe à Swanage. Les peintures originales et la maquette furent exposées dans l'établissement de la Shell Mex, et rassemblées pour des expositions spéciales, dont une au National Gallery de Londres.

Everywhere You Go

1932

DESIGNER : GRAHAM SUTHERLAND (1903-1980)

CLIENT : SHELL MEX LIMITED, LONDRES, ANGLETERRE

Affiche de guerre

1940

CLIENT : HMSO, ANGLETERRE

IMPRIMEUR : J. WEINER LTD, LONDRES, ANGLETERRE

En 1939, La Seconde Guerre mondiale mit fin à la carrière de nombreux designers. La plupart furent mobilisés, mais l'effort de guerre nécessitait certains spécialistes du design, et ce dans le domaine de la propagande plus que dans tout autre secteur. Le ministère britannique de l'Information avait besoin du talent des designers-typographes pour faire circuler les informations publiques, pour remonter le moral et utiliser toutes les armes possibles dans la lutte contre les nazis. C'est pourquoi une équipe des meilleurs designers fut invitée à travailler pour le ministère et, soumise à une censure sévère, elle devait élaborer le design le plus efficace possible pour une propagande de temps de guerre. Pour nombre d'entre eux, cela a signifié un retour aux thèmes dominants des années 30 : l'influence du surréalisme, l'introduction du photomontage et l'utilisation des caractères gras afin de créer les images fortes pour transmettre les messages importants pour l'effort de guerre.

Le message de cette affiche est simple : économisez les ressources et cultivez vos aliments. « *Dig For Victory* » (Bêchez pour la Victoire) recourt aux expériences avant-gardistes pour produire un effet intense : la couleur orange vif, l'échelle et les grands caractères gras mettent en valeur l'image théâtrale de la bêche et du pied en action.

Poste hollandaise

1934

DESIGNER : PIET ZWART
(1885-1977)

Tout au long du XXe siècle, les Pays-Bas connurent une riche tradition d'innovation en matière de design graphique et de caractères. Le travail du designer Piet Zwart aida, dès les années 20, à insuffler un vent frais et particulièrement créatif dans la publicité moderniste hollandaise. Après la Première Guerre mondiale, Zwart s'impliqua étroitement dans le mouvement radical hollandais De Stijl en travaillant pour Jan Wils, un de ses architectes majeurs. Grâce à lui, Zwart rencontra un client important, N.V. Nederlandsche Kabelfabriek, pour qui il commença à dessiner des affiches. Zwart bouleversa la publicité conventionnelle en introduisant les techniques du photomontage et des caractères aléatoires. Ce travail émane des expériences menées par les constructivistes russes, dont les travaux étaient publiés dans la revue *De Stijl*. Bien que Zwart ait utilisé des couleurs primaires dans son travail, son approche est plus libre et plus exubérante que ne le veut la tradition formaliste du design graphique hollandais. Il introduisit les idées du groupe Dada, ainsi que la manière dont ces artistes exploitaient l'humour et l'ironie. L'attrait et l'originalité de l'œuvre de Zwart suscita l'attention de la poste hollandaise (PTT), et une longue collaboration commença dès 1929 pendant laquelle il travailla sur le design de timbres et d'autres documents.

PUBLICITÉ   321

Air France

VERS 1965

DESIGNER : ROGER EXCOFFON (1910-1983)

Roger Excoffon est peu connu en dehors de son pays, mais son travail a fini par définir le style français d'après-guerre, représenté ici dans cette affiche puissante créée pour Air France. Mieux connu comme designer de caractères de formes libres dans les années 50, Excoffon se détacha de l'extravagance de ses premiers travaux lorsqu'il créa le caractère Antique Olive, dénommé actuellement Nord. Il a admis que cela était dû à une décision commerciale : les imprimeurs français voulaient disposer d'une ligne pure caractérisant les années 60, en accord avec le succès des œils Helvetica et Univers sans serif.

Antique Olive apparut dans les années 50 comme un prototype d'œil haut de casse pour le logo d'Air France. Excoffon se lança avec son assistant Gérard Blanchard, dans un sérieux programme de recherche, lisant tout ce qu'ils pouvaient trouver sur la lisibilité, la psychologie et l'impact de la lecture. Ils parvinrent à la conclusion qu'un mot est essentiellement reconnu par la partie supérieure de ses lettres. Excoffon insista donc sur cet aspect du nouveau caractère. Antique Olive eut beaucoup de succès et est unanimement reconnu pour avoir relancé la police sans serif. Parmi ses principaux projets publicitaires figurent le travail pour les chaussures Bally, les Chemins de fer français et le parfum Christian Dior. Le style Excoffon se caractérise par l'emploi de la double impression, et une utilisation intéressante de la couleur.

Olivetti

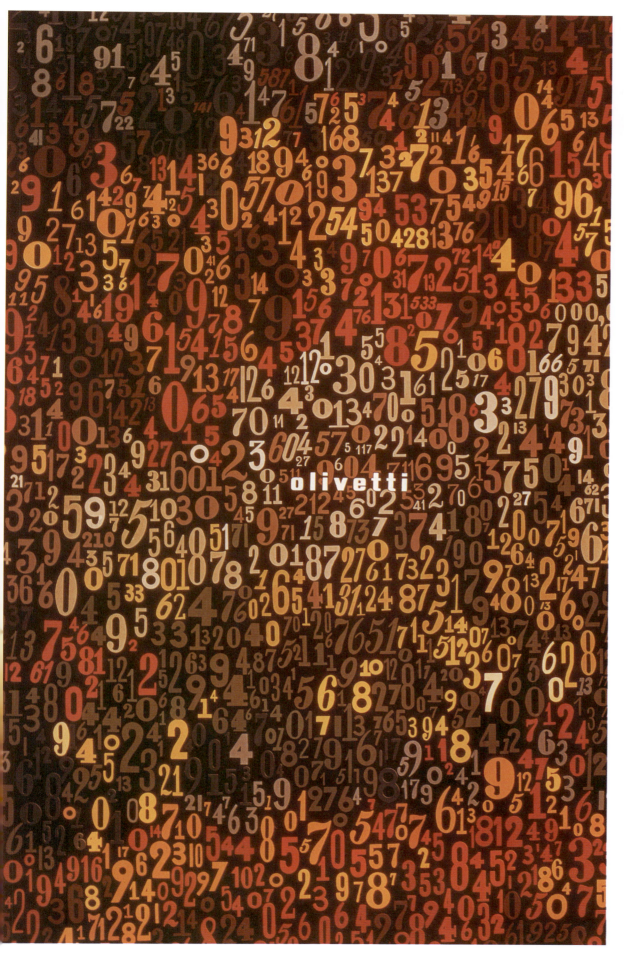

1949

DESIGNER : GIOVANNI PINTORI
(NÉ EN 1912)

Olivetti a joué un rôle principal dans le développement du design italien au XXe siècle. Cette entreprise familiale mit en pratique les leçons majeures venues d'Amérique concernant les méthodes de production, les techniques de commercialisation et, plus important, la nécessité d'un design de qualité. Adriano Olivetti, fils du fondateur de l'entreprise, fit appel à Pintori ainsi qu'à un autre designer italien important, Marcello Nizzoli, le premier étant chargé de la publicité et du graphisme, le second du design industriel. Dès l'après-guerre, les ambitions d'Olivetti furent de placer la société à la pointe de la nouvelle technologie, et Pintori devait renforcer ce message à l'aide de ses publicités. En 1947, il fut chargé de redessiner le logo de la société, et continua de développer une série de campagnes publicitaires majeures, dont cette affiche est l'une des plus significatives. Dans les années 40, Olivetti était fière, à juste titre, de ses réussites technologiques dans le domaine des machines à calculer, et plus particulièrement de la machine à calculer *Divisumma 14 de Nizzoli*. C'est l'esprit de ce genre de machine que le design de Pintori évoque, en utilisant des nombres de couleurs vives, chaotiques, de taille variable et inégalement espacés. Cette image doit quelque chose à la tradition italienne du graphisme futuriste, mais s'auréole ici de modernité grâce au logo Olivetti de Pintori, placé bien en vue au centre de l'affiche.

Family Dog

1967

DESIGNER : RICK GRIFFIN
(1944-1991)

Dans les années 60, l'arrivée du Pop Design défia les traditions du modernisme. Le Pop Design est instantané, irrécupérable, spirituel et ironique. En Californie, plusieurs personnes, n'ayant généralement aucune formation de designer, ont créé des affiches pour des groupes de musiciens, en réaction consciente au design « ennuyeux » de mouvance suisse qui les environnait. Concentrés dans le district de Haight Ashbury à San Francisco, et membres actifs du mouvement de contre-culture naissant, des designers tels que Stanley Mouse, Rick Griffin, Victor Moscoso et Alton Kelley créèrent des affiches aux couleurs vives et discordantes, inspirées par leurs expériences des drogues psychédéliques et du mysticisme indien. Comme ils ne travaillaient pas pour les agences de Madison Avenue, ils étaient libres d'enfreindre toutes les règles de lisibilité, de clarté et de communication. Influencés par les formes organiques de l'Art Nouveau, ils créèrent un lettrage complexe où la lisibilité s'efface au profit de la forme générale du mot. Ces affiches étaient aussi destinées à refléter l'expérience du trip effectué sous acide, et s'adressaient aux adeptes de la contre-culture, lesquels reconnaissaient les signes et les codes de ce groupe. Certains éléments, comme les caractères manuscrits et la couleur, furent repris par le courant dominant, mais le véritable impact de ces affiches ne se manifesta que dans les années 80 et 90, et elles suscitèrent un regain d'intérêt.

Volkswagen

1960

DESIGNER : DOYLE, DANE BERNBACH, NEW YORK, ÉTATS-UNIS

CLIENT : VOLKSWAGEN, ALLEMAGNE

Lemon.

This Volkswagen missed the boat.

The chrome strip on the glove compartment is blemished and must be replaced. Chances are you wouldn't have noticed it; Inspector Kurt Kroner did.

There are 3,389 men at our Wolfsburg factory with only one job: to inspect Volkswagens at each stage of production. (3000 Volkswagens are produced daily; there are more inspectors than cars.)

Every shock absorber is tested (spot checking won't do), every windshield is scanned. VWs have been rejected for surface scratches barely visible to the eye.

Final inspection is really something! VW inspectors run each car off the line onto the Funktionsprüfstand (car test stand), tote up 189 check points, gun ahead to the automatic brake stand, and say "no" to one VW out of fifty.

This preoccupation with detail means the VW lasts longer and requires less maintenance, by and large, than other cars. (It also means a used VW depreciates less than any other car.)

We pluck the lemons; you get the plums.

Après la guerre, alors que les matières premières étaient rares et l'essence rationnée, la petite voiture économique était très importante pour l'industrie automobile européenne. Mais les États-Unis demeurèrent à l'écart de ces restrictions ; une stratégie de commercialisation plus sophistiquée était donc indispensable pour parvenir à y vendre la Coccinelle de Volkswagen. La société décida donc de recourir aux services d'une des agences les plus créatives de New York, Doyle, Dane Bernbach (DDB) afin d'imaginer une campagne publicitaire pour la Coccinelle. Comparativement à la ligne des voitures américaines, la Coccinelle était pour le moins originale. DDB se trouvait au centre d'une révolution agitant l'industrie de la publicité, qui conférait aux conseillers artistiques un rôle identique à celui des rédacteurs publicitaires, et libérait les ressources créatives de l'image, du caractère et du message. Ces éléments furent réunis pour créer la campagne de la Coccinelle, primée, qui fixa de nouvelles normes à l'industrie. Ciblant une nouvelle génération dans les années 60, la campagne est spirituelle et amusante, jouant cette fois avec la forme inhabituelle de la voiture et faisant de ses avantages techniques une vertu et non plus une nécessité.

Benson & Hedges

1978

DESIGNER : CDP, LONDRES ANGLETERRE

À la fin des années 70, la Hayward Gallery de Londres organisa une importante exposition sur le surréalisme. L'exposition raviva l'intérêt pour le langage surréaliste et pour la manière dont les désirs cachés et les souvenirs peuvent être stimulés par les images, grâce au hasard, à l'écriture automatique et aux dessins communs. Les surréalistes pensaient que retirer des objets de leur contexte, et juxtaposer des objets habituellement dissociés produisait un choc momentané chez l'observateur, ce qui facilitait la libération des pensées subconscientes. La publicité ne tarda pas à découvrir les ressources de ces principes et, au cours des années 30, ces images sont passées dans le monde plus vaste du design cinématographique, de la mode et du mobilier ainsi que dans la publicité et le design graphique. Benson & Hedges figure parmi les premières entreprises à avoir exploité le surréalisme dans un autre dessein. Dans les années 70, les dangers du tabac commencèrent à être perçus par un public plus large, et les gouvernements se sont mis à restreindre le genre de publicité dont les fabricants usaient jusque-là. Le tabac ne pouvait plus être montré aux jeunes sous un jour attrayant, agréable et sain. Le surréalisme fournit alors un moyen visuel de promouvoir la vente de cigarettes, encore visible de nos jours dans les campagnes pour Silk Cut et Marlboro. Grâce à l'inattendu, l'attention du consommateur est attirée sur le paquet et sur l'identité du produit, mais rien n'est affirmé, seule subsiste l'association du paquet avec la créativité, l'esprit et l'humour, que le consommateur doit apprendre à identifier.

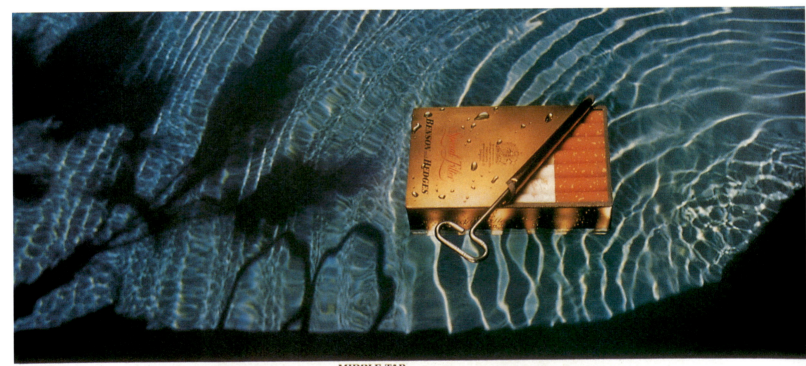

Régulation des naissances

1970
DESIGNER : SAATCHI & SAATCHI, LONDRES, ANGLETERRE
CLIENT : HEALTH EDUCATION COUNCIL, ANGLETERRE

Cette campagne pour la santé publique a également défini les marques de la nouvelle industrie de la publicité en Grande-Bretagne dans les années 60 et 70. Les agences britanniques étaient connues à l'époque pour leur usage de l'humour, des images audacieuses et des messages forts, tenant New York pour centre de la publicité créative. Pour la génération née dans les années 50, cette affiche encourageant la contraception afin de prévenir les grossesses non désirées reste une image persistante. Le simple recours à une image truquée représentant un homme enceint permit de faire comprendre, de manière simple et directe, qu'un rapport sexuel implique la responsabilité de deux personnes. En suggérant que l'homme puisse tomber enceint, la campagne remettait en cause la croyance alors bien ancrée que les bébés non désirés étaient le problème de la femme, et que la responsabilité lui en incombait à elle seule. Cette campagne de 1970, en insistant sur ce point, touchait aux idées naissantes des mouvements féministes, mais rencontra une large approbation grâce à l'humour et à l'image surréaliste.

PUBLICITÉ 327

Laverie automatique

1985

DESIGNER : BARTLE BOGLE HEGARTY, LONDRES, ANGLETERRE

CLIENT : LEVI STRAUSS, ÉTATS-UNIS

Dans le courant des années 80, l'entreprise de jeans Levi's, de renommée mondiale, traversa une crise financière. Levi's s'était diversifié pour toucher un marché vestimentaire plus vaste, produisant des costumes et des accessoires, mais ce faisant, elle n'était plus concentrée sur un produit unique. Au cours des années 80, décennie du designer, elle veilla à cibler son jean classique original, le Levi's 501, et elle eut besoin d'une puissante campagne publicitaire pour faire passer le message. Lorsque John Hegarty, de Bartle Bogle Hegarty, une des agences de publicité les plus réputées de Londres, créa ce thème nostalgique et sexy, une légende de la publicité naquit.

Mêlant brillamment le charme du modèle Nick Kamen, les références à la culture des jeunes des années 50 et une touche d'humour, cette campagne eut un succès immédiat. Les ventes des Levi's 501 montèrent en flèche et le jean devint l'accessoire de mode le plus important de la décennie. Bartle Bogle Hegarty enchaîna ensuite avec d'autres annonces accrocheuses, basées généralement sur les classiques du cinéma, ce qui établit une norme non seulement pour Levi's, mais aussi pour le reste du monde publicitaire.

Body Texture

1991

DESIGNER : BARTLE BOGLE HEGARTY, LONDRES, ANGLETERRE

CLIENT : HÄAGEN-DAZS, ÉTATS-UNIS

Ces publicités en noir et blanc ont fait sensation lorsqu'elles sont apparues pour la première fois en 1991. La sensualité tout évidente qui se dégage de cette image n'était pas exceptionnelle, mais son association avec une crème glacée l'était. Les glaces constituaient traditionnellement un marché saisonnier, dominé en Grande-Bretagne par des sociétés telles que Walls et Lyons Maid. Les campagnes s'adressaient habituellement aux ménagères et aux enfants, ou présentaient, exceptionnellement, le produit dans le cadre d'une réception. Ici, la société américaine Häagen-Dazs cible les couples jeunes et nantis, utilisant la crème glacée comme une expérience chic et luxueuse. La mode des images érotiques en noir et blanc émane de l'œuvre de photographes new-yorkais d'avant-garde, tels que Herb Ritts et Robert Mapplethorpe, et cette sensualité explicite se dégageant de la photographie prise par Jean-Loup Sieff est utilisée pour vendre de la crème glacée, commercialisée auparavant comme un produit familial.

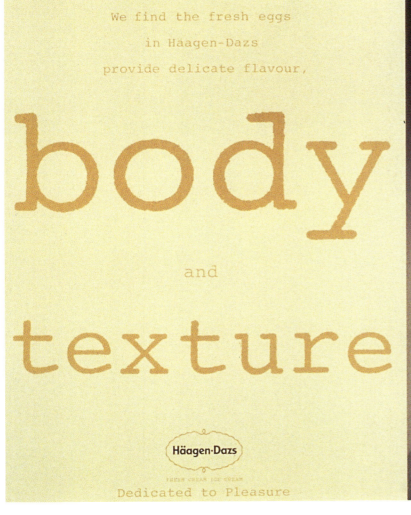

PUBLICITÉ 329

Campagne contre le sida

1992

DESIGNER : TBW, SIMONS PALMER

CLIENT : TERENCE HIGGINS TRUST, LONDRES, ANGLETERRE

Terence Higgins Trust est une œuvre de bienfaisance dont le siège se situe à Londres et qui jouie d'une réputation internationale pour son travail de pionnier envers les sidéens et leurs familles. Un de ses premiers objectifs fut d'essayer de combler l'énorme ignorance du public à propos de la maladie, et de tenter d'expliquer que le sida n'est pas circonscrit à la communauté homosexuelle. Dans ce contexte, la campagne publicitaire commandée par Trust reflète sa stratégie globale. Les consignes étaient de ne pas proposer un message terrifiant de mort et de désespoir, mais de cibler les jeunes couples hétérosexuels et homosexuels en utilisant les mêmes techniques publicitaires que celles employées par les entreprises chics à la mode, comme Calvin Klein. Les publicités représentaient des jeunes gens sains ; les images n'étaient pas effrayantes, mais bienveillantes, instructives et accessibles. À cet égard, elles contrastaient singulièrement avec la campagne de santé publique lancée par le gouvernement, et permirent d'informer un vaste public de jeunes à risque.

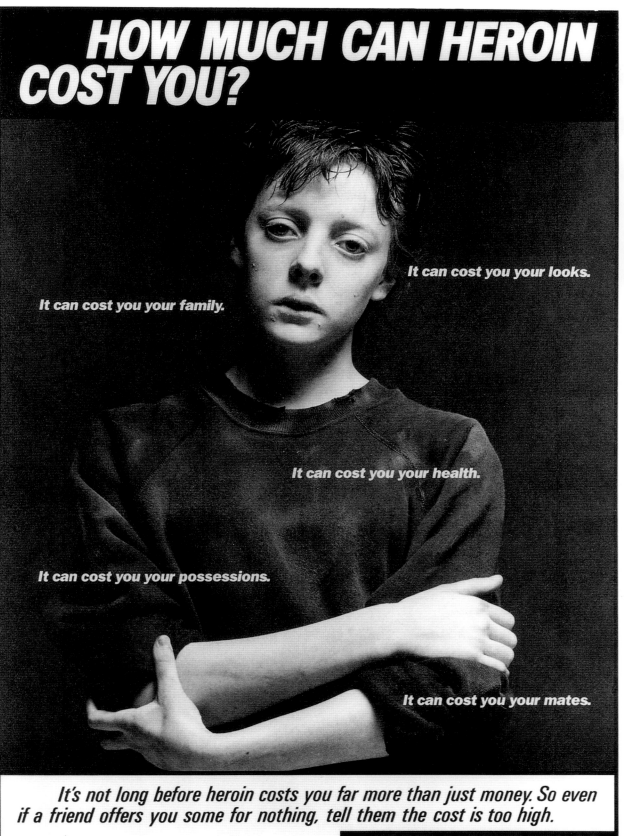

Campagne contre la toxicomanie

1986

DESIGNER : TBWA, LONDRES, ANGLETERRE

CLIENT : MINISTÈRE DE LA SANTÉ ET DE LA SÉCURITÉ SOCIALE, ROYAUME-UNI

Cette campagne fut lancée en 1986 par le ministère britannique de la Santé et de la Sécurité sociale. Son objectif était de souligner les terribles conséquences sociales de la consommation d'héroïne chez les jeunes. La campagne comprenait des spots télévisés et des annonces paraissant dans la presse. Ses images grumeleuses et sans complaisance eurent un impact immédiat. Les gros plans en noir et blanc dépeignaient avec force détails l'effet que la toxicomanie a sur la peau, les cheveux, le poids corporel et la santé générale des adolescents. Le message était simple : les drogues ne sont pas seulement dangereuses, elles peuvent aussi finir par tuer. Bien que le style s'inspire des photographies parues dans les revues britanniques influentes telles que *The Face* et *I-D*, ces messages ne tentent nullement de romancer les stupéfiants. Au sein de l'industrie de la publicité, cette campagne est considérée comme un tournant important et, ironie du sort, à la fin des années 80, son « style » fut retravaillé comme outil de commercialisation pour promouvoir des produits comme les glaces et les jeans.

PUBLICITÉ 331

Collants Wolford

1994

DESIGNER : HELMUT NEWTON (NÉ EN 1920)

Dans les années 70, Newton dominait le monde de la photographie de mode avec ses clichés pour le magazine *Vogue*, représentant plus souvent la femme nue que les vêtements qu'elle portait. Pendant des décennies, il cultiva les thèmes de l'androgynie, de l'homosexualité et du travestisme exprimés par David Bowie et Roxy Music. Le style de Newton fut extrêmement influent et prépara le terrain, dans les années 80, pour les travaux de photographes controversés, de Bruce Weber à Herb Ritts.

On commanda à Helmut Newton une série de photographies surprenantes en noir et blanc, dans le but de promouvoir les collants Wolford. Pour ce travail, Newton utilisa des images d'un sado-masochisme flagrant, représenté par des lanières en cuir, des gants noirs, des menottes en métal et une cravache en cuir. Wolford est une bonneterie renommée produisant des collants et des bas haut de gamme, les préférés de l'industrie de la mode. Dans les années 80, elle fut la première à fabriquer les collants noirs opaques en Lycra. Ses produits sont des articles luxueux destinés à une clientèle raffinée, que Wolford estimait capable d'apprécier ce genre d'images prêtant à controverse.

Ce qui rend ces images si extraordinaires, c'est la manière dont la campagne a joué sur le lesbianisme et la violence sexuelle, mêlés de façon si manifeste, pour vendre des collants. Bien que les collants et les bas jouissent d'une aura fétichiste, il s'agit d'un reflet fascinant des valeurs culturelles des années 90.

332 PUBLICITÉ

Tiger Savage, directrice artistique à succès, est exceptionnelle dans le monde publicitaire. Sa conception particulière s'est exprimée dans une série de publicités pour Nike parues dans la presse et par voie d'affiches, une campagne qui remporta différents prix pour l'utilisation fraîche et saisissante des images. Le marché des chaussures de sport est énorme, extrêmement concurrentiel, et compte sur la publicité pour créer l'image idéale. Savage sentit que les publicités, dans la presse et sur les affiches, devaient être concises, pertinentes, et elle comprit que les caractères et le texte occultaient souvent l'important message de vente. Si l'image est assez puissante, questionne-t-elle, pourquoi la diminuer ? La campagne Nike au Royaume-Uni fait figure de jalon dans le monde de la publicité puisqu'elle est la première à avoir utilisé des publicités sans texte. Au lieu de recourir au texte, elle construisit sa réputation sur l'interaction dynamique entre l'image et le titre. La première publicité représente le champion de tennis Pete Sampras servant non pas une balle mais une grenade. Elle fut suivie peu après par un symbole routier placé au-dessus d'un groupe de marathoniens. L'aptitude de Tiger Savage à concevoir un style visuel puissant et personnel pour ce client lui valut, en 1984, le prix du meilleur nouveau venu du Creative Circle.

Gary Who ?

1996

DESIGNERS : SIMONS, PALMER DENTON, CLEMMOW & JOHNSTON, LONDRES, ANGLETERRE

CLIENT : NIKE

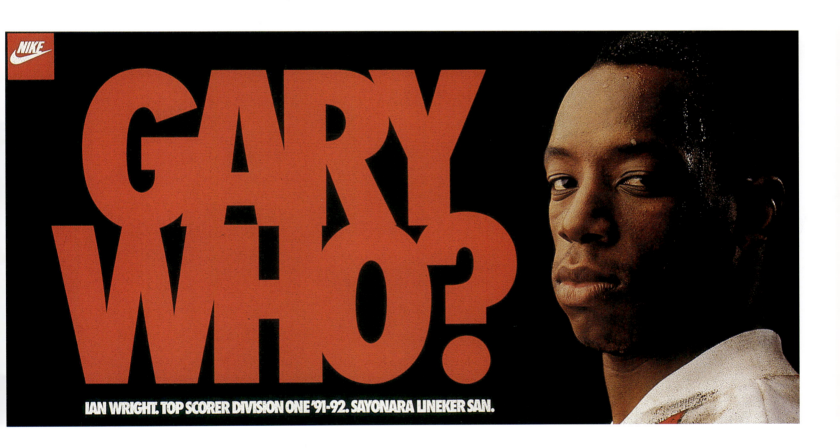

PUBLICITÉ 333

CHAPITRE 12
communication

TÉLÉPHONE BOUGEOIR

RADIO ECKO AD 65

CANON CB 10

LES INVENTIONS EN MATIÈRE DE COMMUNICATION au XXe siècle ont bouleversé notre vie, tant au bureau que dans nos foyers. Les innovations majeures sont la radio, la télévision et l'ordinateur. Mais le XXe siècle a également perfectionné et developpé le télégraphe, le téléphone, l'appareil photographique et la machine à écrire, des inventions du siècle dernier.

Parmi celles-ci, l'appareil photographique permit à tout le monde d'être le reporter de sa propre vie et de celle de son entourage. Mais les inventions les plus significatives, en termes de communication, sont le télégraphe, la machine à écrire et le téléphone. Le télégraphe Morse, créé en 1844, permettait au message télégraphique de parcourir des milliers de kilomètres en quelques minutes. Le téléphone, inventé en 1876 par Alexander Graham Bell, provoqua une révolution plus grande encore, non seulement dans les bureaux mais aussi chez les particuliers, en devenant le moyen de communication le plus important dans les villes du monde entier. La machine à écrire est une autre invention qui contribua aussi à l'avènement de l'ère moderne des communications. Inventée en 1866 par Latham Sholes et fabriquée à l'origine par Remington & Son, la machine à écrire bouleversa le bureau. En 1904, Frank Lloyd Wright était le premier à prendre en compte les besoins du bureau nouvellement automatisé, en concevant le Larkin Building, à Buffalo, dans l'État de New York. Le Larkin Building hébergeait mille huit cents employés qui procédaient à des enquêtes pour la vente par correspondance. Les modifications apportées à la machine à écrire au XXe siècle ont obéi au schéma habituel : il fallait accroître la vitesse et le rendement afin d'atteindre une efficacité plus grande encore. On assista ainsi à l'introduction de machines portatives dès les années 30. La machine à écrire à sphère IBM Golfball, dans les années 60, éliminait les leviers encombrants, et les machines électroniques apparurent au cours des années 70. De nos jours, la machine à écrire subsiste à travers le clavier d'ordinateur dont les lettres sont disposées à peu près de la même façon (l'ordre type AZERTY). Cependant, l'introduction du scanner et de la technologie vocale menace l'avenir des claviers.

La vie au XXe siècle fut également bouleversée par la radiodiffusion publique, les industries du cinéma et de la télévision, et la possibilité d'écouter de la musique chez soi grâce au tourne-disque. En 1896 Gugliemo Marconi déposa un brevet pour un système n'utilisant pas de connexion câblée et l'année suivante, il enregistra son télégraphe sans fil et sa société de transmission. À la fin de la Première Guerre mondiale, le système de Marconi était utilisé dans le monde entier pour joindre les navires en mer, et dans les années 20, ce système servit à la radiodiffusion publique.

COMMUNICATION

de programmes de divertissement, menant à la création en Grande-Bretagne, en 1922, de la British Broadcasting Company (BBC). Les premiers postes de radio étaient des postes à galène, peu fiables, ou des récepteurs à lampe fonctionnant sur piles, onéreux. Vers la fin des années 20, les composants électriques étaient logés à l'intérieur de l'appareil et permettaient au fabricant de se concentrer davantage sur le design extérieur, et la radio fit alors son entrée dans les salles de séjour comme meuble. Des produits plus petits et plus individuels suivirent rapidement, en particulier avec le lancement du transistor Sony dans les années 50. Ces progrès mèneront à la fabrication de chaînes hi-fi comprenant radio, tourne-disque, lecteur de disques compacts, et de baladeurs. Le design de la télévision évolua à peu près de la même manière. Il s'agissait au départ, dans les années 30, de grands meubles en bois qui devinrent, dans les années 90, de véritables modèles miniaturisés. Lancé en 1925 par un inventeur britannique, John Logie Baird, son 1930 Televisior fonctionnait grâce à une lampe au néon oscillant en réponse au signal de télévision du récepteur radio du propriétaire. Le 2 novembre 1935, la BBC lançait la toute première transmission télévisuelle régulière à l'Alexandra Palace. La révolution de la télévision avait commencé.

Peu de progrès technologiques eurent cependant autant d'incidences que l'ordinateur. Les premiers ordinateurs étaient analogiques et analysaient des qualités physiques telles que la tension électrique et fournissaient les réponses sous la forme d'autres qualités physiques. Ces ordinateurs n'offraient que des possibilités extrêmement réduites et étaient conçus pour résoudre des problèmes spécifiques, comme le point de rupture d'un pont par grands vents par exemple. Dans les années 40, les calculateurs analogiques tombent en désuétude avec le développement des ordinateurs numériques qui acceptaient l'entrée de données chiffrées, les traitaient à l'aide d'un programme spécifique, et présentaient les réponses sous forme chiffrée. L'ordinateur moderne était enfin né. Depuis les premières machines encombrantes des années 50 à l'invention de la puce électronique dans les années 60, permettant une technologie informatique bon marché et portable, notre mode de vie s'est trouvé complètement transformé. Avant l'ordinateur, l'histoire du progrès industriel se résumait essentiellement à la production de machines de plus en plus perfectionnées. Actuellement, l'ordinateur peut être réellement utilisé pour des millions d'applications différentes. Il est difficile d'imaginer comment une entreprise moderne pourrait fonctionner sans l'informatique et sans les télécommunications.

BALADEUR SONY

OLYMPUS TRIP 35

APPLE EMATE 300

COMMUNICATION 335

Téléphone bougeoir GPO 150

1924

MATÉRIAU : BAKÉLITE

FABRICANT : GENERAL POST OFFICE, LONDRES, ANGLETERRE

Le téléphone bougeoir était l'un des designs les plus courants au début du XXe siècle, et devint le modèle type du téléphone de table. Bien que le modèle représenté ici soit britannique, il est presque impossible de le différencier de son homologue américain.
Le développement des plastiques eut une incidence durable sur le design du téléphone. Les fabricants recherchaient un matériau permettant d'élaborer facilement et à moindre coût les composantes du téléphone. Dans les années 20, on put fabriquer la Bakélite, matériau composant le modèle 150. L'inconvénient majeur du téléphone bougeoir est que le microphone est scellé à la base, forçant l'utilisateur soit à s'accroupir près du téléphone, soit à tenir dans ses mains les deux parties de l'appareil. Les améliorations du design de l'émetteur, par amplification électronique, n'apparurent pas avant la fin des années 20 avec les travaux menés par des ingénieurs travaillant pour la Bell Company américaine. Au départ, les appels devaient passer par un opérateur, mais l'introduction du cadran, prenant place sur le socle, permit aux utilisateurs d'établir les liaisons automatiquement. La forme se révéla fort populaire et ce téléphone de table courant eut une existance durable. Il est toujours disponible comme pièce de reproduction.

L'Ericofon fut conçu comme une version légère et compacte du téléphone ordinaire, en deux parties. Grâce à la nouvelle technologie de miniaturisation, il devint possible de regrouper en un seul élément l'écouteur, le microphone et le cadran, ce qui donna cette forme sculpturale, d'une originalité saisissante. Au cours des quatorze années suivantes, l'Ericofon s'est présenté sous de nouvelles versions, dont la technologie et la forme étaient améliorées au fur et à mesure. L'évolution progressive du produit a été menée par l'équipe de designers Blomberg pendant une période de quinze ans. Son succès commercial fut définitivement établi en 1954 lorsque l'Ericofon devint disponible dans plusieurs couleurs vives. Ericsson est la première société à avoir fabriqué des téléphones en Suède, et elle demeure aujourd'hui une des plus importantes.

Ericofon

1949

DESIGNERS : HUGO BLOMBERG (NÉ EN 1897), RALPH LYSELL (NÉ EN 1907) ET GÖSTA THAMES (NÉ EN 1916)

MATÉRIAUX : PLASTIQUE ET CAOUTCHOUC

FABRICANT : L. M. ERICSSON, SUÈDE

COMMUNICATION 337

Nokia 9000 Communicator

1996

DESIGNER : ÉQUIPE DE DESIGN INTERNE DE NOKIA

MATÉRIAU : PLASTIQUE

FABRICANT : NOKIA CORPORATION, FINLANDE

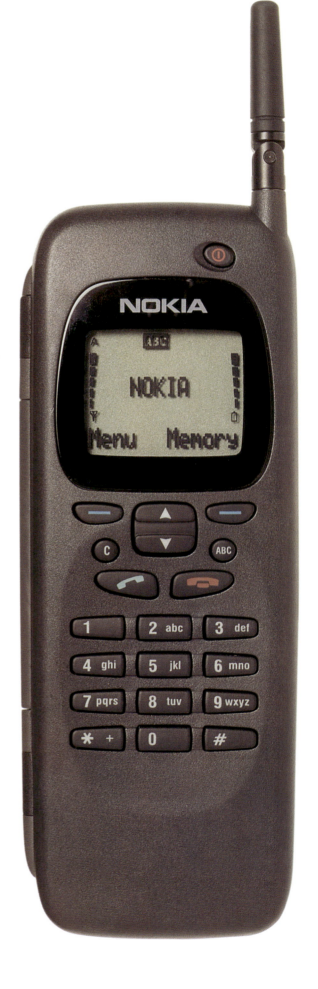

La firme finlandaise Nokia a développé la dernière gamme de téléphones portables, ce qui représente un pas important vers la miniaturisation. Le Nokia 9000 Communicator met à la disposition de l'utilisateur, dans un tout petit appareil convivial, toute une série de fonctions et une liste impressionnante d'applications, dont le téléphone, le télécopieur, le courrier électronique, un moteur de recherche pour Internet, un organizer personnel, une messagerie, un calendrier et une calculatrice. Il dispose d'un port infrarouge pour ordinateur et imprimante, et possède une mémoire de 8 MO.

Fondé en 1980, Hollington est un célèbre cabinet britannique d'experts en design réputé pour ses produits novateurs, allant des meubles aux stylos en passant par le design interactif. Hollington reçut une commande de la société Camelot, basée à Dallas, spécialiste des logiciels se rapportant à Internet et dont le progiciel téléphonique Digiphone Internet est leader du marché. Pour compléter le Digiphone, Camelot voulut développer un nouveau genre de produit téléphonique. Proficia est essentiellement un téléphone informatique permettant d'obtenir des communications bon marché par le biais d'Internet ; il se place sur le bureau à côté du clavier et de la souris. Le combiné ressemble à un petit animal et le câble arrière à une queue, tandis que son équilibre ergonomique requiert stabilité et confort d'utilisation.

Combiné téléphonique pour Internet Proficia

1997
DESIGNER : GEOFF HOLLINGTON, RICHARD ARNOTT ET LIZ CIOKAJLO
MATÉRIAU : PLASTIQUE ABS MOULÉ PAR INJECTION
FABRICANT : CAMELOT CORPORATION, ÉTATS-UNIS

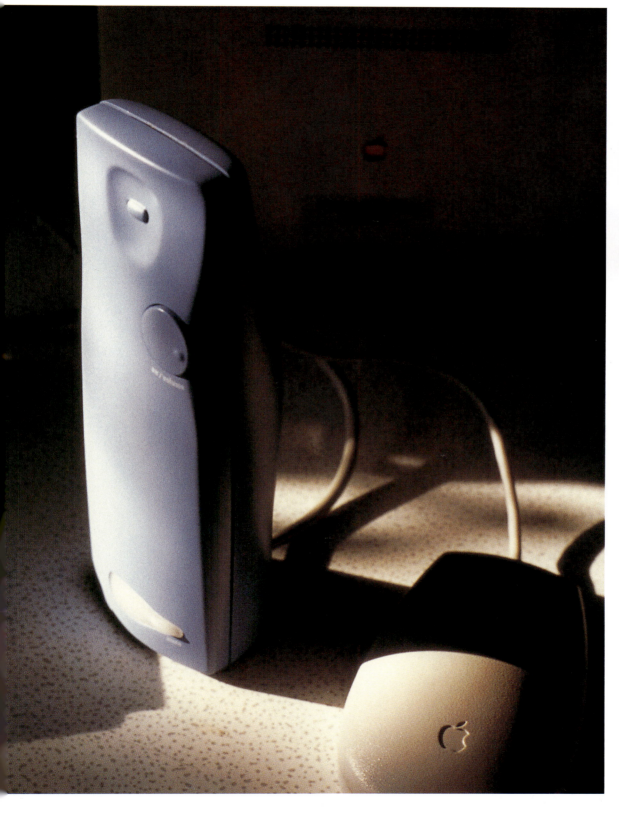

COMMUNICATION 339

Radio Ekco AD 65

1934

DESIGNER : WELLS COATES (1895-1958)

MATÉRIAUX : BAKÉLITE PHÉNOLIQUE BRUNE MOULÉE ET CHROME

FABRICANT : E.K. COLE LTD, ROYAUME-UNI

Wells Coates était un architecte canadien qui arriva à Londres au début des années 20 et qui devint l'un des pionniers du modernisme britannique. Il conçut d'importants édifices, conformes à la nouvelle architecture, et il attira évidemment l'attention de fabricants tels que E.K. Cole, désireux de moderniser son industrie. Le Récepteur sans fil AD 65 de Wells est le résultat d'un concours de design organisé en 1932 par Eric K. Cole, dans le but de créer la radio en plastique idéale. Le design lauréat de Wells Coates fut produit, avec des modifications, de 1934 à 1946, et devint la meilleure vente de la firme.
Il s'éloignait radicalement des formes et matériaux traditionnels utilisés pour les coffres de radio. Le boîtier de l'AD 65 est circulaire et se compose de Bakélite brune moulée destinée à envelopper un haut-parleur rond. Cette forme se retrouvait dans les boutons de commande et dans l'affichage des canaux, disposé en arc de cercle, conférant à cette radio un aspect tout à fait neuf qui réduisait aussi les coûts d'usinage. Un modèle de l'AD 65 moins cher et plus populaire, en imitation noyer, était également disponible.

Radio et haut-parleur 2514 Philips

La société hollandaise Philips, créée en 1891, fabriqua d'abord des ampoules et se diversifia ensuite en concevant des radios, des phonographes, puis des télévisions et d'autres appareils domestiques. Philips est l'une des premières entreprises européennes à avoir instauré un service de design, sous la direction de l'architecte Louis C. Kalff. Celui-ci entra chez Philips en 1925, et travailla sur le design des affiches, des stands d'exposition et de l'aménagement intérieur des salles d'exposition de Philips. En 1929, ses responsabilités furent étendues à l'esthétique des produits. Le bureau de design employait des dessinateurs techniques et des spécialistes de la construction, et la conception des nouveaux produits impliquait la direction, l'équipe de vente et le personnel technique. Un produit était donc le fruit d'une large collaboration. Le design de la Radio 2514 est symptomatique de cette approche particulière. Elle était à base de nouveaux matériaux, comme la Bakélite synthétique, disponible dans différentes couleurs. Elle comprenait également un haut-parleur circulaire caractéristique, décrit par la firme en fonction de sa qualité artistique et destiné à décorer la salle de séjour moderne. Kalff dirigea le bureau de design de Philips pendant trente-cinq ans, et marqua durablement la philosophie esthétique de la société.

1926
DESIGNER : LOUIS C. KALFF (1897-1976)
MATÉRIAU : MÉTAL, REXINE ET BAKÉLITE
FABRICANT : PHILIPS, EINDHOVEN, PAYS-BAS

COMMUNICATION

Chaîne hi-fi stéréo RR126

1965-1966
DESIGNER : ACHILLE CASTIGLIONI (NÉ EN 1918) ET PIER CASTIGLIONI (1910-1968)
MATÉRIAU : CHROME, PLASTIQUE ET BOIS
FABRICANT : BRIONVEGA, MILAN, ITALIE

À l'origine fabricant de radios, Brionvega se mit à produire des télévisions et des équipements hi-fi. Cette société fit appel à de célèbres designers italiens pour transformer ses produits. La chaîne stéréo des Castiglioni apparut comme un concept radical sur le marché de la hi-fi, correspondant au style dominant du milieu des années 60 ; ses formes et ses couleurs audacieuses donnaient une image dynamique du produit. La chaîne RR126 est un élément mobile sur pied dont les haut-parleurs peuvent s'empiler sur le dessus pour former une caisse ou être déployés à l'horizontale.

Radio du peuple VE 301

1936

DESIGNER : WALTER MARIA KERSTING (1889-1970)

MATÉRIAU : BAKÉLITE

FABRICANT : HAGENUH, KIEL, ALLEMAGNE

Walter Maria Kersting conçut, dans différents modèles, la Radio du peuple (Volksempfänger), produite en énormes quantités par l'Allemagne nazie. En 1939, on estima que douze millions et demi d'exemplaires avaient été vendus, introduisant ainsi, dans la plupart des foyers allemands, une radio bon marché subventionnée par l'État, idéale pour la diffusion de la propagande nazie. Le numéro du modèle commémore la date du 30 janvier 1933, jour où Hitler devint Chancelier. Succès politique pour Hitler, la radio était assez puissante pour recevoir les transmissions nationales, mais non les émissions des Alliés. L'esthétique est minimale et fonctionnelle : coffre rectangulaire brun foncé, cadran simple et grand haut-parleur, avec pour seul ornement une croix gammée.

COMMUNICATION 343

Phonosuper

1956

DESIGNER : Hans Gugelot (1920-1965) et Dieter Rams (né en 1932)

MATÉRIAUX : métal, bois et Plexiglas

FABRICANT : Braun, Francfort, Allemagne

Ce modèle du Phonosuper remanie un produit fabriqué depuis les années 30. Il introduit également le couvercle en Plexiglas dans les appareils hi-fi. Le modèle original comportait un couvercle métallique ; il fut remplacé par du Plexiglas afin de réduire les vibrations. Les lignes pures et l'apparence résolument fonctionnelle sont conformes à la philosophie de Braun ; son apparence trop sobre et plutôt sévère lui valut cependant le surnom de « Cercueil de Blanche-Neige ».

Brionvega s'installa comme fabricant de radios en 1945 et commença à produire des téléviseurs au début des années 60. L'équipe de design, composée de Marco Zanuso et de son collaborateur bavarois Richard Sapper, travailla régulièrement pour Brionvega, à l'instar de Mario Bellini et d'Achille Castiglioni, autres étoiles brillant dans le firmament du design italien. Fermée, la TS 502 ressemble à une boîte anonyme dissimulant sa fonction. Elle est la partenaire naturelle du téléviseur ST/201, également conçu par Zanuso et Sapper pour Brionvega.

Radio TS 502

1964

DESIGNER : Marco Zanuso (né en 1916) et Richard Sapper (né en 1932)

MATÉRIAUX : plastiques et chrome

FABRICANT : Brionvega, Milan, Italie

COMMUNICATION

Platine Beogram 4000

1973

DESIGNER : JAKOB JENSEN
(NÉ EN 1926)

MATÉRIAUX : BOIS ET ALUMINIUM

FABRICANT : BANG & OLUFSEN A/S, COPENHAGUE, DANEMARK

En 1944, Bang & Olufsen lançait le révolutionnaire Grand Prix 44 RG, un ensemble compact regroupant un tourne-disque et une radio. En 1968, le designer danois Jakob Jensen fut désigné pour s'occuper du programme de design hi-fi de Bang & Olufsen. Il opta pour la simplicité et l'élégance, des produits intemporels remarquables par leur logique et leur précision technique. La ligne anonyme et discrète que Jensen créa pour Bang & Olufsen a fini par définir l'esthétique des chaînes hi-fi contemporaines de haute qualité. Utilisant une technologie de pointe, avec ses composantes de précision et son bras tangentiel électronique, le Beogram est un des rares exemples de produit européen capable de tenir bon dans une industrie dominée par les firmes japonaises. Bang & Olufsen continue à produire des appareils audiovisuels de haute qualité professionnelle pour les particuliers.

Chaîne hi-fi Totem

1970

DESIGNER : MARIO BELLINI
(NÉ EN 1935)

MATÉRIAU : PLASTIQUE

FABRICANT : BRIONVEGA, MILAN, ITALIE

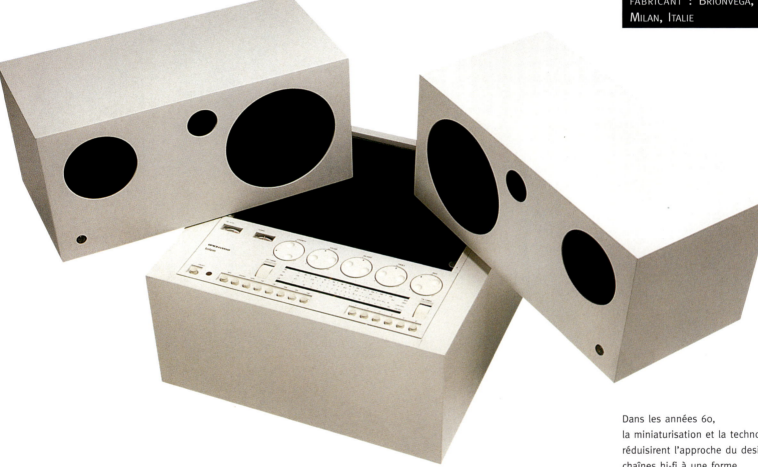

Dans les années 60, la miniaturisation et la technologie réduisirent l'approche du design des chaînes hi-fi à une forme géométrique pure. Une des entreprises italiennes les plus novatrices, Brionvega, allia minimalisme, plaisir et espièglerie, en soulignant le potentiel sculptural de l'objet. Au cours des années 60 et 70, elle entretenait des rapports étroits avec les designers italiens d'avant-garde, et commanda Totem à Mario Bellini, qui avait travaillé pour Olivetti. Totem est un design directionnel dont les haut-parleurs pivotent sur un axe pour découvrir une platine magnétophone dissimulée. Fermé, Totem forme un simple cube blanc.

COMMUNICATION

Baladeur Sony

1978

DESIGNER : SONY DESIGN CENTRE

MATÉRIAU : PLASTIQUE

FABRICANT : SONY, TOKYO, JAPON

On dit que le président de Sony, Akio Morita, conçut ce lecteur de cassettes stéréophonique portatif alors qu'il jouait au tennis, imaginant un appareil léger, facilement transportable, permettant d'écouter de la musique à toute heure. Le baladeur Sony entraîna des changements majeurs sur le marché des années 70 et 80. C'est un des premiers produits individuels, à la fois accessoire de mode et objet fonctionnel.

Ce concept « habile » des technologies existantes d'une manière novatrice et révolutionnaire. Avec près de cinquante millions d'unités vendues, le baladeur s'est décliné dans de nombreux modèles, dont un est représenté ici. Il continue à évoluer en fonction des tendances sociales, de la mode, et du besoin de personnalisation.

PlayStation Sony

Sony décrit la console PlayStation comme son produit le plus important depuis le baladeur. La firme cherchait quelque chose offrant les mêmes débouchés commerciaux que le baladeur, et a investi cinq cents millions de dollars dans le développement, faisant appel à des équipes de designers provenant du monde entier. Le produit s'est attaqué à un marché dominé par Sega et Nintendo. Utilisant des graphiques en 3D, des actions en « temps réel » à l'écran et une qualité de son identique à celle d'un disque compact, la PlayStation est alimentée par cinq processeurs traitant un demi-milliard d'instructions par seconde, c'est-à-dire que sa puissance est plus de cinq cents fois supérieure à celle des consoles 16 bits existantes.

1996

DESIGNER : KEN KUTARAGI

MATÉRIAU : PLASTIQUE

FABRICANT : SONY COMPUTER ENTERTAINMENT, TOKYO, JAPON

COMMUNICATION

Télévision portative 80 301 Sony

1959

DESIGNER : SONY DESIGN CENTRE

MATÉRIAUX : PLASTIQUE ET MÉTAL

FABRICANT : SONY, TOKYO, JAPON

L'occupation du Japon par les Américains après la guerre et le plan Marshall qui suivit eurent une influence énorme sur la reconstruction du pays. Les nouvelles industries japonaises se sont concentrées sur les biens nécessitant beaucoup de capitaux comme les radios, les téléviseurs et les voitures. Une des firmes les plus célèbres illustrant cette reprise économique est la Sony Corporation. Dans les années 50, l'entreprise récemment créée acheta les droits de production d'une nouvelle invention américaine, le transistor, et produisit en 1955 sa première radio. Vint ensuite en 1959 le premier téléviseur à circuits intégrés possédant un écran de 46 centimètres et ne pesant que 6 kilos. Avec la télévision, les produits japonais furent désormais synonymes de technologies de pointe, dont la miniaturisation, et ce téléviseur remporta la médaille d'or de la Triennale de Milan en 1960. Le développement des produits de Sony est guidé par les innovations technologiques, un contrôle rigoureux de la qualité et une solide gestion des affaires. Cela contribua beaucoup à poser le profil de l'industrie électronique japonaise, dominant les marchés mondiaux et transformant l'économie nationale. À la différence des entreprises occidentales, les firmes japonaises s'efforcent d'utiliser des équipes de design internes et anonymes pour développer leurs produits plutôt que des designers externes. L'équipe de Sony se charge de tous les aspects des produits de la firme et de leur image de marque, laquelle s'exprime à travers l'emballage et la promotion.

Brionvega noir ST/201

Brionvega est une firme italienne possédant une longue tradition de collaboration avec des designers de premier plan, afin d'offrir une forme particulière à ses produits. Dans les années 60, c'était également l'une des rares entreprises dont les produits rompaient avec l'esthétique blanche dominante de la firme allemande Braun et de ses imitateurs japonais.
Le téléviseur noir 201 fut conçu par Marco Zanuso et Richard Sapper en 1969, poursuivant une association commencée au début de la décennie pour développer une nouvelle génération de téléviseurs et de radios. Plus que tout autre objet, cette télévision représente le mouvement le plus intransigeant vers le minimalisme du design italien des années 60. Elle définit l'idée de la mystérieuse boîte noire, dont l'écran ne devient visible que lorsque la télévision est allumée. L'emplacement des boutons sur le dessus du poste contribue à souligner les lignes droites. Avec la 201, un appareil familier prenait un visage radicalement nouveau. Elle devint rapidement un objet culte.

1969

DESIGNER : Marco Zanuso (né en 1916) et Richard Sapper (né en 1932)

MATÉRIAUX : plastique et verre

FABRICANT : Brionvega, Milan, Italie

COMMUNICATION 351

Téléviseur Trinitron Sony

1968
DESIGNER : SONY DESIGN CENTRE
MATÉRIAUX : PLASTIQUE, CHROME ET VERRE
FABRICANT : SONY, TOKYO, JAPON

La manière novatrice dont Sony appréhende la recherche et le développement a conduit à de nombreux nouveaux produits. Le téléviseur Trinitron est le résultat d'une recherche centrée exclusivement sur la création d'une image plus brillante, plus claire et moins déformée. Ce produit révolutionnaire utilise un nouveau dispositif de production d'images hautement sophistiqué. Le téléviseur Trinitron possède également un écran beaucoup plus plat, améliorant la qualité de l'image. Le Trinitron fut le point de départ d'une recherche axée sur la haute résolution des images télévisées, culminant tout récemment avec la télévision numérique.

Jim Nature

1994

DESIGNER : PHILIPPE STARCK
(NÉ EN 1949)

MATÉRIAUX : BOIS À HAUTE DENSITÉ ET PLASTIQUE

FABRICANT : SABA (THOMSON), FRANCE

Philippe Starck, un des designers les plus connus à l'heure actuelle, a été prolifique. Il n'a pas seulement aménagé des intérieurs, dessiné des meubles et des articles ménagers, il a également travaillé dans le domaine des produits industriels, dont fait partie ce téléviseur, Jim Nature. Celui-ci s'inscrit dans un mouvement global défiant la prédominance de l'esthétique japonaise des téléviseurs ; son coffre sculptural évoque, d'une certaine manière, l'esprit du design pop des années 60, mais ce qui est important ici, c'est l'utilisation du bois à plusieurs densités, ou panneau de particules. Ce matériau soulève la question des matériaux écologiquement sains dans la mesure où il s'agit essentiellement de bois recyclé. Il confère également à la technologie un visage plus humain et plus chaleureux, une nouveauté que le consommateur commence à trouver plus attrayante que le plastique dur et noir utilisé pour la plupart des produits dans ce domaine.

COMMUNICATION

Brownie 127 Kodak

1959
DESIGNER : KODAK
MATÉRIAU : PLASTIQUE
FABRICANT : KODAK, ÉTATS-UNIS

La firme Kodak fut fondée en 1881 par George Eastman Kodak. Ses produits ont ouvert la voie de la simplification de la photographie, comme le laisse entendre le slogan publicitaire de Kodak : « Vous appuyez sur le bouton, nous nous occupons du reste. » Kodak est la plus grande firme mondiale dans le domaine de la photographie. Elle a conçu et fabriqué des centaines d'appareils photographiques au cours du siècle. Ce modèle d'après-guerre possède les contours arrondis qui avaient rendu populaires la série d'appareils créés par Walter Teague dans les années 30, dont le plus célèbre est le Bantam spécial de 1936. Ce profil lui donnait un air rétro alors même qu'il était nouveau. Plusieurs millions d'appareils furent néanmoins vendus.

COMMUNICATION

Leica

Petit, sobre et discret, l'appareil photographique Leica produisit une révolution dans les années 30. Il s'agit du premier appareil compact capable de produire des clichés de qualité professionnelle, et il devint rapidement l'appareil-photo le plus couramment utilisé par les journalistes. Ses origines remontent à 1911 lorsque Oskar Barnack rejoignit la firme d'équipement allemande Leitz. Barnack était ingénieur, et un photographe amateur enthousiaste qui commença à travailler sur des prototypes d'un petit appareil-photo basé sur un concept simple : de petits négatifs mais de grandes photos. Il produisit des prototypes de cet appareil-photo et après la Première Guerre mondiale, son patron, Ernst Leitz, décida de lancer sa production sous le nom de Leica. Le premier appareil-photo fut exposé à la Foire de Leipzig en 1925 et fut suivi du Leica1 en 1930, qui avait un nouveau format compact et offrait des objectifs interchangeables. Grâce à ces progrès technologiques, le Leica devint, dans les années 30, un appareil photo sérieux adapté aux photographies professionnelles.

1930

DESIGNER : OSKAR BARNACK (1879-1936)

MATÉRIAUX : PLASTIQUE ET MÉTAL

FABRICANT : LEITZ, ALLEMAGNE

COMMUNICATION

Nikon F

1959

DESIGNER : ÉQUIPE DE DESIGN DE NIKON

MATÉRIAUX : PLASTIQUE ET MÉTAL

FABRICANT : NIKON, JAPON

Initialement appelé Nippon Kogaku K.K., Nikon est la première entreprise japonaise à avoir bousculé la suprématie du Leica dans le domaine des appareils-photo de qualité professionnelle. En 1950, deux photographes de la revue américaine *Life* utilisèrent des objectifs Nikon dans des conditions climatiques extrêmes ; la qualité de ces photos leur valurent deux prix importants et apporta à Nikon une reconnaissance internationale. En 1959, Nikon introduisit le Nikon F, son premier appareil reflex 35 mm, muni d'un miroir reflex à retour instantané, d'un autre miroir reflex couplé avec un obturateur, de chercheurs interchangeables et d'écrans. Le Nikon F rencontra un succès immédiat, et plus d'un million d'appareils furent vendus. Lié à l'imagerie et au mode de vie des *Swinging Sixties*, le Nikon F ne resta pas confiné au statut d'équipement professionnel admiré. C'est lui que les jeunes photographes de mode britanniques, tel David Bailey, utilisèrent pour traquer les mannequins aux longues jambes de cette période, vêtues de minijupes. Dans ce contexte, le Nikon était plus qu'un appareil-photo, il érigea les photographes au rang de stars toutes-puissantes des médias de la décennie. La série Nikon F représente, encore aujourd'hui, la norme professionnelle.

Olympus Trip 35

L'Olympus Trip 35 fut conçu en 1968 et produit sans discontinuer jusqu'en 1988. Vendu à plus de dix millions d'exemplaires, ce fut l'un des appareils-photo ayant remporté le plus de succès au XX° siècle. Cet appareil-photo est conçu comme un modèle 35 mm de la gamme Olympus, et allie un résultat technique de grande qualité à un prix plus abordable. Esthétiquement, l'appareil-photo est novateur, disposant ingénieusement les cellules photoélectriques autour de l'objectif. Il est simple et facile à utiliser ; compact, on le transporte aisément. Olympus a continué à innover. Un de ses appareils les plus récents, le 1993 Olympus Zoom, aux contours sculpturaux caractéristiques, était l'appareil-photo 35 mm le plus léger du marché à l'époque.

1968

DESIGNER : ÉQUIPE DE DESIGN D'OLYMPUS

MATÉRIAUX : PLASTIQUE ET MÉTAL

FABRICANT : OLYMPUS, TOKYO, JAPON

COMMUNICATION 357

Canon CB10

1982-1983

DESIGNER : LUIGI COLANI
(NÉ EN 1928)

MATÉRIAU : PLASTIQUE

FABRICANT : CANON
TOKYO, JAPON

Ce premier design biomorphique marque un tournant vers un produit à la ligne plus organique. Le CB10 s'inscrit dans un projet spécial commandé par Canon. Les instructions données au designer, l'Italo-Suisse Colani, étaient de réfléchir, de manière totalement indépendante et libre, à l'avenir du design des appareils photographiques. Colani, bien connu pour son design très personnel, créa une série d'appareils-photo servant de « jalons » pour l'avenir. Le résultat est en effet radical : des formes biomorphiques évoquant davantage un poisson des profondeurs qu'un appareil-photo. Cette série n'a toujours rien perdu de son aspect révolutionnaire. Il est important de rappeler qu'à ce moment-là, le boîtier noir régnait en maître, la commercialisation de ces produits se fondant essentiellement sur les caractéristiques techniques et sur le prix. Colani amena une idée neuve : la forme rectangulaire et la couleur noire n'étaient pas l'unique solution. Les lignes aérodynamiques démesurées de Colani peuvent sembler excessives, mais elles étaient une réaction à l'esthétique fonctionnelle du moment, et annonçaient un virage décisif dans la conception des appareils-photo destinés au grand public.

358 COMMUNICATION

Canon Ixus

1996

DESIGNER : CENTRE DE DESIGN DE CANON

FABRICANT : CANON CAMERAS, TOKYO, JAPON

Le Canon Ixus a immédiatement été acclamé comme un classique du design lorsqu'il apparut en 1996. Un des plus petits appareils-photos sur le marché, l'Ixus a la taille d'un jeu de cartes : il ne mesure que 9 centimètres de long sur 6 centimètres de large. Son charme provient principalement du design pur et compact du boîtier métallique. Ce n'est toutefois pas son apparence seule qui place l'Ixus au premier rang du design : il est le fruit des tout derniers progrès en matière de technologie des appareils-photo, étant équipé de l'*Advanced Photo System*. Il s'agit d'un nouveau type de film ne nécessitant pas de négatifs et permettant à l'utilisateur de choisir entre trois formats lors de la prise de vue ou de l'impression des photos.

COMMUNICATION

Machine à écrire portative Valentine

1969

DESIGNER : ETTORE SOTTSASS (NÉ EN 1917) ET PERRY KING (NÉ EN 1938)

MATÉRIAU : PLASTIQUE

FABRICANT : OLIVETTI, ITALIE

S'inspirant du Pop Art américain, Ettore Sottsass désirait humaniser le design industriel. La machine à écrire portative Valentine, conçue en collaboration avec Perry King, n'est pas la première machine portative. Dans les années 30, la firme suisse Ernest Paillard avait lancé le modèle Hermes Baby. La Valentine instaurait une nouvelle approche de l'équipement de bureau puisqu'elle pouvait trouver sa place aussi bien chez soi que dans un bureau. Sa valise en plastique vivement colorée, sa taille et sa couleur lui conféraient un côté humain et amusant. Les publicités pour la Valentine renforcèrent cette image en montrant souvent de jeunes couples couchés dans les champs à côté de la machine à écrire, ou en la représentant comme des œuvres pop géantes, comme sur l'illustration ci-contre.

Sottsass travailla en tant qu'expert conseil en design pour Olivetti à partir de 1957 et développa des projets embrassant les machines à écrire, le mobilier et les ordinateurs. Sottsass s'intéressa à l'ergonomie et aux nouveaux matériaux. Produit reflétant la vitalité d'Olivetti et sa conception bien fondée du design, la Valentine fut un énorme succès commercial.

the olivetti collection 1. Lettera 33 2. Lettera 31 3. Studio 45 4. Lettera 32 5. Valentine 6. A collector

Machine à écrire IBM 72

Conçue en 1963, la machine à écrire à sphère révolutionna le bureau des années 60. Pour la première fois, une simple machine offrait des caractères interchangeables, un ruban de machine à écrire, l'alimentation électrique, une surface d'encombrement réduite et un poids de seulement 14 kilos. Son succès résulte du type en plastique nickelé positionné par un mécanisme de sorte que chaque frappe l'incline et le fait tourner pour amener le caractère requis, avant de frapper le ruban et de le déplacer d'un espace. Des variantes ultérieures fournirent une qualité d'impression encore supérieure. La politique de design de l'International Business Machines Corporation (IBM) fut clairement définie dans les années 50, sous la direction d'Eliot Noyes. Observant les travaux du concurrent italien Olivetti, en particulier les produits conçus par Nizzoli, Noyes créa la 72, qui représentait une découverte technique capitale, mais aussi la mise en œuvre d'une forme sculpturale sophistiquée.

1963

DESIGNER : Eliot Noyes (1910-1977)

MATÉRIAU : Plastique

FABRICANT : IBM, Armonk, New York, États-Unis

COMMUNICATION

Système informatique IBM 360

1964

DESIGNER : ELIOT NOYES (1910-1977)

FABRICANT : IBM, ARMONK, NEW YORK, ÉTATS-UNIS

Eliot Noyes devint directeur du design d'International Business Machines (IBM) en 1956. Il modifia l'orientation de la firme en insistant sur la nécessité d'une approche associant une stratégie de conception et une image de marque, régies toutes deux par une série de normes publiées. Ces caractéristiques concernaient tous les produits IBM. Sous la direction de Noyes, la firme lia le design à l'innovation et développa plusieurs produits informatiques révolutionnaires. Le système 360 est représentatif de l'approche de Noyes et incarne les caractéristiques du design d'IBM. Il est fonctionnel tout en occupant une place réduite, et évite la forme austère si souvent associée aux ordinateurs. Il est conçu pour pouvoir être utilisé facilement, et les commandes ont été développées en collaboration avec la division Ergonomie d'IBM.

Apple Macintosh

1984

DESIGNER : FROGDESIGN / HARMUT ESSLINGER (NÉ EN 1945)

MATÉRIAU : BOÎTIER EN PLASTIQUE

FABRICANT : APPLE COMPUTERS, CUPERTINO, ÉTATS-UNIS

Convivial et présenté dans un boîtier blanc cassé, l'ordinateur Apple Macintosh a révolutionné l'industrie informatique. Apple jouissait d'une image de marque assez spéciale : elle avait la réputation d'être gérée par des libres-penseurs des années 60, croyant que la technologie rendait l'homme puissant. Le choix du nom évoque non pas une grande entreprise, mais le souvenir de la contre-culture et l'Apple Corps des Beatles.

Située en Californie, Apple fait plutôt penser à Haight Ashbury qu'à Manhattan. Contrastant nettement avec leurs homologues en costume d'IBM, les dirigeants d'Apple sont fiers de porter des jeans. Apple s'identifie à l'individu, et non à la puissance d'IBM. Apple exploita sciemment ce profil dans sa célèbre publicité télévisée pour le Macintosh, réalisée par le cinéaste britannique Tony Scott et diffusée pendant le Super Bowl, championnat de football américain. Jouant sur des images de *Metropolis,* la publicité montre des gens fixant l'image d'un « Big Brother » grandiloquent, et ne pouvant être libérés que par un athlète olympique brisant l'écran pour faire apparaître le message : « Le 24 janvier, Apple Computer lancera le Macintosh et vous verrez pourquoi 1984 ne ressemblera pas à 1984. » Le modèle Classic photographié ici est l'un des premiers modèles populaires.

COMMUNICATION

Apple eMate 300

1996

DESIGNER : ÉQUIPE DE DESIGN D'APPLE ET JONATHON IVE

MATÉRIAU : PLASTIQUE

FABRICANT : APPLE, CUPERTINO, ÉTATS-UNIS

L'Apple eMate 300 est le premier ordinateur portable d'un genre nouveau, abordable, travaillant en complément des systèmes d'exploitation Mac et des ordinateurs fonctionnant sous Windows dans un environnement d'apprentissage distribué. Développé par des éducateurs pour répondre aux besoins des étudiants et des éducateurs eux-mêmes, le design industriel unique de l'eMate 300 est suffisamment robuste pour résister au transport, au partage et à l'utilisation dans une multitude d'environnements. L'eMate ne pèse que 2 kilos – il est donc facilement transportable – et entre dans un sac à dos. L'eMate utilise le système d'exploitation Newton, de sorte que les données peuvent être introduites à l'aide d'un stylet ou du clavier.

Fondée en 1980, Psion est une firme britannique prospère bénéficiant actuellement de 33 % des parts du marché international des ordinateurs miniaturisés. La Série 3 comprend un assortiment étendu de programmes, parmi lesquels figurent un carnet d'adresses, un agenda et une fonction permettant à l'utilisateur de transférer des données par infrarouge vers un autre ordinateur Psion, et même vers une imprimante.

Frazer Designers s'est chargé de l'ensemble du design industriel et du génie mécanique de l'ordinateur Psion Série 3, surmontant nombre de problèmes relatifs à la taille et au poids. Deux piles AA viennent se loger dans une articulation elliptique indépendante donnant l'impression de relier le couvercle et la base de la machine. Pivotant sur le couvercle et sur la base, la colonne se plie lorsque les battants s'ouvrent, faisant apparaître le clavier. Le Psion Série 3 est un mariage heureux de génie et de design industriel, et représente le summum des efforts consentis par de nombreuses disciplines du design : logiciel, matériel électronique, design d'interface et de produit.

Psion Séries 3c

1996

DESIGNER : FRAZER DESIGNERS

MATÉRIAU : PLASTIQUE

FABRICANT : PSION, LONDRES, ROYAUME-UNI

COMMUNICATION 365

CHAPITRE 13

perspectives

THINGS TO COME

L'AVENIR EST DIFFICILE À PRÉDIRE. Se l'imaginer est toutefois une obsession récurrente du XXe siècle, un propos qui a fasciné les cinéastes, les écrivains de science-fiction, les architectes, les designers et les futurologues. Ironiquement, chaque décennie semble avoir perçu l'avenir comme une version du présent, et bien des illustrations présentées dans ce chapitre ne font que manifester les tendances culturelles et esthétiques de leur temps.

La littérature de science-fiction regorge de représentations futuristes, lesquelles ont, d'une certaine façon, pris corps à travers le design industriel. Le célèbre auteur H.G. Wells est une figure majeure de cette littérature, mais des auteurs plus contemporains tels Isaac Azimov, Arthur C. Clarke et Philip K. Dick, ont également influencé les designers. Leurs scénarios imaginaires ont inspiré bon nombre d'illustrations, de films, de jeux vidéo, et ont aidé à édifier le paysage visuel de l'avenir.

Les bandes dessinées et les innombrables publications populaires offrant des représentations de l'avenir ont également leur importance : elles ont eu une influence considérable sur le design de nombreux vêtements et objets, et ne doivent en aucun cas être dénigrées en raison de leur caractère éphémère. Les artistes se sont

METROPOLIS

aussi aventurés dans l'avenir. Les collages surréalistes de Max Ernst, par exemple, explorent le territoire des rêves prophétiques. Ses œuvres, ainsi que celles d'autres artistes surréalistes et dadaïstes, témoignent d'une fascination démesurée pour les machines complexes et les robots.

Au début du siècle, plusieurs architectes tentèrent de dresser les plans des cités de l'avenir. Puisant leur inspiration dans le potentiel des nouvelles technologies, des architectes comme l'Italien Sant'Elia et Le Corbusier ensuite, ont dessiné des villes constituées d'imposants gratte-ciel reliés par des passerelles. Bien que ces villes n'aient jamais été construites, ces visions ont posé des jalons importants pour les urbanistes après la Seconde Guerre mondiale. Progressivement, dans les plus grandes villes, en particulier à New York et à Brasilia, ces visions commencent à prendre corps. Au XXe siècle, toute exposition majeure et toute manifestation industrielle vise à donner aux gens un aperçu de l'avenir. L'exemple le plus célèbre reste l'Exposition internationale de New York en 1939, qui s'efforçait de montrer comment la technologie allait remodeler l'avenir.

Après la guerre, les gens ont véritablement embrassé l'avenir. Le credo politique et philosophique des années 60 reposait entièrement sur les promesses de la technologie, et le Premier ministre britannique Harold Wilson s'y réfère comme au « paroxysme de la technologie ». Parallèlement, des écrivains importants comme Marshall McLuhan ont commencé à dresser une liste des implications théoriques qu'auraient ces changements sur la nature de la société. Ces changements étaient considérés de manière positive, mais un contre-mouvement de plus en plus puissant, soutenait que la technologie entraînait des effets secondaires dangereux, qu'elle engendrait des problèmes écologiques importants, et qu'ils n'était pas la solution idéale de l'avenir. En réponse à cela, l'imagerie futuriste essaya de montrer que le changement n'avait pas forcément un visage sombre et accablant, et que l'avenir signifiait aussi technologies « douces » et projets impliquant recyclage et réemploi des matériaux.

Ces sentiments partagés quant à l'avenir furent péniblement mis en lumière alors que nous nous apprêtons à quitter le XXe siècle. Chaque fin de siècle constitue un moment important, mais la fin d'un millénaire se charge vite de significations et de prophéties pessimistes. Cette marque temporelle signale l'avènement d'une ère que certains imaginent meilleure, tandis que d'autres craignent le règne de la technologie. Avec cela bien présent à l'esprit, les designers et les firmes dominantes posent des questions cruciales. À quoi ressemblera la vie en 2050 ? Que voudront les gens en matière de design ? Qu'est-ce qui les intéressera et rendra leur vie plus accomplie ? Comment améliorer leur mode de vie ? Quelles seront leurs préoccupations principales ? Aujourd'hui, la vitesse du progrès et la fusion des nouvelles technologies rendent les prévisions de plus en plus hasardeuses. Les grandes firmes, comme Sony, Philips et IDEO, ainsi que les entreprises plus petites comme Tangerine, s'efforcent d'anticiper les tendances. Leurs prototypes de produits, ou leurs concepts « futurs et curieux », proposent des voies, des idées grâce auxquels les nouveaux développements de la technologie peuvent améliorer la qualité de la vie. Les firmes sont également forcées d'admettre que l'innovation technologique pour elle-même n'est plus acceptable et que l'on ne doit pas l'envisager sans faire référence à l'homme. Ils reconnaissent ainsi que les produits et services doivent satisfaire davantage les besoins et les désirs de l'homme. Le design devra refléter le rapport de plus en plus complexe qui existe entre l'homme et la technologie.

Jusqu'à présent, les visions futuristes du XXe siècle se résumaient à des images high-tech où la machine était seule toute-puissante. Mais, l'émergence de préoccupations éthiques et écologiques bouscule ces représentations. Comment, au XXIe siècle, l'interaction entre le high-tech et les technologies dites « douces » façonnera-t-elle les prédictions de la prochaine génération ?

CONCEPT HOME FACSIMILE

SCANNER PORTATIF PHILIPS

KIOSQUE MULTIMÉDIA

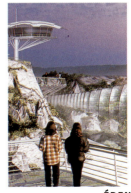

ÉDEN

Une Cité Industrielle

1904

DESIGNER : TONY GARNIER (1869-1948)

Tony Garnier reçut une formation classique aux Beaux-Arts français, où il brilla en remportant le très convoité Prix de Rome. En dépit de sa formation conventionnelle, il réalisa une série extraordinaire de dessins au début du siècle qui constituèrent un modèle de référence pour l'urbanisme du XXe siècle.

Garnier est le premier architecte à avoir produit un plan de ville industrialisée, Une Cité Industrielle, publié pour la première fois en 1917. Plus que tout autre designer, il institua l'idée que les architectes devaient envisager la ville comme un tout et non s'arrêter sur la maison privée ou un grand édifice en particulier. Garnier introduisit un précepte unique, le plus influent dans l'urbanisme : une méthode d'organisation et de régulation de la ville industrielle, à savoir la répartition en zones. Il divisa sa ville imaginaire de trente-cinq mille habitants en divers secteurs, industriel, résidentiel, réservé au transport, au sport et à la santé. C'est cette classification des activités de la vie moderne qui se révéla si influente sur les architectes tels que Le Corbusier dans les années 20.

Garnier comprit aussi que la nouvelle technologie des matériaux industriels pouvait être mise à profit pour créer la cité moderne du XXe siècle ; fait révélateur, il choisit le béton armé pour toutes les constructions. Ses maisons résidentielles à deux étages sont de simples cubes aux formes classiques, préfigurant la ligne moderniste. L'esthétique que Garnier applique aux maisons cubiques simples, bâtiments publics aux encorbellements spectaculaires et son utilisation du béton armé ont établi une norme pour l'urbanisme ultérieur. Sa conception révolutionnaire de la ville n'a toujours rien perdu de son actualité.

La Ville Radieuse

1930

DESIGNER : LE CORBUSIER
(1887-1966)

La Ville Radieuse figure à juste titre parmi les concepts intellectuels les plus influents du XXe siècle. Le Corbusier s'inspira des idées des premiers visionnaires tels que Tony Garnier et Sant'Elia pour élaborer un modèle de ville moderne, organisée pour le plus grand bien de ses habitants. Il s'agit de l'apogée d'une série de plans urbains imaginés par Le Corbusier dans les années 20. La Ville Radieuse se fonde sur la délimitation de zones réservées aux activités principales de la vie moderne et du travail, disposées en une succession de bandes s'étendant à l'horizontale dans le paysage. Particulièrement influente, son idée de stratifier la ville, en plaçant par exemple les voies piétonnières au-dessus de celles réservées aux voitures, eut un impact énorme sur l'urbanisme d'après-guerre. La réunion de l'homme et de la nature était l'un des principes essentiels de l'urbanisme de Le Corbusier. Ses constructions s'élèvent donc toutes au-dessus du sol, sur des pilotis, libérant ainsi la surface pour des espaces « verts ».

Les grandes visions de Le Corbusier avaient un inconvénient majeur : pour fonctionner correctement, ces villes devaient être construites à partir de rien. Cela signifiait, dans la pratique, des zones imposées – désirées ou non par les habitants –, la démolition des bâtiments existants, la suppression de l'histoire et la surveillance de la vie des gens. Alors que Le Corbusier s'éloignait de cette position totalitaire, nombreux sont ceux qui ont souffert des vastes programmes de reconstruction de l'après-guerre basés sur ses projets d'urbanisme, maintenant considérés comme inhumains et brutaux.

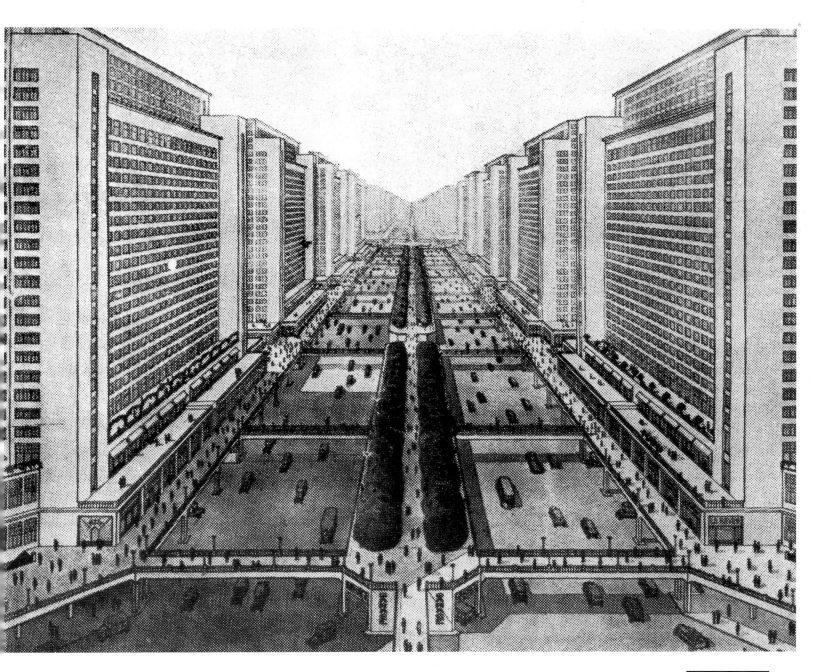

Monument à la 3e Internationale

1919-1920

DESIGNER : VLADIMIR TATLIN (1885-1953)

Le monument de Tatlin est un des projets les plus significatifs produits par un artiste après la révolution bolchevique de 1917. Ce monument devait symboliser la nouvelle société soviétique, les activités qu'il hébergeait étaient censées encourager l'avènement de ce nouveau mode de vie. Au cours des quelques années qui suivirent la révolution, l'État encouragea les artistes à imaginer des moyens de véhiculer la nouvelle idéologie. À l'instar de nombreux artistes russes, Tatlin rejeta les pratiques artistiques de la bourgeoisie et mit ses compétences au service de l'État soviétique.

    La tour devait mesurer 400 mètres de haut et enjamber la Neva à Petrograd (Saint-Pétersbourg). Cependant, avec peu de matériaux et encore moins d'argent, les travaux étaient irréalisables, et cette tour ne fut jamais construite. Le projet comprenait une structure massive, en forme d'hélice double, renfermant trois formes transparentes : un cube hébergeant l'appareil législatif soviétique ; une pyramide pour les administrateurs ; et au sommet, un cylindre, siège d'une base d'informations. Ces bureaux devaient tourner à différentes vitesses pour évoquer le dynamisme de la nouvelle société. Peinte en rouge, la tour symbolisait la révolution, sa flèche rencontrant le cadre représentait la dialectique marxiste. C'était, selon les termes de Tatlin, une « sculpture politique ».

La Città Nuova

1914

DESIGNER : ANTONIO SANT'ELIA (1888-1916)

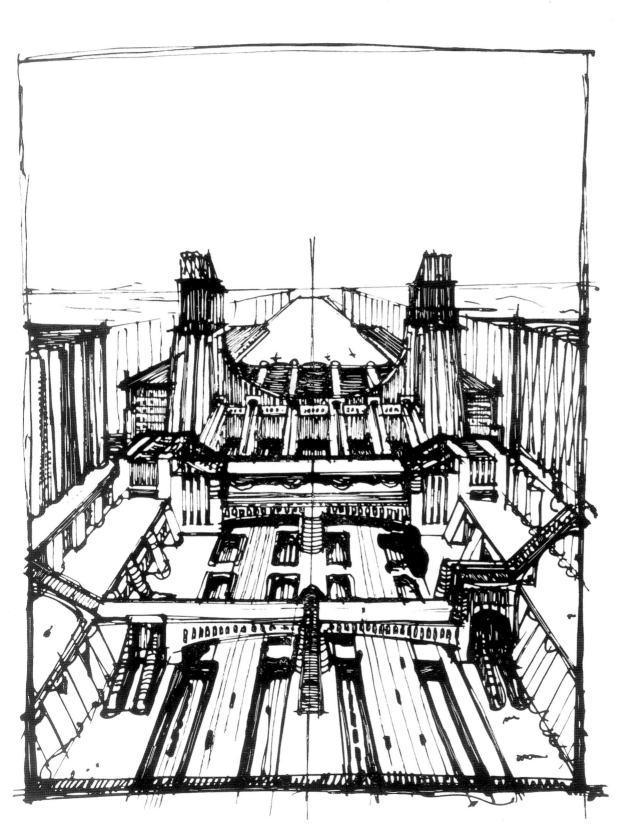

Les futuristes italiens étaient obsédés par l'ère nouvelle, le choquant, le chaotique et le radical. Principal architecte associé à ce groupe, Sant'Elia était également captivé par les proportions, la vitesse, la technologie et surtout la machine. En 1913, il dessina les plans d'une ville nouvelle, exposés l'année suivante aux côtés du *Manifeste de l'architecture futuriste*. La ville de Sant'Elia est loin des conceptions antérieures de Tony Garnier. La Città Nuova présente une conception incroyablement originale de la ville industrielle du XXe siècle. Sant'Elia concevait celle-ci comme une machine géante. Il soutenait qu'un mode de vie mécanisé nécessitait une architecture totalement nouvelle, une approche qui incarnait la vitesse et le progrès et rompait avec le passé. Sa description éloquente de l'architecture comme machine a ensuite été reprise de façon notoire par Le Corbusier.

Sant'Elia avait imaginé de hauts immeubles en béton armé se dressant de manière imposante au-dessus des voies réservées aux transports, reposant sur un réseau électrique et de communications. Ses dessins préfigurent en bien des points l'architecture contemporaine (les cages d'ascenseur sont placées à l'extérieur des bâtiments), et précèdent de soixante-dix ans le travail des architectes modernes, tel Richard Rogers.

Malheureusement, les idées visionnaires de Sant'Elia restèrent à l'état de dessins. Il mourut au champ d'honneur pendant la Première Guerre mondiale.

PERSPECTIVES 371

Things To Come

1936

RÉALISATEUR : WILLIAM CAMERON MENZIES (1896-1957)

Plus que n'importe quel autre écrivain, H.G. Wells fut l'initiateur de la littérature de science-fiction au XXe siècle, et ses conceptions de l'avenir exercèrent une influence considérable. Dans une nouvelle de ses débuts, *The Sleeper Awakes*, Wells imaginait la cité de l'avenir, un aperçu remarquable d'énormes constructions à la charpente métallique, dont l'une préfigurait le travail des architectes modernistes tels que Le Corbusier. *Things To Come*, adapté d'une nouvelle plus tardive de Wells, élargissait ce thème et devint un des films à sensation de la décennie. L'histoire couvre une période de cent ans. Elle commence en 1940, avec une guerre dévastant toute la planète et exterminant une grande partie de l'humanité. Le film se termine sur l'utopie futuriste de 2040, où les souffrances humaines ont disparu, et où le bien-être matériel et spirituel de la population est assuré.

Réalisé par William Cameron Menzies, ce film est connu pour ses remarquables décors évoquant l'avenir, et pour les effets spéciaux extraordinaires de Ned Man (1893-1967). Utilisant des maquettes et des bâtiments pour simuler les dimensions réelles, Man créa également des machines imaginaires, dont des visiophones et des avions à ailes delta qui attaquaient Londres. En 1936, le public anglais a ri à l'idée d'une attaque aérienne de sa capitale. Malheureusement, cinq ans plus tard, cette fiction devint réalité.

Metropolis

1926

**RÉALISATEUR : FRITZ LANG
(1890-1976)**

Produit en Allemagne en 1925, *Metropolis* est un film à très gros budget, les coûts de production s'élevant à près de seize millions de francs. Remarquable pour ses décors futuristes et ses tableaux mettant en scène près de quarante mille figurants, il s'érigea bientôt en film de science-fiction significatif du cinéma muet. *Metropolis* fut à la fois unanimement admiré et extrêmement influent – Hitler et Goebbels furent tous deux fortement impressionnés. En fait, tous les films de science-fiction qui suivirent ont une dette envers sa conception originale de l'avenir.

Dans les premières scènes du film, Fritz Lang dévoile une cité géante du futur – une cité de gratte-ciel brillants et de passerelles, où circulent des avions, où les gens vivent dans le confort, se consacrant à leur développement intellectuel et physique. Bien que le film soit porteur d'un message moral quant à la menace que représente la technologie pour la vie spirituelle de l'homme, la seule alternative à ce progrès est illustrée par les travailleurs de la ville souterraine, qui ne jouissent d'aucune individualité ; ils constituent une foule d'où la personnalité individuelle ne ressort que rarement.

Utilisant un langage cinématographique soigné, *Metropolis* renferme des innovations techniques qui influencèrent Hollywood pendant vingt ans. Le film recourt fréquemment aux lignes irrégulières, à la foule anonyme, aux contrastes de lumière et d'obscurité, à la pénombre et aux silhouettes, procédés dont la plupart servent encore à suggérer des actions mystérieuses et menaçantes ou des émotions. *Metropolis* a instauré un puissant potentiel signifiant pour une image de film, la célèbre scène où le robot au corps féminin scintillant, à la poitrine stylisée et au masque inhumain fait son entrée, en constitue un exemple. Lang modèle également l'espace à l'aide des corps humains et utilise la lumière de manière si intense qu'elle remplace le son.

Édifices Perisphere et Trylon

1939-1940

Exposition Le Monde de demain, New York, États-Unis

Designer : Henry Dreyfuss (1904-1972)

Dans les années 20, les États-Unis devinrent la nation industrielle la plus puissante. Le pays montrait la voie à suivre en matière de nouvelles méthodes de production. Pour les Américains, la machine était non seulement une réalité, mais aussi un puissant symbole d'avenir. En 1939, cette conception se concrétisa dans l'exposition *Le Monde de demain*, organisée à New York. Elle tentait de créer un microcosme futuriste, artificiel où les visiteurs pouvaient pénétrer dans le Monde démocratique d'Henry Dreyfuss, le Perisphere, de 60 mètres de diamètre et le Trylon de 200 mètres de haut. Ces formes géométriques blanches, élancées, promettaient aux visiteurs un mode de vie et un univers rationalisés. Les gens pouvaient s'émerveiller devant les téléviseurs, les robots, les autoroutes transcontinentales, devant la perspective de voyages spatiaux et une gamme d'appareils électroménagers dernier cri. L'impact de l'exposition de New York fut toutefois sévèrement limité par le début de la Seconde Guerre mondiale. Les rêves utopiques concernant l'avenir n'étaient plus à l'ordre du jour, et des préoccupations plus urgentes passèrent en priorité. L'esprit de 1939 tomba en désuétude jusqu'au retour de la stabilité politique et économique, après la guerre.

Cité de l'Avenir

1946

DESIGNER : FRANK R. PAUL (1884-1963)

Tout au long du XXᵉ siècle, la bande dessinée et les livres de science-fiction ont publié des représentations graphiques d'avenirs imaginés. Loin d'être des éléments éphémères ou insignifiants de la culture populaire, ces histoires illustrées ont conditionné bon nombre de nos visions du futur. Des illustrateurs de science-fiction célèbres, tels que Frank R. Paul, ont visualisé l'avenir par le biais du présent, décrivant en réalité les aspirations culturelles de leur temps. Il existe également une corrélation puissante entre ces représentations populaires et le design – qui s'est en effet approprié ce langage visuel créatif, pour l'utiliser à maintes reprises.

PERSPECTIVES 375

Vélo de l'avenir

1946

DESIGNER : BEN BOWDEN
(NÉ EN 1906)

En 1946, le Victoria and Albert Museum de Londres a rouvert ses portes après la guerre avec une exposition de design, intitulée « *Britain Can Make It* » qui attira des milliers de visiteurs. Une des sections qui remporta le plus de succès fut « les Designs de l'avenir » : l'on y voyait une cuisine futuriste, un lit à air conditionné et le Vélo de l'avenir de Ben Bowden.

Jusqu'à ce que l'historien Paul Clarke fasse des recherches sur sa carrière, on savait peu de choses de Bowden. Ingénieur de formation, il était ingénieur en chef chez Rootes, constructeur automobile britannique dans les années 30. Après la guerre, il s'intéressa aux bicyclettes, dont le design était resté pratiquement inchangé depuis les premières années du siècle. Le vélo de Bowden abandonne les tubes en acier au profit d'un cadre creux en alliage, une technique qui ne tarda pas à devenir une norme industrielle pour les vélomoteurs et les scooters. Il était conçu pour fonctionner à l'électricité, à l'aide d'un arbre moteur alimenté par une batterie rechargeable, plutôt qu'à l'aide d'une chaîne. Lorsque le vélo fut exposé au public en 1946, sa nouvelle technologie et sa forme radicale, inspirée, selon Bowden, par la proue du grand paquebot Queen Mary, firent sensation.

Le vélo de Bowden ne fut jamais produit en série. Bowden s'installa aux États-Unis dans les années 50, et il produisit, au cours des décennies suivantes, quelques exemplaires de son engin, rebaptisé Spacelander. Ce vélo entra rapidement dans la légende et est avidement recherché par les collectionneurs.

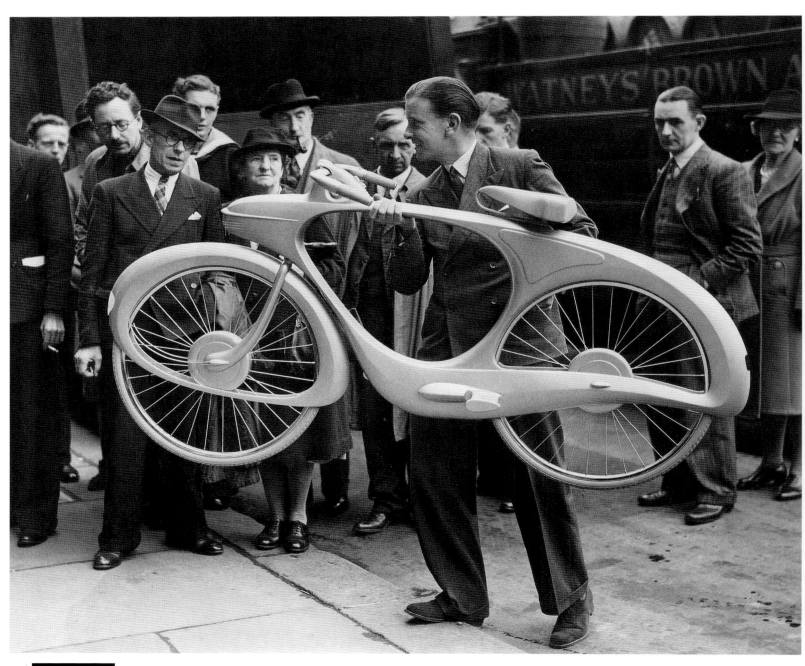

Skylon

1951

DESIGNERS : SIR PHILIP POWELL (NÉ EN 1921) ET JOHN HIDALGO MOYA (1920-1994)

En 1945, le nouveau gouvernement travailliste britannique soutint les plans élaborés par le nouveau Council of Industrial Design Industries, l'actuel Design Council, visant à utiliser le design comme principale stratégie pour la reconstruction de l'économie d'après-guerre. Le plan le plus ambitieux était un festival visant à commémorer le centenaire de la Grande exposition de 1851. Le Festival Of Britain était destiné à donner aux Britanniques un aperçu de l'avenir, et à promouvoir le design britannique au niveau international. On alloua aux organisateurs du festival, dirigés par Hugh Casson, 27 ares de terrain bombardé sur la Rive sud de Londres, et un budget de cinquante-six millions de francs. L'événement capta l'imagination du public. Ouvert en mai 1951, le Festival Of Britain avait accueilli plus de six millions de visiteurs lors de sa clôture en septembre.

Dans le but d'édifier quelques constructions remarquables, le comité du Festival commanda le plus grand bâtiment à coupole au monde, le Dôme de la Découverte, et l'édifice le plus élevé, le Skylon. Conçu par deux jeunes architectes, Powell et Moya, le Skylon dominait le site, sa structure élégante et élastique créant une esthétique qui allait laisser son empreinte sur une nouvelle génération de designers.

PERSPECTIVES 377

Plug-In City

1964

DESIGNER : ARCHIGRAM-PETER COOK (NÉ EN 1936)

Dans les années 60, le groupe Archigram produisit les designs parmi les plus utopiques et les plus futuristes du XXe siècle. Archigram chapeautait un groupe de jeunes architectes britanniques regroupant Ron Herron, Warren Chalk, Dennis Crompton, Peter Cook, David Green et Michael Webb. Ils se sont rassemblés, partageant le même enthousiasme pour le travail des futuristes italiens, la nouvelle culture pop de la science-fiction, de l'ère spatiale, du consumérisme, et pour leur maître à penser, Buckminster Fuller. Ils pensaient que l'architecture classique était trop liée à l'histoire, à la tradition, et voulaient la remplacer par une architecture correspondant davantage à leur époque. Ils créèrent la revue Archigram afin de publier leurs projets et de revivifier leur discipline. Selon eux, l'architecture ne devait nullement prétendre à la permanence en arguant que si la société et les gens changeaient, leurs constructions devaient aussi évoluer.

Les projets présentés dans les pages d'Archigram sont centrés sur une architecture éphémère tirant ses représentations de la nouvelle technologie. Exemple type de cette conception, la Plug-In City de Peter Cook, datant de 1964, qui offrait une structure de services fondamentaux, tels que l'eau et l'électricité, auxquels pouvaient se connecter des éléments habitables uniformisés. Bien que le travail de ce groupe soit resté à l'état conceptuel, il eut un impact très important sur les architectes majeurs de ces vingt dernières années, dont Richard Rogers et Nicholas Grimshaw.

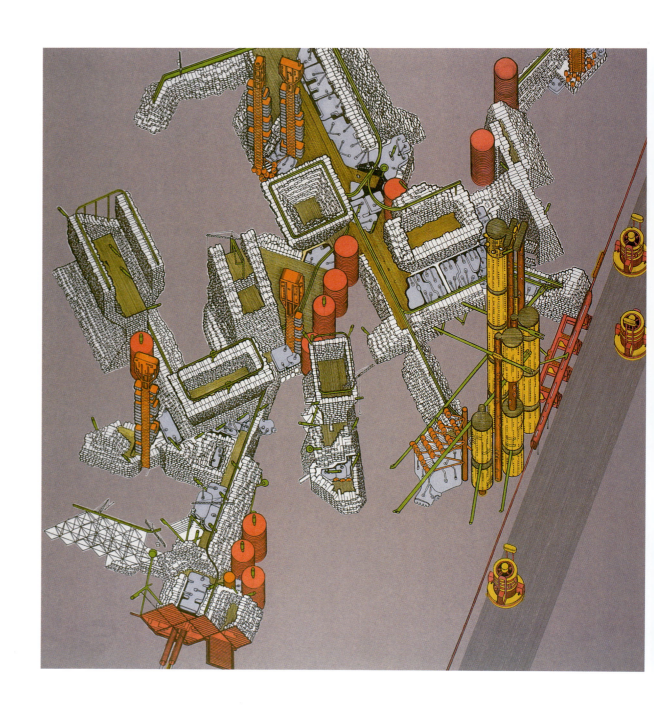

Maison de l'avenir

1956

DESIGNER : ALISON SMITHSON (1928-1993) ET PETER SMITHSON (NÉ EN 1923)

Ce couple formant équipe appartenait à une jeune génération d'architectes britanniques d'après-guerre, inspirée par le mouvement moderne. Leur interprétation du modernisme, utilisant les nouveaux matériaux et les nouvelles méthodes de construction développés dans les années 30, se fit connaître sous la dénomination de *New Brutalism*, en raison de ses formes intransigeantes à base de poutres d'acier apparentes et de béton brut. Ils désiraient toutefois retravailler les concepts du mouvement moderne pour les adapter à leur époque et à la société des années 50, axée sur le consumérisme. Les Smithson comptent parmi les théoriciens de l'architecture les plus importants de la Grande-Bretagne d'après-guerre. La Maison de l'avenir illustre la manière dont ils concevaient la maison moderne de l'âge nouveau. Bâtie pour l'exposition populaire « Ideal Home », elle obéit à leur principe de la maison conçue comme appareil visant à faciliter les activités quotidiennes. Elle est moulée dans du plastique pour former des murs internes fluides faciles à nettoyer. Les luminaires et les installations sont entièrement encastrés dans les surfaces murales. Parmi les concepts visionnaires figurent la cuisine, rationalisée et aménagée pour préparer non pas une cuisine traditionnelle mais des repas préemballés, et les installations sanitaires compartimentées, comprenant une baignoire en plastique encastrée et une douche ressemblant à une nacelle. L'idée des Smithson que l'architecture peut être un produit de consommation jetable s'avéra extrêmement influente, et leur mobilier ainsi que les installations en plastique moulé eurent un profond impact sur le design des années 60.

Barbarella

1967

RÉALISATEUR : ROGER VADIM
(NÉ EN 1927)

Barbarella proposait une vision pop de l'avenir. Différente de l'image classique, austère, que l'on trouve dans des programmes télévisés tels que *Star Trek*, elle s'inspirait de la culture pop. Les intérieurs mettaient en vedette un lit en satin, des murs garnis de fourrure, des meubles gonflables et des environnements pris dans une énorme membrane en plastique.

Barbarella était en avance sur son temps et inspira l'avant-garde architecturale par son exploration des espaces d'installation : les zones courbes, flexibles et constamment adaptables répondaient aux travaux expérimentaux de nombreux designers des années 60, comme Verner Panton et Joe Columbo.

Les nouveaux matériaux, tels que la mousse de polyuréthane soufflée et le PVC, conduisirent aux formes étonnamment sexuelles du mobilier, galbé, recouvert de tissu vivement coloré et bien tendu. Ces designs pop rencontrèrent un large public au travers de films tels que *Dr No* et *Barbarella*. Le cinéma créa, de la sorte, quelques-unes des visions futuristes qui marquèrent la décennie.

Mode future

1967

DESIGNER : PIERRE CARDIN
(NÉ EN 1922)

Dans les années 60, les couturiers parisiens prirent conscience de la révolution stylistique qui affectait la mode. Les grandes maisons de couture ne tardèrent pas à chercher de nouvelles définitions de la femme moderne. Dans ce contexte, les représentations de l'avenir jouèrent un rôle primordial. Leurs lignes comprenaient des combinaisons-pantalons d'une pièce, des lunettes de soleil à visière et des casques, comme les vêtements futuristes créés en 1967 par Pierre Cardin, représentés ci-dessous. En 1964, Courrèges fut le premier couturier à inclure la minijupe dans sa collection, et sa ligne, « la fille de lune », présente des bottes en plastique blanc et une combinaison noire et blanche superbement coupée, s'inspirant de la géométrie du Pop Art.

Les nouveaux matériaux fascinaient. La collection de Paco Rabanne comprenait des minis en cotte de mailles, faites de carrés de Plexiglas, métal et acrylique aux couleurs vives. Fort de sa tradition, Paris ne tarda pas à reprendre la tête du peloton de la mode des années 60.

Maison Wichita

1946

DESIGNER : RICHARD BUCKMINSTER FULLER (1895-1983)

Bien qu'il n'ait jamais officiellement étudié l'architecture, Buckminster Fuller reste une figure influente riche et originale du design et de l'architecture du XXe siècle. Basée sur la nouvelle technologie, sa conception proposait une alternative à ce que lui et d'autres commençaient à considérer comme la représentation la plus symbolique de la modernité dans les constructions d'architectes tels que Mies van der Rohe et Le Corbusier.

En 1927, il édifia une maison qu'il appela Dymaxion, un terme dérivé de la combinaison des concepts « dynamisme et efficacité ». Utilisant des éléments préfabriqués, cette maison, d'un futurisme saisissant, était, selon Buckminster Fuller, le siège idéal d'un mode de vie amélioré grâce à la technologie. Son approche aura une profonde influence sur les jeunes architectes d'après-guerre. Ils admiraient cet inventeur non conformiste, dont le travail n'appartint jamais entièrement au courant dominant.

La maison Wichita, conçue en 1946, est le prolongement des idées antérieures de Buckminster Fuller et répond à l'esthétique de la machine. L'utilisation d'éléments d'usine reflète le début de l'ère de la consommation, les promesses de l'avenir, et le potentiel de la nouvelle technologie. Il est à peine surprenant que les constructions de Buckminster Fuller en dôme géodésique et ses écrits nombreux aient inspiré la culture des années 60, vouée à l'exploration de l'avenir.

The Gutenberg Galaxy

1962

AUTEUR : HERBERT MARSHALL MCLUHAN (1911-1980)

ÉDITEUR : ROUTLEDGE ET KEGAN PAUL, LONDRES, ANGLETERRE

En 1951, Marshall McLuhan, universitaire canadien, publia *The Mechanical Bride*, une analyse unique de la publicité américaine. En 1962, il s'interrogea sur les changements fondamentaux engendrés par l'électronique et écrivit *The Gutenberg Galaxy*. Avec ces deux ouvrages, Marshall McLuhan devint l'analyste le plus important de son temps. Il pensait que les nouveaux moyens électroniques rétabliraient le sens de la collectivité dans une société fragmentée, unissant l'humanité dans un « village planétaire ». McLuhan affirmait que les nouvelles technologies de la communication réaménageraient les appréhensions de la réalité en modifiant la perception que l'homme a du temps, de l'espace et de lui-même. Ses théories sont denses et complexes, mais ses écrits ont toujours une dimension spirituelle, presque mystique, extrêmement attrayante pour la contre-culture des années 60. De plus, il avait un talent unique pour muer en « slogans » ses titres de livres et certaines de ses déclarations : « *The medium is the message* » devint une expression consacrée. Dans les années 70, les idées de McLuhan tombèrent en disgrâce. Toutefois, son œuvre a récemment retrouvé une certaine faveur et son statut de maître à penser est assuré.

Blade Runner

1982

RÉALISATEUR : RIDLEY SCOTT
(NÉ EN 1929)

Plus que tout autre film des années 80, *Blade Runner* instaura un paysage visuel de la ville futuriste qui continue à dominer l'imagination populaire. Adapté de la nouvelle de Philip K. Dick *Do Androids Dream Of Electric Sheep ?*, ce film a pour vedette un Harrison Ford cynique, dont le métier est de mettre à la retraite les « répliquants », des androïdes ayant un instinct humain de survie, dans le Los Angeles surpeuplé de 2019. Les premières scènes célèbres montrent une cité dominée par des publicités projetées sur les gratte-ciel, envahie de véhicules volants, le tout constituant une vision oppressante, sombre et chaotique de la ville.

Blade Runner, dont le directeur artistique n'est autre que Douglas Trumbull, qui travailla pour le film culte *2001, l'Odyssée de l'espace* (1969), influence toujours le cinéma, la publicité et le design de la mode. Les effets proviennent d'une espèce d'architecture en superposition, constituée de bâtiments et de gratte-ciel prolongeant des constructions existantes. Pour créer cette cité lugubrement oppressante, les couches de structure s'accumulent de manière à saturer l'écran d'informations visuelles. Les détails foisonnent dans tous les sens, d'où l'opinion que *Blade Runner* fut plutôt un film conçu que filmé.

Eve Machina

ANNÉES 1980

DESIGNER : GK DYNAMICS INCORPORATED, TOKYO, JAPON

Dans les années 80, le design de l'Eve Machina s'inscrivait dans une vaste tentative d'humaniser l'esthétique industrielle de la machine. Le choix du nom n'est pas le fruit du hasard : Ève se réfère à la première femme, associée au fruit défendu, et GK Dynamics décrivait la moto comme un « jouet de l'amour ». Ce design surprenant du prototype, dû au plus grand groupe de design industriel, ne suggère rien moins qu'une femme et une machine unies dans l'acte sexuel, renforçant ainsi les liens étroits entre la moto et la puissance sexuelle masculine. Évoquant fortement les sculptures d'Allen Jones dans les années 60, le concept a soulevé de nombreuses critiques pour sa représentation de la femme soumise.

Concept Home Facsimile

1996

DESIGNERS : TANGERINE-
MARTIN DARBYSHIRE
ET PETER PHILLIPS

MATÉRIAUX : PLASTIQUES

Le bureau d'expertise en design de produits Tangerine fut créé en 1989. Les designers de Tangerine cherchent à étendre les possibilités des produits qu'ils conçoivent, des fabricants qui les produisent et des utilisateurs qui les achètent. Ils constituent un exemple peu fréquent d'une jeune entreprise de design britannique ayant déjà acquis une renommée internationale pour des ordinateurs, téléphones et télécopieurs novateurs, pensés pour des clients comme Apple, Hitachi et LG Electronics.

Le Home Facsimile fut conçu pour un usage privé. Cette fonction mena Tangerine à remettre en question le format interne des télécopieurs existants afin de créer un produit « niche » attrayant. Ce télécopieur occupe une place réduite tout en ayant une fonction décorative, agrémentant l'intérieur de la maison. Il peut également envoyer n'importe quel format de document, qu'il s'agisse d'un livre, d'une photographie, d'un agenda ou de notes manuscrites personnelles.

Concept Microwave Oven

1996

DESIGNER : FRAZER DESIGNERS, LONDRES, ANGLETERRE

MATÉRIAU : PLASTIQUE MOULÉ

Le Concept Microwave Oven pose une seule et unique question : pourquoi les fours à micro-ondes se ressemblent-ils tous ? Le micro-ondes de forme cylindrique fournit la base d'une création unique, par laquelle le produit se distingue sur un marché générique. La principale innovation est une porte cylindrique coulissant dans le coffre. L'accessibilité s'en trouve améliorée et la porte s'ouvrant devant le four, au-dessus de la surface de travail – caractéristique périlleuse, inconvénient majeur des modèles existants – n'est plus nécessaire. Comme la cavité cylindrique du four suit le plateau tournant, les dimensions en sont réduites.

Le coffre extérieur du micro-ondes est fabriqué en plastique, de grandes formes souples remplacent ainsi les lignes dures et non conviviales des plaques métalliques pliées. Le plastique permet des formes moins techniques et plus douces. Les fixations sont solidaires, ce qui rend l'assemblage rapide et simple, simplifiant également le démontage en vue du recyclage. Les touches de commande sont disposées de façon « intuitive », en ligne, de sorte que la programmation commence à gauche et progresse vers la droite. Ce concept annonce un abandon manifeste des cuisines entièrement aménagées au profit d'équipements libres, originaux et élégants, caractéristiques des années 90.

PERSPECTIVES 387

Système de visualisation des informations Crystal Mu MDV

1996

DESIGNERS : TKO – ANNE GARDENER (NÉ EN 1961), ANDY DAVEY (NÉ EN 1962) ET NEC DESIGN LTD. – JUNKO MISAWA (NÉ EN 1965)

MATÉRIAUX : AFFICHAGE À CRISTAUX LIQUIDES, PLASTIQUES ET MÉTAL

FABRICANT : NEC DESIGN LTD, JAPON

Les designers de TKO devaient produire un nouvel écran pour ordinateur doté de l'affichage à cristaux liquides transparent et contrôlé par un ordinateur portable. NEC prévoit que l'unité sera utilisée dans les musées et les galeries ainsi que dans les salles d'exposition et les magasins.

Crystal Mu peut présenter les objets en 3 D et les données informatiques en même temps. L'écran à cristaux liquides transparent peut afficher en couleurs les graphiques, le texte, et les objets en 3 D peuvent s'afficher derrière la fenêtre et être vus au travers.

NEC et TKO désiraient créer un objet de visualisation décoratif en soi. Le concept de transparence était essentiel pour effacer les frontières entre l'art et la technologie, l'apparence des objets physiques et l'affichage de données électroniques.

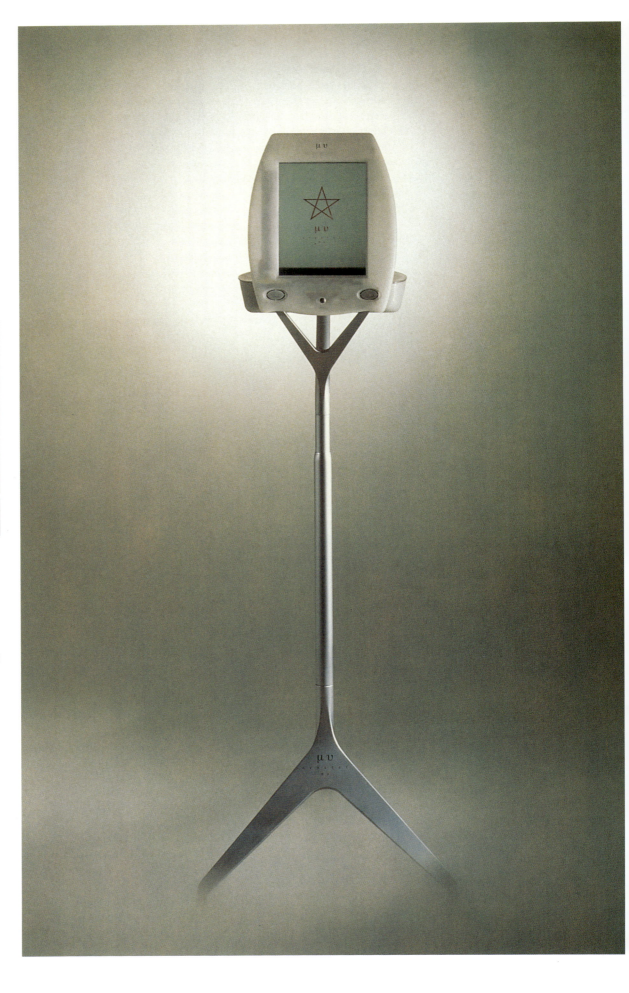

Ordinateur multimédia TotalMedia

1997

DESIGNER : IDEO, SAN FRANCISCO, CALIFORNIE, ÉTATS-UNIS

L'ordinateur TotalMedia est un concept qui n'a jamais été destiné à la production. Il résulte d'un exercice mené en collaboration avec Samsung en vue de concevoir un ordinateur « repoussant les limites de la technologie multimédia domestique ». Samsung et les bureaux californiens d'IDEO, dirigés par Jochen Backs, conçurent TotalMedia comme un appareil multimédia convivial, pour le domicile et le bureau à domicile.

Il s'agit d'un hybride de l'ordinateur, d'un système audio, de la télévision, d'un système vidéo et d'une console de jeux. Un caméscope et un micro réglables sont également incorporés à l'intérieur. Un appareil téléphonique télécommandé permet à l'utilisateur d'accéder à l'écran à distance ainsi que de recevoir ou de passer des appels téléphoniques. IDEO est un bureau international d'expertise en design de produits fondé en 1969 et ayant des bureaux à Londres, Boston, Chicago, San Francisco et Tokyo. Cette société emploie maintenant trois cents personnes à travers le monde. Ses clients comprennent Apple, Black & Decker, British Telecom, Hoover, Nike, Samsung et Whirlpool.

Vision Project

1997

DESIGNER : IDEO, SAN FRANCISCO, CALIFORNIE, ÉTATS-UNIS

IDEO est un bureau d'expertise en design qui se consacre au développement de produits et d'environnements recourant aux technologies futures, à l'informatique de pointe et au design ergonomique. Le Refreshment Wall fait partie du Vision Project, entrepris par le bureau de San Francisco d'IDEO. Ce projet pose un regard neuf sur les halls de réception et propose une solution originale aux problèmes quotidiens des consommateurs. Le point de départ de cette exploration est la prise de conscience que les espaces de transit séparant l'extérieur de l'intérieur conditionnent en grande partie la relation entre le client et l'entreprise.

Le design comporte trois environnements qui mettent bien en évidence l'esprit de marque d'IDEO. La réception Vision Project est un complexe de dispositifs encastrés ne nécessitant pas de personnel : l'Information Wall, le Refreshment Wall et le Communication Wall. Les visiteurs sont libres de choisir leur niveau d'implication. Sur le plan pratique, ils peuvent prendre une revue auprès de l'Information Wall interactif, recevoir un verre d'eau auprès du Refreshment Wall ou demander un conseil auprès du Communication Wall. Mais c'est le côté le-designer-rencontrant-l'inventeur de l'expérience, et l'élément essentiel de découverte et de surprise qui expriment la véritable personnalité d'IDEO et la manière dont ce cabinet appréhende le design. Le Refreshment Wall est à la fois cérémonieux, très pointu technologiquement et fonctionnel.

Les premiers jeux informatiques furent développés dans les années 70 pour les téléviseurs. C'étaient des jeux élémentaires et simples « de raquette et de balle », mais ils offraient une certaine interaction, bien que limitée, avec le joueur. La technologie s'améliora, et presque inévitablement, les jeux affichèrent une violence graphique grandissante, et des thèmes populaires pour enfants. Ceci, combiné au temps que les enfants passent à jouer, suscita la préoccupation des groupes de parents et de pédagogues. Néanmoins, au travers de ces expériences, les enfants entraient en contact avec les mondes fantastiques de l'avenir, de la même manière que leurs parents et grands-parents avaient lu les bandes dessinées de Superman et vu les premières émissions télévisées présentant Batman et Robin. Final Fantasy est un jeu vidéo Sony conçu pour la console PlayStation, lancée en 1996.

La nouvelle technologie de la PlayStation représente un pas supplémentaire dans la sophistication des jeux vidéo pour enfants. La technologie utilise un maximum d'images en 3 D pour le jeu, l'animation, les scènes de combat rapides, les vues aériennes et les centaines d'images générées par ordinateur. Ces jeux donnent aux enfants ce que Sony appelle une « expérience d'immersion », et une occasion de visiter toute une série de « mondes uniques » créés par l'un des plus célèbres designers de l'industrie, Hironbu Sakaguchi, dont la firme, Squaresoft, est l'une des principales sociétés de développement de jeux.

Après le lancement de Final Fantasy au Japon en 1997, deux millions d'unités – chiffre incroyable – furent vendues au cours des trois premières années.

Final Fantasy V11

1997

DESIGNER : HIRONBU SAKAGUCHI

FABRICANT : SONY COMPUTER ENTERTAINMENT EUROPE

Nurse Work Station

1997

DESIGNER : PHILIPS FUTURE PROJECT, EINDHOVEN, PAYS-BAS

Ce prototype fut développé dans le cadre du projet Vision of the Future de Philips. L'objectif général du projet était de cerner le plus précisément possible ce que les gens percevraient comme utile, désirable, bénéfique dans l'avenir – d'élaborer une carte technologique des besoins et aspirations des gens et, notamment, des qualités qu'ils apprécieraient dans les produits et services futurs.

Dans les hôpitaux, il y a un besoin crucial de matériel informatique portable, et ce besoin va s'accroître. Ces appareils seront utilisés par les médecins et les infirmières en déplacement, mais également dans les zones de travail où les appareils portables peuvent être rechargés et utilisés. Les tablettes de travail du Work Station proposent des communications vidéo et un accès à l'information, remplaçant les actuels diagrammes fixés sur une écritoire à pince. Elles peuvent rassembler toutes les informations sur le patient, comme les scanographies, les notes, les détails relatifs à la médication et un monitorage immédiat. Hygiéniquement enfermés dans un plastique transparent, les écrans tactiles peuvent être utilisés au poste de travail comme instrument général d'accès à l'information ou au chevet du patient pour le monitorage, les communications et la consultation de références pendant l'examen médical.

Appareil-photo Blink Concept Digital et album photo électronique

1997

DESIGNER : TANGERINE — MARTIN DARBYSHIRE ET PETER PHILLIPS

Tangerine choisit de concevoir le prototype d'un appareil-photo numérique facile à utiliser, permettant même au photographe le plus inexpérimenté de prendre de belles photos. Le viseur de l'appareil est un grand affichage LCD grâce auquel le photographe peut faire le point sur l'image exacte qu'il désire immortaliser sans avoir à porter l'appareil devant son visage. Une fois prises, les photos sont stockées numériquement sur une cartouche scellée, rendant l'exposition des photos impossible et le développement traditionnel des films superflu. La cartouche se retire simplement de l'appareil-photo et se glisse dans un album photo électronique, où les photos s'affichent dans un format légèrement supérieur sur un écran plat. Il fournit à l'utilisateur un moyen de regarder les photos et offre la possibilité de les retoucher pour atteindre un effet optimal.

Scanner portatif Philips

1997

DESIGNER : PHILIPS, EINDHOVEN, PAYS-BAS

Ce produit fut développé comme scanner et terminal de communication portatif pour le personnel médical ambulant. Lorsque l'équipement de diagnostic essentiel comme les scanners à résonance magnétique seront plus petits, on aura des unités mobiles complètes. Les patients pourront être examinés et traités sur le terrain ou dans l'ambulance, ce qui économisera un temps précieux. Ce système offre une liaison par réseau entre les auxiliaires médicaux de l'ambulance, ou le personnel ambulant de l'hôpital et leur base, permettant un accès direct auprès des spécialistes et aux données médicales. Les unités mobiles doivent aussi pouvoir traiter un patient, et décider de le libérer sur-le-champ, soulageant ainsi la pression sur les hôpitaux et éliminant le coût des hospitalisations superflues. Les « hôpitaux mobiles » comme ceux-ci peuvent également agir comme des unités autonomes se rendant dans des endroits éloignés pour apporter leur assistance en cas d'urgence ou de visites de dépistage périodiques.

La recherche technologique fut menée à la fois au sein du groupe Philips et en liaison des études menées au Japon et en Allemagne. Afin de comprendre comment les gens vivront dans un avenir proche, les informations ont été rassemblées à partir d'instituts de prévision des tendances, tels que le Research Institute for Social Change (RISC). Philips a identifié ce qu'il appelle des « sensibilités », les nouvelles attitudes, préoccupations et inquiétudes de la société.

Kiosque multimedia Philips

1997

DESIGNER : PHILIPS, EINDHOVEN, PAYS-BAS

Ce prototype de kiosque multimédia est une cabine téléphonique publique modifiée, permettant à l'utilisateur d'accéder aux services du téléphone et au visiophone. Les cabines téléphoniques pourraient être facilement remplacées par des kiosques multimédia améliorés, en profitant du câblage téléphonique existant. Les kiosques pourraient être offerts comme service public et jouiraient d'une nouvelle identité, grâce à laquelle on les reconnaîtrait comme lieu de communication et d'accès à l'information. Le concept permet à l'utilisateur d'effectuer différentes tâches simultanément dans un environnement sûr et privé. Le temps passé dans le kiosque et les services utilisés seraient facturés et débités directement du compte bancaire de l'utilisateur. Par l'entremise d'un visiophone à écran large, il serait possible, par exemple, de réserver des vacances auprès d'un agent de voyages, de prendre des dispositions pour effectuer des paiements ou obtenir des devises étrangères auprès d'une banque, et prendre rendez-vous chez le médecin pour une piqûre. Les informations utiles pourraient également être imprimées et emportées.

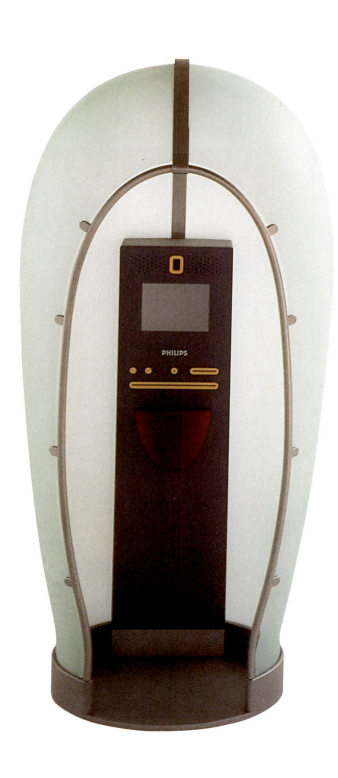

Millennium Tower

1995-1997

DESIGNER : FOSTER ASSOCIATES, LONDRES, ANGLETERRE

La Millenium Tower, à Londres, fournira des bureaux, des espaces de transactions, des magasins, des restaurants, des cafés, des jardins suspendus et une galerie publique offrant une vue panoramique de Londres du haut de son atrium vitré s'élevant à 300 mètres du sol. Trafalgar Square Property Ltd, ayant commandé le projet, a déposé une demande de permis de construire auprès de la municipalité de Londres en 1996. Le permis a d'abord été refusé, et les architectes ont commencé à retravailler le plan. Dessinée par sir Norman Foster pour être le plus haut édifice d'Europe, la tour est un bâtiment de quatre-vingt-quinze étages destiné à être construit sur le site Baltic Exchange, fortement endommagé par l'explosion d'une bombe de l'IRA en 1992. La Millenium Tower dépassera la tour principale de Canary Wharf de 250 mètres, jusqu'à présent l'édifice le plus haut de Grande-Bretagne, et la Commerz-Bank, de 300 mètres, située à Francfort.

La tour est une série continue de courbes, constituées de verres de types différents qui se modifient au cours de l'année en fonction de la lumière solaire, présentant de la sorte un aspect changeant. Le sommet se divise en deux nageoires caudales de hauteurs différentes, garantissant ainsi que chaque vue du bâtiment est unique. Le hall vitré de deux étages et l'esplanade devant la tour donnent au rez-de-chaussée un aspect clair et spacieux. Des stratégies d'économie d'énergie assurent que l'édifice respectera l'environnement.

Éden

ACHEVÉ EN L'AN 2000

ST AUSTELL, CORNOUAILLES, GRANDE-BRETAGNE

ARCHITECTE : NICHOLAS GRIMSHAW & PARTNERS, LONDRES, ANGLETERRE

Financé par la UK Millenium Commission, le projet Éden rassemble une équipe d'architectes, d'ingénieurs, d'experts et de gestionnaires de projet unanimement appréciés, afin de créer un centre environnemental du nouveau millénaire.

Situé en Cornouailles, ce centre consistera en un groupe de serres séparées dénommées « biomes ». Chacune reconstituera un aspect différent de l'environnement terrestre : par exemple, la forêt tropicale humide, le désert et la Méditerranée. Le but est de plonger les visiteurs dans ces constructions sans qu'ils prennent conscience de la carcasse extérieure qui les entoure. Chacun des biomes sera construit en fonction des nécessités requises par l'environnement qu'il recrée, et tirera un profit maximal de la lumière selon les plantes qu'il contient.

Les biomes seront également construits pour s'adapter à leur climat spécifique ; le cadre permet des modifications en fonction des nécessités. À cet effet, la structure se doit d'être légère et flexible. Les tringles de soutènement seront en acier et l'enveloppe sera élaborée dans un film transparent, au-dessous duquel reposeront des coussins pneumatiques munis de détecteurs réagissant aux changements climatiques.

index

Aalto, Aino Marsio 164
Aalto, Alvar 40, 56, 118, 164, 174
Abrams, Mark 21
Aérogare de la TWA 61
Affiche AEG 315
Affiche de l'exposition du Salon des Cent 314
Affiche de l'exposition Sport 90 274
Affiche de la Cranbrook School of Art 267
Affiche London Transport 317, 318
Aga, Nouvelle cuisinière classique 204
Air France 322
Ando, Tadao 68, 96
Androgynie 32
Appareil photo concept digital et album photo électronique 393
Apple eMate 300 364
Apple Macintosh 363
Arad, Ron 137
Armani, Giorgio 9, 31
Arnott, Richard 339
Ascanio, Corradino (d') 236
Aspirateur Electrolux 199
Asplund, Gunnar 40, 57
Aulenti, Gae 135
Autopsie d'un meurtre 257

b

Bache, David 240
Baladeur Sony 348
Banque de Hong Kong et Shanghai 64
Banque Nationale Danoise 88
Barbarella 380
Barnack, Oscar 355
Barnbrook, Jonathan 277
Barney's 95
Barragan, Luis 41, 102
Bartle Bogle Hegarty 328, 329
Bass, Saul 257
Bayer, Herbert 252
Behrens, Peter 50, 142, 196, 217, 315
Bel Geddes, Norman 205
Bellini, Mario 132, 347
Benson & Hedges 326
Benson, William Arthur Smith 142, 145
Bertoia, Harry 126
Biba 262
Bicyclette Dursley-Pedersen 234
Billet d'un million de marks 252
Blade Runner 384
Blomberg, Hugo 337
Borsani, Orsaldo 124
Boîte à œufs 290
Boîte de soupe Campbell's 288
Bouilloire électrique AEG 217
Bouilloire K2 216
Bouilloire sifflante 9093 191
Boulanger, Pierre 229
Bouteille 7up 295
Bouteille Budweiser 296
Bouteille Coca-Cola 294
Bouteille d'eau Ty Nant 306
Bouteille d'huile d'olive Harvey Nichols 308
Bouteille de lait 291
Boutique Joseph 92
Bowden, Ben 376
Brandt, Marianne 148
Branson Coates Practice 98
Breuer, Marcel 113
Brionvega noir ST/201 351
Brody, Neville 271, 276
Bruton, D. M. R. 220
Buffet Carlton 133
Burberry 14
Bureau Action 128
Bureaux d'Imagination 93
Bureaux de Chiat Day 105
Bus Greyhound 232
Bus Routemaster 233

c

Cacahuètes Planters 298
Cadillac 239
Calatrava, Santiago 71
Calvert, Margaret 263
Cameron, William 372
Campagne contre la toxicomanie 331
Canard WC 292
Canette de bière Sapporo 307
Canon CB10 358
Canon Ixus 359
Capsule spatiale Apollo 244
Caractère Drone 277
Caractère Uck N Pretty 272
Carafe Ginevra 193
Cardin, Pierre 381
Carson, David 275
Casa Batlló 44
Casa del Fascio 54
Casa Devalle 86
Casa Malaparte 87
Casa Neuendorf 100
Cassandre, A. M. 316
Cassini, Oleg 23
Castiglioni, Achille 151, 153, 154, 156, 342
Castiglioni, Livio 152, 188
Castiglioni, Pier Giacomo 151, 154, 188, 342
Castle Drogo 45
Catalogue Galt Toys 259
CDP 326
Carwardine, George 149
Centre Pompidou 63
Chaîne hi-fi stéréo RR126 342
Chaîne hi-fi Totem 347
Chaise 4867 130
Chaise Cab 132
Chaise Cesca (B32) 113
Chaise de table, modèle 3a 121
Chaise fourmi 119
Chaise longue P40 124
Chaise Landi 120
Chaise No. 14 108
Chaise Superleggera 122
Chambre à coucher Letchworth 110
Chanel, Coco 8, 13, 17
Chareau, Pierre 52
Chrysler Building 41, 46
Ciokajlo, Liz 339
Cité de l'avenir 375
Citroën 2CV 229
Citron Jif 293
Coates, Wells 340
Cocotte minute Prestige 65 180
Colani, Luigi 358
Collants Wolford 332
Colonne de lumière 163
Columbo, Joe 130
Combiné téléphonique pour Internet Proficia 339
Concept Home Facsimile 386
Concorde 243
Conran, Terence 89
Cook, Peter 378
Coray, Hans 120
Couteau suisse 218
Couverts Caccia 188
Couverts Combination 209
Couverts Odeon 189
Couvertures des livres Penguin 254
Cuisinière électrique Oriole 205
Culture hippie (La) 26

d

Dalen, Gustaf 204
Davidson, Arthur 235
Deganello, Paolo 131
De Lucchi, Michele 162, 194
De Pas, Jonathan 129
Design japonais (Le) 30
Designers Republic 273
Dior, Christian 8, 20
Dixon, Tom 136
Dominioni, Luigi Caccia 188
Dorn, Marion 176
Double cyclone Dyson 200
Douglas, Donald Wills 242
Douglas DC-3 242
Doyle, Dane, Bernbach 325
Dresser, Christopher 166
Dreyfuss, Henry 231, 374
Du Pasquier, Nathalie 192
Durrant, A. A. M 233
Dyson, James 200

e

E.1027, desserte 117
Eames, Charles 60, 125
Eames House 60, 125
Eames storage unit 421-C 125
Earl, Harley 239
École d'art de Glasgow 43
École du Bauhaus 51
Éden 397
Édifices Perisphere et Trylon 374
Elsner, Carl 218
Elsner, Victoria 218
Empire State Building 41, 47
Ensemble de cuisine A7-1700 224
Ergonomi Design Gruppen 209
Ericofon 337
Esslinger, Harmut 363
Étiquette de vin Artlantic 309
Eve Machina 385
Excoffon, Roger 261, 322

f

Falling Water 58
Family Dog 324
Fauteuil AEO 131
Fauteuil Blow 129
Couverts Caccia 188
Fauteuil, Modèle Petit Confort 116
Fauteuil Powerplay 139
Fauteuil Rouge et bleu 112
FedEx 300
Final Fantasy V11 391
Flacon de parfum Chanel No.5 304
Flacon de parfum L'Eau d'Issey 305
Fourreau 16
Ford, Henry 228
Ford Modèle T 228
Foster, Norman 64, 134, 396
Frank, Josef 186
Frattini, Gianfranco 152
Frazer Designers 365, 387
Friedlaender-Wildenhain, Marguerite 172
Frogdesign 363
Frutiger, Adrian 255
Fuller, Richard Buckminster 41, 382
Fuse 276

g

Galliano, John 36
Games, Abram 260
Garland, Ken 259
Garnier, Tony 368
Garrett, Malcolm 274
Gaudí, Antoni 44
Gaultier, Jean-Paul 33
Gehry, Frank 66, 139
Getty Center 72
Gibigiana 156
Gigli, Romeo 9
Goldfinger, Erno 83
Grand Salon d'un Collectionneur 78
Grange, Kenneth 215
Graves, Michael 191
Gray, Eileen 53, 81, 117
Greene, Charles Sumner 77
Greene, Henry Mather 77
Griffin, Rick 265, 324
Grille-pain Philips 208
Grimshaw, Nicholas 397
Gropius, Walter 40, 51, 80
Groupe Archigram 41, 378
Gugelot, Hans 344
Gutenberg Galaxy, The 383

h

Häagen-Dazs 329
Habitat 89
Habitation temporaire 73
Hacienda, The 99
Hamnett, Katherine 34
Harley, William 235
Heal, Ambrose 110

Henningsen, Poul 150
Hepburn, Katherine 17
Herron Associates 93
Hidalgo, John 377
Highpoint One 79
HMSO 320
Hoffman, Josef 168
Hollington, Geoff 339
Hoover Junior 198
Horta, Victor 109
Hôtel Royalton 94
Hudson J–3a 231

i

I Petali 194
IDEO 389, 390
Isozaki, Arata 69
Issigonis, Alec 241
Ive, Jonathon 364

j

Jacobsen, Arne 88, 119
Jaeger 8, 15
Jeanneret, Pierre 116
Jencks, Charles 41
Jensen, Jakob 346
Jim Nature 353
Jiricna, Eva 92
Johnston, Edward 253
Johnson Wax Building 84
Jucker, Karl 146

k

Kåge, Wilhelm 173
Kaleidoscope 265
Kalff, Louis C. 341
148
Kauffer, Edward McKnight 31
Kellogg's Corn Flakes 285
Kelly, Ben 99
Kennedy, Jackie 23
Kenwood Chef 215
Kersting, Walter Maria 343
Kewet El-Jet 247
King, Perry 360
Kinneir, Jock 263
Kiosque multimedia Philips 395
KitKat 289
Knox, Archibald 167, 250
Kodak Brownie 127 354
Koolhaas, Rem 67
KunstHal 67
Kutaragi, Ken 349

l

La belle époque 8, 10
La Città Nuova 371
La Ville Radieuse 369
Lacroix, Christian 9

Lampadaire Arco 151
Lampe Anglepoise 149
Lampe Boalum 152
Lampe de chevet Kandem 148
Lampe de table Bay 158
Lampe de table Tizio 157
Lampe du Bauhaus 146
Lampe Miss Sissi 159
Lampe Parentesi 153
Lampe Treforchette 162
Land Rover Séries II 240
Lang, Fritz 373
Lave-linge Supernova 201
Logo du festival de Grande-Bretagne 260
Logo IBM 258
Le Corbusier 40, 41, 49, 59, 67, 74, 82, 107, 116, 369
Le cri du cerf 250
Leica 355
Levien, Robin 223
Libera, Adalberto 87
Licko, Zuzana 270
Linich, Billy 91
Lloyds Building 65
Loewy, Raymond 202, 232
Lomazzi, Paolo 129
Lubalin, Herb 256
Lubetkin, Bertold 79
Luminator 154
Lutyens, Edwin 45
Lysell, Ralph 337

Macdonald, Margaret 43
Machine à café La Pavoni 211
Machine à coudre Mirella 212
Machine à écrire IBM 72 361
Machine à écrire portative Valentine 360
Mackintosh, Charles Rennie 43, 74, 76
Magazine Merz 251
Maison de l'avenir 379
Maison de Verre 52
Maison Galvez 102
Maison Kidosaki 96
Maison Wichita 382
Manzù, Pio 153
Marino, Peter 95
Marriott, Michael 141
Mash and Air 103
Maurer, Ingo 160, 161
McConnell, John 262
McCoy, Katherine 267
McDonald's 301
McLaren, Malcolm 9, 28
McLuhan, Herbert Marshall 383
McQueen, Alexander 39
Meier, Richard 72
Mellor, David 189
Mendelsohn, Eric 55

Mendini, Alessandro 208
Metropolis 373
Meuble à tiroirs Sardine collector's 141
Millennium Tower 396
Mini 241
Minijupe 24
Mistral 261
Miyake, Issey 9
Model H 155
Moka Express 210
Mollino, Carlo 86, 127
Monument à la 3e Internationale 370
Morris, William 106
Morozzi, Massimo 190
Morrison, Jasper 138, 195
Mother & Child 256
Moto Ducati 237
Moto Harley-Davidson 235
Moutarde Colman's 283
Mr Freedom 90
Mucha, Alphonse 314
Muller, Gerd Alfred 214
Musée Canova 97
Musée Horta 109
Musée d'Art Contemporain (Los Angeles) 69
Musée d'Art Moderne (New York) 279

Navette spatiale américaine 245
Nelson, George 128
Newsom, Marc 103
Newton, Helmut 332
Nike 333
Nikon F 356
Nizzoli, Marcello 212
Noguchi, Isamu 123, 155
Nokia 9000 Communicator 338
Nord Express 316
Notre-Dame du Haut 59
Noyes, Eliot 361
Nurse Work Station 392

Oiseaux, oiseaux, oiseaux 161
Olivetti 323
Olympus Trip 35 357
Opéra de Sydney 62
Ordinateur multimédia TotalMedia 389

Paquet de cigarettes Lucky Strike 297
Paquet de préservatifs Mates 303

Paul, Frank R. 375
Pavillon de L'Esprit Nouveau 82
Pawson, John 100
Pedersen, Mikael 234
Perriand, Charlotte 116
Perry, Mark 268
Pesce, Gaetano 105
Pezzetta, Roberto 203
Philips Corporate Design 163, 208, 394, 395
Phonosuper 344
Piano, Renzo 63
Pilule contraceptive 302
Pintori, Giovanni 323
Platine Beogram 4000 346
PlayStation Sony 349
Plug-In City 378
Poche de détergent Daz 311
Pochette de disque des Sex Pistols 269
Ponti, Gio 122, 211, 222
Porsche 356 238
Porsche, Ferdinand 238
Poste hollandaise 321
Poudre à récurer Ajax 286
Powell, Philip 377
Priestman, Paul 221
Produits de beauté Body Shop 310
Psion Séries 3c 365

Quaker Oats 284
Quant, Mary 24
Queen Mary, The 230

Rabanne, Paco 8
Radiateur à résistance électrique 206
Radiateur Cactus 221
Radiateur mural Corinthien 180 U 220
Radio du peuple VE 301 343
Radio Ekco AD 65 340
Radio et haut-parleur 2514 Philips 341
Radio TS 502 345
Raisins secs Sun Maid 282
Rams, Dieter 213, 344
Rand, Paul 258
Rasoir Braun 213
Ravilious, Eric William 177
Ray Gun 275
Ray, Man 317
Récipients superposables Kubus 171
Réfrigérateur Coldspot Super Six 202
Réfrigérateur Pyramide 203
Reid, Jamie 269

Restaurant Paradise 57
Révolution chinoise (La) 27
Rietveld, Gerrit 48, 112, 147
Robe élégante 11
Robo-Stacker 225
Rogers, Richard 63, 65
Rohe, Ludwig Mies van der 41, 50, 115
Ruhlmann, Emile-Jacques 75, 78
Russel, Archibald 243
Russell, W. M. 216

Saarinen, Eero 61
Saatchi & Saatchi 327
Sakaguchi, Hironbu 391
Salle de bains Kyomi 223
Sanatorium de Paimio 56
Sant'Elia, Antonio 371
Sapper, Richard 157, 345, 351
Sartre, Pierre-Henri 243
Sason, Sixten 199
Savage, Tiger 333
Savile Row 12
Scanner portatif de Philips 394
Scarpa, Carlo 97
Schröder House 48
Schröder-Schräder, Truss 48
Schwitters, Kurt 251
Scolari, Carlo 129
Scott, Douglas 233
Scott, Ridley 384
Seagram Building 41, 50
Servanty, Lucien 243
Service à pâtes 9092 190
Service de table Burg Giebichenstein 172
Siège Diamant No. 22 126
Siège Well Tempered 137
Shaker 111
Shrimpton, Jean 24
Signalisation du métro de Berlin 266
Silvestrin, Claudio 100
Sinyard, Mike 246
Skylon 377
Slade, S. M. 183
Smith, Paul 35
Smithson, Alison 379
Smithson, Peter 379
Sniffin' Glue 268
Snow, Carmel 20
Sottsass, Ettore 133, 158, 193, 360
Specialized Stumpjumper 246
Spiekermann, Erik 266
Spot publicitaire télévisé pour Radio Scotland 278
Squat Graan-silo 104
Strang, William 243
Starck, Philippe 94, 140, 159, 353
Strusevich, S. 169
Surfline 207
Sutherland, Graham 319
Système d'éclairage Ya Ya Ho 160
Système de signalisation autoroutière 263
Système de visualisation des informations Crystal Mu MDV 388
Système informatique IBM 360 362
Swatch 219

Table basse IN-50 123
Tabouret empilable pieds en "L" 118
Tabouret W W 140
Table Arabesque 127
Table Nomos 134
Taglioni, Fabio 237
Tailleur-pantalon 17
Tampons à récurer Brillo 287
Tapis Arizona 192
Tatlin, Vladimir 370
TBW 330, 331
Teddy Boys 21
Téléphone bougeoir GPO 150 336
Téléviseur Sony Triniton 352
Télévision portative Sony 80 301 350
Tenues sports des années 50 (Les) 22
Terence Higgins Trust 330
Terragni, Guiseppe 54
Terrazzo Fabric 186
TetraPak Tropicana 299
Thames, Gösta 337
Theâtre Karaza 68
The Face 271
The Factory 91
Things to Come 372
Thonet, Michael 108
Tierney, Gene 23
Tiffany, Louis Comfort 144
Tissu aux ampoules électriques 169
TKO 388
Tomato 278
Tour Einstein 55
Trucco, Giacomo Matte 85
Tschichold, Jan 254
Tupperware 185
Typographie ferroviaire 253

Usine Fiat 85
Une Cité Industrielle 368
Univers 255

Urbino, Donato (d') 129
Utility Design Team 121
Utzon, Jorn 62

V de la Victoire (Le) 182
Vadim, Roger 380
Vaisselle des Cornouailles 181
Vaisselle Praktika 173
Valicenti, Rick 272
Van Alen, William 46
VanderLans, Rudy 270
Vase Savoy 174
Venturi, Robert 41
Verre embouti 4644 175
Vespa 236
Veste en cuir 18
Vêtements de sport 29
Vêtements de travail 19
Villa E.1027 53, 81
Villa Savoye 49
Vitra Design Museum 66
Volkswagen 325
Von Braun, Werner 244
Voysey, Charles Francis Annesely 42

Wagenfeld, Wilhelm 146, 170, 171
Weallens, Jon 90
Weingart, Wolfgang 264
Westwood, Vivienne 9, 28, 37
Wright, Frank Lloyd 40, 58, 84
Wright, Russel 178

Yamamoto, Yohji 9, 30
Young, John 101

Zanuso, Marco 345, 351
Zwart, Piet 321

L'auteur remercie tous ceux qui ont collaboré à ce projet : toute l'équipe du Design Museum et particulièrement Christine Atha, Gerard Ford, Karen Mann et Angela Summerfield. Merci également à Elisabeth Darling pour sa précieuse collaboration concernant les chapitres Architecture et Intérieurs, ainsi que Jeff Dale concernant le chapitre Packaging.

crédits photographiques

Architectural Association Picture Library/W. Arets 87, John Chilton 71, Lewis Gasson 79, Dennis Wheatley 60, FR Yerbury 57
AEG 217
The Advertising Archive Ltd. 14, 215, 232, 239, 318, 360
AKG London 80, 343/Erik Bohr 51, 55
Alessi s.p.a. 188, 190, 191
©1960 Allegra Fuller Snyder Courtesy, Buckminster Fuller Institute, Santa Barbara 382
Alvar Aalto-Museo 56, 176/M.Kapanen 175
Courtesy of Apple Computer Inc. 363
Ron Arad Associates Ltd. 137
Aram Designs Ltd, London 117
Arcaid 101/R Bryant 48, 49, 66, 68, 77, 92, 94, 96, 97, 100, 109, 111 /Michael 52/Dennis Gilbert 67/Ken Kirkwood 76, Ezra Stoller, Esto 61
Archigram Archives/©Peter Cook 1964, 378
Archivio Gio Ponti ©Salvatore Licitra 211, 222
Archivio Storico of Olivetti, Ivrea, Italy 323
Giorgio Armani 31
Artemide GB Ltd./Aldo Ballo 152
BFI 257, 372, 373
Bang and Olufsen Holding A/S, Denmark 346
Jonathan Barnbrook 277
Barneys, New York 95
Bauhaus-Archiv, Museum fur Gestaltung, Berlin/Gunter Lepkowski 146, 172
Tim Benton 54
Bibliotheque Nationale 375
Bite Communications Limited 364
Braun, Germany 214
British Architectural Library Photographs Collection, RIBA, London 176, 368, 369, 371
Neville Brody 271
Bulthaup BmbH & Co. 224
CDP, London 326
Canon 358, 359
Cassina S.p.A./Aldo Ballo 131, 132, Andrea Zani 122
Catalytico 160, 161
Jean-Loup Charmet 78
Prunella Clough/Irongate Studios 53, 81

Branson Coates Architecture Ltd./Fred Rotkopf 98, Phil Sayer 385
©Nick Cobbing 73
Coop Himmelblau/Gerald Zugmann 70
Corbis UK Ltd. 43, 44, 45, 46, 47, 58, 62, 63, 64, 65, 69, 115/Bettmann 16, 50, 374/Bettmann/UPI 10, 25, 236, 383/Dave G. Houser 240/Museum of Flight 242
Department of Health 331
Design Council Archive, University of Brighton 180, 183, 216, 220, 379
Design Museum, London 6–7, 34, 42, 84, 118, 119, 130, 140, 150, 156-8, 162, 166, 170, 173, 181, 182, 187, 193, 194, 199, 202, 206, 213, 238, 252, 254, 263, 274, 314, 315, 321, 394, 395
Dissing & Weitling 88
Dyson Appliances Ltd. 200
E.T. Archive 212/Museum Fur Gestaltung, Zurich 316
©FSI GmbH, Fuse 276
Fiat Auto SpA 85
Flos Ltd. 153, 159
Sir Norman Foster and Partners Limited 134/Tom Miller/Hayes Davidson 396
Frazer Design Consultants Ltd. 387
GCI Group 219
Abram Games 260
Ken Garland 259
Gebruder Thonet GmbH 108, 113
Geffrye Museum 121
© J Paul Getty Trust & Richard Meier & Partners/Tom Bonner 72
©Peter Gidal 91
Ronald Grant Archive 241
The Graphic Unit 255
Kenneth Green Associates Ltd. 305
Sally & Richard Greenhill 27
Nicholas Grimshaw & Partners Ltd. 397
Haagen-Dazs/Bartle Bogle Hegarty/Jean Loup-Sieff, Maconochie Photography, London 329
Habitat UK Ltd. 89
Robert Harding Picture Library 59
Heal & Son Ltd. 110
Hollington 339
Hulton Getty 17, 18, 19, 21, 28, 376, 377
IBM UK Ltd. Photographic Services, Hursley 258, 362

Ideal-Standard Ltd. 223
IDEO SF 390
Imagination Ltd. 93
Imperial War Museum, London 320
Infoplan Limited, London 208
©Ilttala Glass, Finland 174
Jam, London 225
Ben Kelly 99
Keramiskt Centrum Gustavsberg Porslin 173
David King Collection 169
Photo: Nick Knight. Sarah Wingate for Yohji Yamamoto. Paris 1986, 30
Knoll, New York 139
The Kobal Collection 22/The Ladd Company, Warner Brothers 1982, 384
Levi Strauss/Bartle Bogle Hegarty (Artist:Nick Kamen/Rick Cunningham) 328
Leica 355
London Features International Ltd./Frank Griffin 32
London Transport Museum 233, 253, 317
McDonald's Restaurants Ltd. 301
Manx National Heritage 167, 250
Enzo Mari/Aldo Ballo 184
Michael Marriott 141
Mash & Air 103
David Mellor 189
Metadesign plus GmbH, Berlin 266
The Montreal Museum of Decorative Arts/Richard P. Goodbody 178/The Chateau Dufresne, The Liliane & David M.Stewart Collection 154, 155
Moto Cinelli 237
Photo: Musee des Arts Decoratifs, Paris, collection Albert Levy, tous droits reserve 82
© 1997 The Museum of Modern Art, New York 278/Le Corbusier, *Grand Confort, petit modele* armchair (1928) Gift of Phyllis B. Lambert 116
The National Trust Photographic Library/Dennis Gilbert 83
NEC Design Ltd. 388
Collection New York Central System Historical Society Inc., Ohio 231
Nikon UK Limited 356
Nokia 338
The Robert Opie Collection 262, 283-289, 291-295, 297, 298, 300, 302, 304, 307, 308, 310, 319

Osterreichisches Museum Fur Angewandte Kunst 168
N. du Pasquien 192
Pernette Perriand 114
Philips Corporate Design 163
Philips Electronics 392
Pictorial Press Ltd. 235/Rankin 38
Pira Ltd. 195
Politecnico di Torino, Sistema Bibliotecario, Biblioteca centrale di Architettura, archivio "Carlo Mollino" 86
Popperfoto 230/Reuters 39
Porsche design GMBH, Zell am See 201
Priestman Goode 221
Psion 365
Quadrant Picture Library 229/Paul Sherwood 243
Resure Har 209
Retna Pictures Ltd./Frank Micelotta 33
Rex Features Ltd. 37, 144, 380/Lynn Goldsmith/LGI 29, Sipa Press/Barthelemy 36, Sipa/Rolf Neeser 218
Rowenta 207
SCP Limited 138
Saatchi & Saatchi Advertising 327
Saba Personal Electronics 353
Sainsbury Centre for Visual Arts, UEA, Norwich 147
Samsung TotalMedia 389
Schopenhauer Gruppo Fontana Arte 135
Science & Society Picture Library 234, 361/Science Museum 198
Science Photo Library/Martin Bond 247/NASA 244, 245
©1993 Jon Sievert 265, 324
Dave Carr Smith 104
Sony UK Ltd. 348, 349, 350, 352
Sony Computer Entertainment Europe 391
Sotheby's 145, 171
Space Studio Ltd./Mario Testino 136
Specialized 246
Stedelijk Museum Amsterdam 112
Studio Castiglioni 151
SuperStock Ltd. 228
Svenskt Tenn AB Stockholm 186
TBWA Simons Palmer/Lewis Mulatero 330/Tim O'Sullivan 333
TKO Product Design/Ian McKinnell 343
Tangerine Product Design Consultants 386, 393

Theatre Arts, Harry Ransom Humanities Research Center, The University of Texas at Austin/Mrs Edith L. Bel Geddes 205
Thirst 272
Topham Picturepoint 12, 13, 20, 23, 24, 26, 381
©Tupperware Corporation 185
Ty Nant Spring Water Ltd. 306
©Visual Arts Library/Stockholm, Modern. Tatlin, *Monument a la 3e Internationale* 370
Vitra Design Museum Collection, Weil am Rhein, Germany 120, 123-128, 133
Vitra Museum, Basle 149
Volkswagen 325
Jon Weallens 90
The Trustees of The Wedgwood Museum Trust Limited 177, 179
Wolfgang Weingart 264
Paul Straker Welds 345
Westminster City Archives 15/Liberty's 11
Elizabeth Whiting & Associates 102
©Wolford Tights, photo: Helmut Newton 332
Zanotta spa/Marino Ramazzotti 129
Zanussi Ltd. 203

PHOTOGRAPHIES SUPPLÉMENTAIRES
Matthew Ward

ICONOGRAPHIE
Charlotte Bush

ICONOGRAPHIE SUPPLÉMENTAIRE
Elizabeth Walsh, Richard Philpott, Irene Lynch, Antony Moore